DESENVOLVIMENTO COGNITIVO E PROCESSO DE ENSINO-APRENDIZAGEM

Dados Internacionais de Catalogação na Publicação (CIP)
(Câmara Brasileira do Livro, SP, Brasil)

Fonseca, Vitor da
  Desenvolvimento cognitivo e Processo de Ensino-Aprendizagem : abordagem psicopedagógica à luz de Vygotsky / Vitor da Fonseca. – Petrópolis, RJ : Vozes, 2018.

Bibliografia.

3ª reimpressão, 2020.

ISBN 978-85-326-5681-0

1. Aprendizagem 2. Cognição 3. Desenvolvimento cognitivo 4. Educabilidade 5. Psicopedagogia 6. Vygotsky, Lev Semenovich, 1896-1934 I. Título.

17-11483   CDD-370.152

Índices para catálogo sistemático:
1. Processo de Ensino-Aprendizagem e desenvolvimento cognitivo : Educação   370.152

VITOR DA FONSECA

DESENVOLVIMENTO COGNITIVO E PROCESSO DE ENSINO-APRENDIZAGEM

Abordagem psicopedagógica
à luz de Vygotsky

Petrópolis

© 2018, Editora Vozes Ltda.
Rua Frei Luís, 100
25689-900 Petrópolis, RJ
www.vozes.com.br
Brasil

Todos os direitos reservados. Nenhuma parte desta obra poderá ser reproduzida ou transmitida por qualquer forma e/ou quaisquer meios (eletrônico ou mecânico, incluindo fotocópia e gravação) ou arquivada em qualquer sistema ou banco de dados sem permissão escrita da editora.

CONSELHO EDITORIAL

Diretor
Gilberto Gonçalves Garcia

Editores
Aline dos Santos Carneiro
Edrian Josué Pasini
Marilac Loraine Oleniki
Welder Lancieri Marchini

Conselheiros
Francisco Morás
Ludovico Garmus
Teobaldo Heidemann
Volney J. Berkenbrock

Secretário executivo
João Batista Kreuch

Editoração: Maria da Conceição B. de Sousa
Diagramação: Sheilandre Desenv. Gráfico
Revisão gráfica: Nilton Braz da Rocha
Capa: Redz – Estúdio de Design

ISBN 978-85-326-5681-0

Editado conforme o novo acordo ortográfico.

Este livro foi composto e impresso pela Editora Vozes Ltda.

Sumário

Introdução, 7

1 Processo de Ensino-Aprendizagem (PEA) como Processo de Transmissão Cultural Intergeracional (PTCI), 11

2 Teorias da aprendizagem e desenvolvimento cognitivo, 62

3 Abordagem à Zona de Desenvolvimento Proximal (ZDP) de Vygotsky, 112

4 Instrução, ensino ou mediatização?, 154

5 Novos paradigmas da educabilidade cognitiva: a metacognição, o pensamento criativo e o pensamento crítico, 187

Referências, 251

Índice, 265

Introdução

Este pequeno livro insere-se em um paradigma crucial da educação dos nossos dias, paradigma esse que visa chamar a atenção de pais, educadores, professores, psicólogos, pediatras, psiquiatras, terapeutas, sociólogos, filósofos, historiadores, consultores e demais especialistas do setor, para a robusta e intensa ligação entre o desenvolvimento cognitivo das crianças e dos jovens e o Processo de Ensino-Aprendizagem que se passa nas salas de aula das escolas de todo o mundo.

Partindo de uma abordagem psicopedagógica particularmente enfocada nas ideias de Lev Vygotsky, psicólogo russo (1896-1934) de grande projeção internacional, tentamos explicar como as crianças e jovens, seres inexperientes e aprendentes, adquirem conhecimentos e competências por meio de instrumentos culturais que lhes são transmitidos por adultos e professores, isto é, seres experientes, cultos e ensinantes.

Sabemos hoje por experiências laboratoriais controladas que muitos animais são capazes de aprender, mas também é reconhecido cientificamente que a espécie humana é a única que ensina com intencionalidade atencional, reciprocidade interpessoal e recursividade infinita, exatamente porque é dotada de capacidades sociais e de capacidades pedagógicas únicas.

A cultura que encerra a sobrevivência e o triunfo adaptativo da espécie humana é uma herança social (*sociogênese*) que é transmitida intergeracionalmente. Efetivamente, as ferramentas culturais que foram acumuladas por gerações mais experientes e maduras ao longo de um processo histórico e civilizacional demorado, são preservadas, protegidas, transferidas e continuadas por gerações inexperientes, imperitas e imaturas, que delas se apropriam (*ontogênese*) e as tornam suas ferramentas mentais pessoais.

É sobre este contexto de fundo que procuramos neste livro interligar e abordar, de forma persuasiva, três temáticas fundamentais: 1) a identidade do PEA como PTCI; 2) as teorias de aprendizagem e de desenvolvimento cognitivo de Piaget, Vygotsky e de Bruner, explorando as suas semelhanças e dissemelhanças; e finalmente, 3) o conceito ZDP em sua definição e dinâmica, bem como em sua função crucial na aprendizagem e na modificabilidade cognitiva intrínseca da criança e do jovem, em seu papel na aquisição de instrumentos culturais e na importância transcendente que tem em seu desenvolvimento mental ulterior.

Com tal capacidade pedagógica única (mediatização), as gerações mais velhas ensinam as mais novas, porque estas têm necessidades de aprender para se desenvolver, exatamente porque tais necessidades estão inscritas em sua matriz genética e fazem parte da sua herança neurobiológica (filogênese). Dessa forma, a cultura de determinado sujeito é aprendida a partir dos outros, é posteriormente modificada e desenvolvida por ele para depois ser transferida, continuada e aprofundada, de novo, por outros.

O desenvolvimento cognitivo humano decorre, assim, do desenvolvimento de processos de transmissão cultural, de um processo de interação compartilhada entre dois sujeitos inseparáveis, o que ensina e o que aprende.

É dessa intersubjetividade complexa e socialmente contextualizada que emerge o Processo de Ensino-Aprendizagem no contexto da sala de aula. De fato, a cognição do professor, por meio de interação pedagógica intensa e estrategicamente planificada e implementada, dá lugar à cognição do aluno. Isto é, a mediatização do experiente provoca e expande a cognição do inexperiente, dando lugar a uma coconstrução cognitiva nascida das interações compartilhadas entre ambos. Em suma, é da qualidade da mediatização cultural dos que ensinam, que as ferramentas culturais são posteriormente internalizadas pelos que aprendem.

Portanto, a teoria de Vygotsky é uma tentativa para explicar a cognição como um produto extraordinário da socialização, algo que podemos verificar hoje em dia, por exemplo, no processo de aprendizagem da linguagem falada, dita linguagem maternal, cujas primeiras entoações, prosódias, lalações e protopalavras produzidas pelos bebês e pelas crianças em idades muito precoces resultam das interações com os adultos, exatamente porque elas têm a finalidade e o propósito de satisfazerem as suas necessidades básicas de comunicação.

Como o famoso adágio evoca, "não há nada mais prático do que uma boa teoria", foi este o esforço que desenvolvemos neste pequeno livro, estimulando os leitores que se interessam por temas de educação e desenvolvimento das novas gerações a debruçarem-se e a refletirem sobre a riqueza e complexidade dos aspectos pedagógicos e psicológicos mais relevantes do ensino e da aprendizagem.

Porque sentimos que a educação é a força do futuro, exatamente porque é um instrumento cultural poderoso para provocar a modificabilidade cognitiva das gerações vindouras, não quisemos deixar de dar o nosso contributo neste sentido com este pequeno livro. Pretendemos essencialmente expor alguns problemas fundamentais do desenvolvimento cognitivo e da aprendizagem das novas gerações que não devem ser esquecidos por quem tem de ensinar no século XXI.

Vitor da Fonseca
Oeiras, Portugal
Abril de 2017.

1
Processo de Ensino-Aprendizagem (PEA) como Processo de Transmissão Cultural Intergeracional (PTCI)

De acordo com a sua concepção teórica mais profunda, o PEA deve ser conceitualizado como um PTCI, ou seja, como um processo interativo e interdependente, entre quem transmite, emite, produz e comunica cultura, e quem recebe, capta, recebe e assimila o legado sócio-histórico e cultural do grupo onde o indivíduo nasce, se desenvolve, se integra e se perpetua.

Deste modo, o processo de transmissão cultural, ao longo da evolução humana, subentende um *processo de ensino* (também conhecido por processo de instrução), que ocorre em simultâneo com um *processo de aprendizagem*, o dito PEA, dirigido a indivíduos que são o alvo de um *processo sociointerativo*, seja intra ou intergeracional, fenômeno em si complexo, significativo, transcendente, exclusivo, intrínseco e específico da espécie humana (VYGOTSKY, 1930, 1962, 1979; TOMASELLO, 1999).

O PEA, em tese, descreve em convergência e em paralelo o ensino de um ser experiente e a aprendizagem de um ser inexperiente.

O termo russo *obucheniye*, introduzido por Vygotsky, não separa os dois atores do processo de transmissão cultural, seja de conhecimentos, de competências, de habilidades (*skills*) ou de atitudes, isto é, não separa o professor do aluno, o ser ensinante do ser aprendente, o ser docente do ser discente, o ser experiente do ser inexperiente, o emissor do receptor etc., pois ambos são concebidos como seres ativos no processo de transmissão cultural e ilustram o epifenômeno da intersubjetividade.

Eis em síntese a nossa explicitação do conceito de transmissão cultural onde o PEA emerge em sua natureza e complexidade.

1.1 Mediatização e intersubjetividade

Ao contrário do que se tem considerado tradicionalmente e assumido classicamente, em educação *a aprendizagem não está separada do ensino*, porque ambos os termos se interpenetram reciprocamente no processo de transmissão cultural. O PEA transcende, portanto, muito mais do que as palavras isoladas, de *ensino* por um lado, e de *aprendizagem* por outro, parecem significar.

Nesse contexto, os processos adaptativos humanos em sua epigênese cognitiva emergem das atividades de aprendizagem que cada indivíduo é capaz de revelar em termos comportamentais, adquirindo aptidões ou habilidades por meio de atividades de mediatização ou interação dinâmica entre seres humanos, ou gerações, mais experientes com outros seres humanos, ou gerações menos experientes.

Ao longo do texto iremos utilizar o termo *mediatização*, em vez do termo *mediação*, exatamente porque queremos diferenciar e distinguir, clara e inequivocamente, o papel da relação e da interação entre dois seres humanos na transmissão cultural, quando comparada com a relação entre dois seres humanos em um processo negocial, comercial ou semelhante.

Na *mediatização*, queremos enfatizar a relação pedagógica, cultural e interativa comum, e de certa forma toda a abrangência transcendental da aprendizagem cultural e da aquisição de conhecimentos que se passa entre sujeitos e entre gerações:

- entre pares ou colegas, envolvendo aqui uma transmissão cultural horizontal; ou
- entre seres experientes (ao longo do texto, este termo também pode significar sênior, mentor, proficiente, experiente, perito, professor ou mediatizador) e seres inexperientes (da mes-

ma forma este termo pode significar iniciado, principiante, estagiário, inexperiente, aluno ou mediatizado), envolvendo, consequentemente, uma transmissão cultural vertical.

Na nossa perspectiva pedagógica, científica e ética, diferenciamos a mediatização da mediação, porque a primeira se enquadra em uma dinâmica interativa de promoção de funções cognitivas em seres aprendentes por excelência, enquanto a segunda se enquadra mais em uma interação de intermediação de interesses e de ganhos materiais ou outros benefícios influenciadores, seja na mediação judicial, seja em outros tipos de mediações negociais, como por exemplo: econômicas, financeiras, imobiliárias, comerciais, diplomáticas, políticas ou outras.

Nessa dimensão das atividades humanas, ditas comerciais e econômicas, onde se dá e observa a mediação, subsiste mais uma intenção: retirar resultados materiais, indiretos ou diretos, da interação entre dois sujeitos; de angariar valores ou vantagens lucrativas; de transacionar ou trocar propriedades ou produtos comerciais etc., que visam cativar e promover benefícios monetários, comissões, percentagens, prêmios etc. Em síntese, em resolver problemas de ordem negocial, material e econômica.

Pelo contrário, na dimensão da mediatização, e na nossa ótica pedagógico-ética, ela é a essência do PEA, nela subsistem outros valores mais transcendentes e de natureza não material que se prendem com a expansão e a promoção de benefícios executivos, conativos e cognitivos intersubjetivos, ou seja, entre sujeitos cocriadores e coatores de uma interação que influencia a transmissão e a assimilação crítica e criativa do conhecimento, e facilita, expande, amplia e promove, concomitantemente, todo o processo de aprendizagem, o verdadeiro âmago da mediatização (FONSECA, 2001, 2007).

Apesar de o termo mediatização estar mais recentemente conotado com os meios de comunicação de massas e de comunicação eletrônica (entenda-se *e-learning, on-line*, internet etc.), ele distingue o *processo da subjetividade* do *processo da intersubjetividade*.

No processo da subjetividade o sujeito interage com o objeto (mundo inanimado) ou com a informação, em um processo direto e frontal sem interação com outro sujeito, embora envolva a sua ação, a sua cognição e a sua percepção conscientes.

No processo da intersubjetividade, que interessa particularmente ao PEA e ao processo de transmissão cultural, ele consubstancia a própria mediatização em seu sentido cultural mais cristalino, porque os dois sujeitos comunicam entre si (p. ex.: o professor e o aluno, o mediatizador e o mediatizado etc.), onde ambos se envolvem, mutuamente e reciprocamente, com as suas mentes (interesses, desejos, intenções etc.) e fazem uso simultâneo de processos de representação, quer do outro, quer de si próprio (a representação do outro, ou dos outros, que cada ser humano transporta consigo, com o seu Eu, propriamente dito).

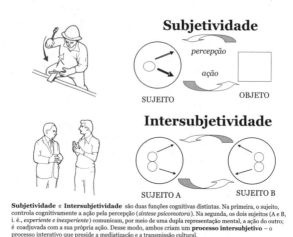

Subjetividade e **Intersubjetividade** são duas funções cognitivas distintas. Na primeira, o sujeito, controla cognitivamente a ação pela percepção (*síntese psicomotora*). Na segunda, os dois sujeitos (A e B, i. é., *experiente e inexperiente*) comunicam, por meio de uma dupla representação mental, a ação do outro; é coadjuvada com a sua própria ação. Desse modo, ambos criam um **processo intersubjetivo** – o processo interativo que preside a mediatização e a transmissão cultural.

Figura 1 Subjetividade e intersubjetividade

Na mediatização os processos cognitivos dos dois sujeitos interagem mais mentalmente do que somaticamente, eis a diferença que para nós é mais sensível, para diferenciar semanticamente a mediatização da mediação, um segredo e um mistério antropológico da transmissão cultural que sustentou toda a exaptação cognitiva triunfante do "vertebrado dominante" que somos (FONSECA, 2010).

Em certa medida, a mediatização que ilustra a transmissão cultural retrata um novo mecanismo mental da espécie humana (TOMASELLO, 1999).

Aquilo que consideramos como cognição, que emerge efetivamente do funcionamento holístico e sistêmico do cérebro, o órgão mais organizado do organismo, mesmo o órgão da civilização e da aprendizagem, é um mecanismo biológico, mas social em sua origem, porque nasce da interação entre os seres humanos.

Este mecanismo *biológico*, que paradoxalmente é *social*, evoluiu muito mais depressa do que todas as adaptações antropomórficas (FONSECA, 2010, 2012), e deu origem a uma nova trajetória evolucionista no *Homo Sapiens Sapiens*.

Convém reforçar que o biológico e o social, e, por inerência, o cultural, não evoluíram isoladamente; eles são, sim, componentes inseparáveis de um organismo total, único e evolutivo em interação permanente com os ecossistemas envolventes, da qual resultou um sistema cognitivo transcendente, com o qual todos os seres humanos se desenvolveram e se desenvolvem.

Com um cérebro típico dos primatas, mas com maior índice de encefalização e com uma complexidade neurofuncional e neuroconexional, devido às suas novas características morfológicas decorrentes da bipedia e da bimania, o ser humano conquistou novas competências cognitivas e criou uma pletora imensa e cumulativamente aperfeiçoada de ferramentas e instrumentos de pedra e de pau com incomensurável impacto social (FONSECA, 1982, 1984c, 1989b, 1999, 2010, 2012).

Ao começar a fabricar, a produzir e a manusear novos instrumentos adaptados para determinados fins de sobrevivência e de utilidade social, o *Homo Sapiens* também começou a inventar e a utilizar sinais, signos e símbolos para se comunicar e estruturar as suas vidas sociais hipercomplexas.

Um instrumento, por definição, é um meio que serve para executar alguma tarefa e que facilita a realização de determinada ação, isto é, serve para ajudar o ser humano a resolver problemas; por isso, a necessidade da sua invenção marcou em definitivo a sua evolução psicomotora, cognitiva e cultural. Uma alavanca, um martelo, uma serra, uma lança etc. como instrumentos, ajudam o ser humano a superar as suas limitações corporais e motoras (*tools of the body*), e permitem conceber e fazer coisas que transcenderam as suas capacidades naturais e aumentaram as suas capacidades cognitivas e culturais.

Embora o ser humano possa cortar carne ou tecido com os seus dentes ou com as suas mãos e unhas, ele pode fazê-lo com mais precisão e facilidade com uma faca ou tesoura; de fato, os instrumentos permitem aos seres humanos a sobrevivência, a adaptação e a transformação do envolvimento. Com eles, o domínio do comportamento foi facilitado e prolongado, o ganho de independência e de perfectibilidade foi alcançado e a obtenção de formas superiores de desenvolvimento cultural e cognitivo foram possíveis.

Ao contrário de outros animais, os seres humanos inventam e usam instrumentos; através deles fazem novos instrumentos, ao mesmo tempo em que ensinam os outros a utilizá-los, daí a importância do processo de intersubjetividade e de transmissão cultural, que antropologicamente consubstancia o próprio PEA. Com instrumentos, as habilidades humanas expandem-se e multiplicam-se, permitindo que se façam coisas que, sem eles, não se poderiam fazer.

Porque o instrumento prolongou as capacidades corporais e psicomotoras da espécie humana foi necessário ir mais longe e inventar, também, instrumentos mentais (*tools of the mind*) para expandir e ampliar as habilidades mentais e comunicacionais. Tais instrumentos mentais permitiram ao ser humano, ao longo do seu processo histórico-cultural, aumentar as suas capacidades de atenção, de percepção, de memória, de lógica, de pensamento, de planificação e de resolução de problemas.

Com instrumentos mentais tornou-se mais fácil atender, lembrar e pensar sobre problemas de sobrevivência, de utilidade e de segurança; com eles aumentamos muito para além do triplo a capacidade de recuperar e reutilizar informação.

Os instrumentos manuais desempenharam, desse modo, um papel muito relevante no desenvolvimento da mente do ser humano (a mão, como extremidade periférico corporal inteligente da mente, interferiu em sua expansão e criatividade cognitiva, dada a sua coordenação ser comandada e regulada por ela).

Toda a história da cultura ilustra a sua transmissão intergeracional, porque é ela que permite incorporar e internalizar como tais instrumentos teriam de ser manipulados, pois como não eram herdados naturalmente ou geneticamente, todos eles teriam de ser adquiridos, e apropriados, pela mediatização dos mais experientes e pela aprendizagem dos mais inexperientes, e é aqui que se coloca a importância da intersubjetividade cognitiva, e do próprio PEA, que temos abordado antropológica e culturalmente.

Os seres humanos, com os instrumentos manuais e mentais, transcenderam-se bem para além dos seus limites corporais e cognitivos que lhe foram dados pela natureza; com eles atingiram e elaboraram uma nova organização social e uma nova cultura (VYGOTSKY, 1962, 1978, 1987; VYGOTSKY & LURIA, 1930; LURIA & VYGOTSKY, 1992).

Desde os instrumentos de pedra e pau aos instrumentos mentais dos rabiscos, ideografias e pictografias primitivas, o ser humano, desenhando o mundo, conseguiu chegar à complexidade da moderna ciência e à atual sociedade do conhecimento.

Todo este processo de transmissão cultural de geração em geração só foi possível com o uso de instrumentos mentais compartilhados como a atenção, a percepção, a memória, a planificação, a autorregulação e a resolução de problemas, ou seja, funções cognitivas que emergem do processo interativo e intersubjetivo – da mediatização, portanto – que subjaz à transmisssão cultural, e obviamente ao PEA.

Ao longo do processo de transmissão cultural da espécie humana a aprendizagem e o ensino foram o substrato do seu desenvolvimento cultural, que foi muito mais do que adquirir ou transmitir conhecimentos ou competências, porque o que estava em causa era a apropriação e a internalização de instrumentos manuais e mentais.

É desta matéria-prima da evolução humana que nasceu a mediatização que apresentamos. Com ela, algumas comunidades criaram vários tipos de linguagens verbais e quantitativas, produziram moeda e desenvolveram o comércio e a arte, e foram mais longe culturalmente com a domesticação de plantas e animais, com a cerimônia fúnebre dos entes queridos, com a emergência formalizada de religiões e com inúmeras instituições comerciais, governamentais, e necessariamente com instituições educacionais que serviam exatamente ao propósito da transmissão cultural e da formação das novas gerações, onde obviamente se enquadra, histórica e contextualmente, o PEA, que estamos abordando, essencialmente, em um enfoque mais antropológico.

A mediatização inscreve-se, portanto, em uma perspectiva antropológica da transmissão cultural, em ma adaptação evolucionista imprescíndivel, ou seja, ela emerge da habilidade dos seres humanos poderem coordenar os seus comportamentos sociais uns com os outros, ora na caça, ora no trabalho ou nas situações-problema quotidianas, o que implica claramente uma capacidade cognitiva básica, que passa pela compreensão que os seres humanos têm uns dos outros, como seres intencionais.

Os seres humanos nascem com um dispositivo neurobiológico estratégico de autorregulação que lhes permite adquirir conhecimento por meio de processos de cooperação compartilhada e de mediatização (ROGOFF, 1990; KARPOV, 2005; BODROVA & LEONG, 2007; DANIELS, 2008).

1.2 Cenário filogenético e sociogenético da transmissão cultural

Só dentro de um cenário filogenético e sociogenético a ontogênese cognitiva de um ser humano imaturo, imperito e aprendente poderá ser entendível, exatamente porque tal habilidade cognitiva primacial das novas gerações não só permite refletir os comportamentos dos mais velhos, maduros, experientes e mediatizadores, como propicia espelhar os seus próprios comportamentos e, por esse meio, criar novas estruturas explícitas de apropriação de culturas, conhecimentos e praxias (FONSECA, 1999, 2010, 2012).

Nos termos de Gould (1977, 2004), a mediatização acaba por compreender uma exaptação das capacidades cognitivas humanas, que em última análise têm origem nas suas habilidades interacionais, intersubjetivas e socioculturais, onde alguns dos seus vestígios já são observáveis em primatas sociais. Em síntese, compreende um produto de uma relação evolucionista entre o ser humano e o seu meio envolvente.

Segundo o mesmo autor Gould (1989), uma exaptação é uma característica presente em uma espécie, mas que aparentemente não apresenta nenhuma vantagem adaptativa. Neste caso, a aptidão para a cultura, já induzível nos primatas, é uma exaptação cognitiva, ela não é ainda uma adaptação neurofuncionalmente consolidada, mas tornou-se evolutivamente essencial nos hominídeos terrestres, que já a integravam em seu repertório cognitivo, mais especializado na aprendizagem social e na transmissão cultural.

A exaptação para a mediatização já está inscrita na aprendizagem primata, mas só a aprendizagem humana a tornou uma conquista definitiva e sustentada, conquista neurodesenvolvimental essa que precocemente se integra e automatiza na criança (FONSECA, 2009, 2010, 2012).

A cognição é, deste modo, uma exaptação nos primatas, pois é reconhecida a sua capacidade cognitiva para a produção de instrumentos: ramos para a captura de insetos; pedras para partir frutos secos e para afugentar predadores; padrões bimanuais combinados para a lavagem de tubérculos e outros alimentos etc.

A mediatização, como palco da cultura por excelência, tem um papel indispensável no desenvolvimento cognitivo precoce humano. O período da infância humana, o mais prolongado de todos os vertebrados, é essencialmente caracterizado pela apropriação dos instrumentos de cultura, pela aprendizagem não simbólica e simbólica, e obviamente, pela instrução direta e intencional dos outros seres humanos mais maduros e experientes.

Para a criança e para o jovem se tornarem independentes e proficientes em qualquer domínio cognitivo considerado terão de aprender o que os outros já aprenderam, e só depois, por prática continuada e aperfeiçoada também pelos mais experientes, podem vir a acrescentar algo inovador da sua própria autoria.

A transmissão cultural das gerações mais experientes para as mais inexperientes só é possível porque as crianças e os jovens já dispõem de competências cognitivas individuais consideradas naturais e básicas e de sobrevivência, como as de atenção, percepção, memória, categorização, representação e execução (práxica e motora) etc. Por isso, as suas aprendizagens culturais únicas e exclusivas permitem, desta forma, que eles se beneficiem das poderosas competências cognitivas e da vastidão e utilidade dos conhecimentos dos outros mais velhos que constituem o seu grupo social em que estão inseridos.

O poder da cultura sobre o desenvolvimento cognitivo das novas gerações, ao longo da evolução humana, é, consequentemente, incomensurável. Sem o processo evolutivo da cognição social, que subentende a transmissão cultural e a aprendizagem, a cognição individual não seria materializável. Por essa evidência evolucionista, reforçada por autores como Vygotsky (1962, 1979), Rogoff (1990) e Daniels (2008), a cognição é primeiro de origem social, ou seja, interpessoal, e só depois se internaliza e interioriza e se assume como intrapessoal.

Sem o papel da cognição social a criança e o jovem não se tornariam mais reflexivos nem mais sistemáticos, autorregulados ou inibidos em sua conduta; eles nunca poderiam apreender várias perspectivas simultâneas sobre o mesmo conhecimento, nem poderiam hierarquizar ou categorizar objetos, analogias, metáforas, conceitos, atributos, propriedades etc., nem tampouco, em termos representacionais, internalizar as suas aprendizagens e os seus comportamentos.

A mediatização é, portanto, única da espécie humana; trata-se de uma competência adaptativa específica que surgiu no *Homo Sapiens Sapiens*, aproximadamente por volta dos 250.000 anos.

Com origem social, a mediatização transformou-se rapidamente em um mecanismo biocognitivo com sede no cérebro, o que acelerou a aprendizagem das novas gerações, poupando-lhes tempo, esforços, riscos desnecessários etc. Por meio dela, as novas gerações limitaram-se a conservar, a explorar e a aperfeiçoar o conhecimento e as competências já adquiridas pelas gerações anteriores.

A elicitação de novos hábitos; a adoção de rotinas precisas; a padronização de estratégias de sobrevivência; a valorização de determinados gestos automatizados no manuseio de utensílios e instrumentos e no desempenho de inúmeras tarefas e de várias práticas utilitárias; a criação de rituais de organização e de colaboração; o domínio dos processos tecnológicos envolvidos na caça, na recoleção, na domesticação de animais etc., passíveis de transmissão cultural por meio de processos de imitação e de instrução, sugerem uma multiplicidade e diversidade de processos de mediatização, que estão inseridos na herança social e cultural que constitui, em seu todo complexo, a sociogênese.

Com toda esta cognição social complexa, o desenvolvimento cognitivo acelerado e acumulativo das gerações seguintes nunca poderia ter ocorrido (TOMASELLO, 1999). A impressionante gama de habilidades cognitivas e de produtos cognitivos que hoje as gerações modernas dispõem não são mais do que o resultado da mediatização e da transmissão cultural prospectiva.

Como processo privilegiado de transmissão cultural, a mediatização proporcionou às crianças e aos jovens (os tais mediatizados) as aprendizagens dos adultos (os tais mediatizadores) e, obviamente, a aquisição das suas convenções linguísticas nos seus próprios grupos sociais.

A espécie humana através da mediatização, como aprendizagem social intrínseca e exclusiva, suscitou também o surgimento de invenções criativas, de aperfeiçoamentos instrumentais e comunicacionais; numa palavra, a produção inevitável de comportamentos cada vez mais inteligentes, decorrentes de funções cognitivas mais complexas e superiores.

Os recursos cognitivos foram efetivamente multiplicados com a mediatização; mais nenhuma outra espécie o conseguiu de forma tão conativa e talentosa. Muitas espécies aprendem, mas a única que ensina é a humana, o que tem um enorme significado histórico, social e cultural.

1.3 Transmissão cultural: palco histórico-cultural do PEA

A transmissão cultural na espécie humana atingiu patamares extraordinários e transcendentes: desde as tradições aos artefatos; desde os costumes às práticas utilitárias; desde a invenção primitiva de utensílios ao seu aperfeiçoamento contínuo; desde a comunicação gestual à comunicação simbólica; desde a criação de instituições microssociais a organizações macrossociais etc. Como consequência, as modificações cognitivas introduzidas pelas novas gerações, e os processos de aprendizagem concomitantes, sempre emergiram historicamente do legado das gerações anteriores.

Para a antropologia cognitiva, tudo o que se aprende é uma tradição, na medida em que são sinônimo de conhecimento adquirido, sendo o conjunto das tradições, aquilo que podemos designar por cultura, e por essa razão ela é inexoravelmente difundida para as gerações futuras.

A transmissão cultural, considerada como cenário sócio-histórico matricial do PEA, e emergida da sociogênese, não só foi inventiva e criativa, como foi sustentada e confiável, fidedigna, atrativa, útil e eficaz.

Portanto, a transmissão cultural não pode ser concebida como algo que se transmite automaticamente ou em bloco, mas sim por peças, por componentes e pequenas unidades, subentendendo uma mediatização prolongada e diligente (uma coordenação cognitiva), inculcada e recomendada significativamente e transcendentemente, fazendo com que o ser inexperiente conheça o sentido da comunicação do ser experiente, tendo este que perceber e interpretar as intenções daquele, a tal Teoria da Mente que caracteriza a comunicação entre os seres humanos.

Em qualquer inovação surgida (o conceito de tradição encerra o conceito de inovação bem-sucedida no tempo e no espaço) ou aperfeiçoamento introduzido, a transmissão cultural conseguiu preservar, sempre e regularmente, tais modificações, até que outras provassem ser mais credíveis.

O investimento em processos de aprendizagem social transgeracionais é, portanto, uma característica fundamental que marca a evolução humana.

Mais nenhuma outra espécie se envolve, tão profundamente e transcendentemente, na transmissão cultural como os seres humanos, daí talvez possamos ser considerados como os únicos vertebrados portadores exclusivos de "genes pedagógicos".

Com hábitos cognitivos que tendem ao aperfeiçoamento, à automaticidade e à rotina comportamental, e com uma atração irrestível pela novidade, as habilidades cognitivas dos seres humanos sapientes e pensantes foram impelidas, incentivadas, treinadas (no sentido do desenvolvimento de rotinas), maximizadas e transferidas para novas situações-problema, a que mais nenhum outro primata chegou (VYGOTSKY & LURIA, 1930; LURIA & VYGOTSKY, 1992; DANIELS, 2008).

Assim, a aprendizagem cultural humana se distingue de outro tipo de aprendizagem animal porque deu origem a múltiplas e diversas formas de interação social, nas quais distinguimos, inspirados em Tomasello (1999), essencialmente, três tipos básicos:

- a aprendizagem imitativa;
- a aprendizagem instrutiva; e
- a aprendizagem interativa (ou colaborativa).

Todos estes três tipos de aprendizagem cultural (os 3 "is" sociogenéticos da aprendizagem humana), que ocorreram ao longo da sociogênese, só poderiam perdurar por meio da cognição social.

De fato, só porque o ser humano compreende e integra o "outro" como um ser igual a "si", ou seja, como um "outro" que possui uma vida mental idêntica ao seu "eu", o tal fundamento da Teoria da Mente a que já nos referimos (BARON-CHOEN, 1995; TOMASELLO, 1999; FONSECA, 2010, 2012) é que a aprendizagem pode ser concebida como sendo possível, não só a partir do "outro", como "através" do outro.

Esta é assim, em síntese, a abordagem cognitiva da transmissão cultural humana, a mesma matriz que, obviamente, contextualiza todo o PEA que estamos tentando analisar.

Este entendimento dos "outros" como seres intencionais idênticos a nós próprios, portadores de um "eu" em tudo análogo e semelhante ao nosso, é crucial para compreendermos toda a evolução cultural humana, e consequentemente, toda a transmissão cultural e prática social (FONSECA, 2010, 2012).

A invenção de utensílios manuseados pelas mãos para resolver problemas práticos e de sobrevivência, que mais tarde se abriram também a problemas estéticos, e à invenção de símbolos mentalmente internalizados no cérebro para se comunicar com os "outros", são os diamantes da cultura.

Ambas as competências cognitivas em seu conjunto sistêmico são consideradas as habilidades humanas mais transcendentes. Uma práxica e outra linguística (a manipulação e a articulação construíram a evolução (FONSECA, 2010, 2012) exatamente porque extravasaram evolutivamente os limites do corpo, do cérebro e da mente. Quer uma quer outra evocam, efetivamente, a necessidade de aprendizagem social, entre e através de diferentes gerações, as ditas experientes e maduras, em interação com as inexperientes e imaturas.

Para aprender o uso de utensílios e de símbolos o ser humano inexperiente, ao longo da evolução, sempre teve de depender da intencionalidade de outro ser humano mais experiente, pois só a partir dessa cognição social, primordial e essencial, o ser humano inexperiente entende a significação e a utilidade prática (motora) e mental (psíquica) do utensílio e do símbolo: Para que "serve", ou o que "fazemos" com tal utensílio? O que quer "dizer" e o que "nós" compreendemos deste ou daquele símbolo?

O poder da transmissão cultural na espécie humana está, consequentemente, embebido de em criatividade cognitiva centrada em um processo sociocolaboracional e intergeracional, ou seja, emerge da sociogênese, na qual muitos indivíduos criam algo em conjunto, algo que nunca poderia ser inventado ou construído por um único indivíduo.

Este poder especial da cognição humana vem do fato de que qualquer ser humano só pode aprender "através do outro", mas para isso tem de se identificar com ele e com os seus estados mentais ou intrapsíquicos.

Assim sendo, compreender os outros como agentes intencionais e com consciência, e aprender a partir deles, e com eles, foi e é um dos segredos e mistérios do triunfo evolutivo humano, na medida em que só os seres humanos se engajam e envolvem com propósito, alcance, intento, desígnio, transcendência, sagacidade, acepção e significação na transmissão e na aprendizagem cultural.

A capacidade de compreensão do semelhante (como coator, coadjutor, colaborador, cooperador etc.) como um ser mentalmente análogo, próximo, conivente, comparável e parecido conosco é fundamental para se operar, entre o "outro" e o "eu", a transferência cultural, que mais não é do que uma transferência de aprendizagem entre dois seres humanos, mental e conscientemente idênticos.

A relação do outro com o eu, ou melhor, do mundo social com o mundo individual, é, de certa forma, uma relação de mãos dadas. O outro e o eu são agentes que se desenvolvem mutuamente em uma práxis histórica; não são concebíveis separadamente.

O outro constrói o eu, ao mesmo tempo em que o eu constrói o outro. A natureza, as potencialidades e as ações do outro como agente social impregnam os esforços, a aprendizagem e o desenvolvimento do eu como observador-receptor primeiro, depois como espectador e, finalmente, como ator social independente.

O outro e o eu estão mutuamente embutidos, e tal é crucial para entendermos como ambos se constituem psicológica e socialmente. Porque o outro é inseparável do eu, e porque ambos, como parceiros sociais, são mutuamente influenciáveis e integráveis, a sociogênese foi possível e foi transmissível (VYGOTSKY, 1962, 1979; ROGOFF, 1990; DANIELS, 2008).

Essa particularidade é exclusiva da espécie humana. Paradoxalmente, também caracteriza a dificuldade mental e desenvolvimental de muitas crianças severamente afetadas com o autismo (BARON-CHOEN, 1995; TOMASELLO, 1999; FRITH, 1989).

O autismo pode, assim, ser considerado uma síndrome disontogenética, biocultural e neurologicamente caracterizada por uma dificuldade, e por vezes incapacidade, em compreender, consciencializar, predizer ou ver ("cegueira mental") os outros seres humanos como pessoas e como sujeitos intencionais mentalmente ativos, portadores de desejos, intenções e comportamentos.

Para aprender, o indivíduo tem que compreender o "outro" como idêntico e semelhante a si próprio, isto é, como um ser portador de um "eu", em tudo igual a si próprio, espelhando o seu "eu" intrínseco, que em sua essência antropológica e cultural nos autodefine como sujeitos únicos, totais e evolutivos.

O ser humano que é concebido como um "eu", é assim, em termos evolutivos, igualmente portador de uma outra qualidade ou estado singular, de que é mutuamente um "outro".

Filosoficamente o ser "outro" e colocar-se em seu lugar, ou em sua pele, revela o que é a alteridade. Em psicanálise, o termo "alter--ego" define o reconhecimento do "outro eu" na interação social, do "outro" a quem se confere uma utilidade recíproca e um papel relacional fundamental.

Interessante evocar também, neste particular, que o termo "psique" que deu origem ao termo psiquismo vem do grego clássico, que significa "espelho" (FONSECA, 2004).

Desse modo, o "eu" espelha o "outro", é o "outro" e tem de ser o "outro". Não se pode conceber um ser humano como um "eu" isolado, sem um parceiro permanente, sem um "outro" em termos mentais, existenciais, culturais e históricos.

Não há, portanto, oposição entre o "outro" e o "eu". O "eu" não pode ser a única entidade de análise, o "eu" coexiste pelo mútuo envolvimento do "outro" e do mundo social que ele representa e onde o próprio "eu" se encontra inexoravelmente integrado.

A visão tradicional de separar o "outro" do "eu" é fictícia, não existe na realidade, porque o desenvolvimento do "eu" não ocorre na ausência do "outro", ou ocorre apenas pelo seu esforço pessoal pré-programado.

Do "eu" propriamente dito emana uma qualidade ou estado que é o "outro", no sentido elevado da alteridade, um "eu" diferente, um ser "outro", o colocar-se como um "outro", subentendendo uma diferença e uma diversidade entre ambos os "eus" que testemunham a transmissão cultural de um "eu imaturo", a partir de um outro "eu", que é um "não eu", mas simultaneamente um "outro maduro".

O desenvolvimento do "eu", em síntese, co-ocorre com o desenvolvimento do "outro", eis a essência da mutualidade do desenvolvimento do indivíduo em seu contexto social (VYGOTSKY, 1962; ROGOFF, 1990; DANIELS, 2008).

O desenvolvimento da criança ou do jovem, e o desenvolvimento do contexto social fornecido pelo "outro" ou pelos "outros", pelas suas ações, intenções, significações, objetivos, circunstâncias ou obras estão mutuamente envolvidos.

Em termos filogenéticos e sociogenéticos, biologia e cultura não foram nem são puras influências alternativas, mas sim aspectos inseparáveis de um sistema cognitivo complexo, no seio do qual os indivíduos se desenvolveram e desenvolvem.

Portanto é nesse contexto antropológico e ontológico abrangente, e deveras transcendente, de peculiar interação social e dinâmica, que a aprendizagem no ser humano deve ser considerada e o PEA deve ser conceitualizado. A matriz teórica do PEA é antropologicamente um processo de transmissão cultural.

Eis, em síntese, a importância da herança histórica, social e cultural, ou seja, da sociogênese, em conjunto dialético com a herança biológica, genética e morfológica, ou seja, a filogênese, na ontogênese cognitiva de cada ser humano com uma experiência individual única e pessoal (FONSECA, 2007, 2010).

1.4 Evolução cognitiva humana: três dimensões temporais

Para que os seres humanos, ao longo da sua evolução se envolvessem em novas formas de cognição que permitiram ascender a novas formas de aprendizagem cultural, foi necessário que ocorressem três dimensões temporais na evolução cognitiva humana que geraram, entre si, novos processos biopsicossociais.

Os três tempos da evolução cognitiva humana

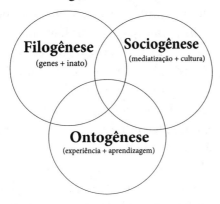

Os seres humanos possuem <u>competências cognitivas</u> que resultam de uma herança biológica que decorre num *tempo filogenético*, aprendem tais competências e apropriam-se de uma herança cultural durante um *tempo sociogenético*, e realizam esta aventura, individual e única, num *tempo ontogenético (desenvolvimento cognitivo...)*.

Figura 2 Três dimensões temporais da cognição humana

As capacidades cognitivas humanas não emergiram do nada, mas efetivamente surgiram, ao longo da evolução e da seleção natural, de outras capacidades genéticas, neurológicas, psicológicas e sociais; muitas delas já observáveis em muitos animais (insetos, pássaros, mamíferos, e sobretudo primatas), como são exemplo as várias competências espaciais, manuais, instrumentais, quantificadoras, categoriais, relacionais, comunicacionais e sociais.

Porém, as capacidades cognitivas forjadas em uma aprendizagem social e profundamente mediatizadora – logo, não instintiva, nem natural ou espontânea – foram sendo contínua e cumulativamente aperfeiçoadas e sociocoletivamente criadas, utilizadas e conservadas. Só dentro de uma perspectiva histórica se consubstanciaram as ditas e as verdadeiras tradições culturais; só dentro de uma narrativa temporal elas foram efetivamente alcançadas pelo *Homo Sapiens Sapiens*.

As impressionantes capacidades cognitivas humanas decorrentes da filogênese e da sociogênese, da denominada Teoria da Dupla Herança Biocultural (TOMASELLO, 1999), e transformadas no processo sócio-histórico que ilustra a ontogênese humana, pessoal e única, são hoje o que constitui a cognição humana moderna.

Não podemos esquecer que os seres humanos são as espécies prototípicas da dupla herança, herança reduplicada essa que não se esgota nos domínios genéticos, biológicos ou neurológicos porque, em termos de desenvolvimento normal ou típico, também dependem dos domínios envolvimentais, sociais, históricos e culturais.

A nossa proximidade em termos de herança biológica com alguns primatas é óbvia. Com os chimpanzés, desfrutamos de cerca de 98-99% de ADN; dos mesmos órgãos sensoriais básicos; do mesmo plano corporal e morfológico e do mesmo *design* cerebral. Independentemente desta semelhança biomorfológica, a nossa distanciação, divergência e diferenciação cultural é enorme, exatamente porque nos identificamos mais profundamente com os nossos semelhantes, porque já como bebês e crianças, somos capazes de reconhecer as outras pessoas como seres iguais a nós próprios.

Com novos artefatos e num contexto de aprendizagem social e de mediatização cognitiva, a sabedoria humana, com fenótipos maduros e múltiplas vantagens competitivas, teve condições históricas para continuar a renovar-se nas gerações futuras, pois em certa medida, como todas as outras espécies, a nossa espécie humana depende do que herdou biologicamente, como também culturalmente.

As crianças das próximas gerações vão perpetuar toda esta cognição coletiva acumulada se as atuais gerações estiverem à altura de lhes transferirem a sua vasta, brilhante e extraordinária cultura.

Não podemos esquecer que as crianças podem participar, desde a mais tenra idade, nessa impressionante coletividade cognitiva, quando iniciam as suas primeiras competências vinculativas ou cognitivas precoces com os outros, por excelência os mais familiares e os entes mais próximos. Desde os processos atencionais sustentados e compartilhados aos processos imitativos, interativos, afiliativos, identificativos e gestuais as crianças em sua ontogênese precoce revelam já a sua adaptabilidade sociocognitiva em compreender os outros como agentes intencionais.

Todas as novas atividades cognitivas iniciais da criança são uma espécie de pedestal da sua estátua cognitiva futura, na medida em que a introduzem, de fato, ao mundo da cultura criado pelos outros mais experientes e maduros.

Embora não seja o tema deste livro, mas de outro (FONSECA, 2005), descrevemos a experiência psicomotora pela qual a criança se concebe como um agente intencional; ela consegue integrar o seu "eu corporal" em um "eu intencional" porque maturacionalmente, e com a ajuda dos outros, vai auto-organizando estratégias atencionais, ego e ecognósicas, ego e ecopráxicas, nas quais vai produzir condutas intencionais ou causais guiadas por fins a atingir e por objetivos e metas a alcançar.

Para tal, porém, a criança humana tem de "ver", automática e intuitivamente, os outros como sujeitos com os quais ela se identifica exatamente nos mesmos termos e nas mesmas circunstâncias. Mais tarde, em sua ontogênese cognitiva, a criança ao conceber-se como agente intencional já se compreende como um ser único, total e evolutivo, portador de desejos, necessidades, motivações, volições e intenções diferentes das outras crianças e das outras pessoas, assim como contendo e possuindo, obviamente, "outras visões" da realidade.

A herança cultural, a transferência cultural, a mediatização pedagógica, e no fundo o próprio PEA que temos abordado, apesar dos múltiplos efeitos culturais em cascata que aglutinam, decorrem deste pressuposto básico da Teoria da Mente, ou seja, da compreensão que "os outros são agentes intencionais ou mentais, portadores de pensamento causal como nós próprios".

É este poder único da herança cultural da espécie humana que torna possível a sociogênese, na qual vários indivíduos, colaborativa e cooperativamente criam artefatos e hábitos culturais e, além disso, os acumulam, conservam e transmitem historicamente às novas gerações.

Este mesmo poder culturalmente herdado vai permitir a aprendizagem cultural e a internalização de tais práticas e de tais saberes nas gerações imaturas, isto é, vai possibilitar a socioconstrução primeiro, e a autoconstrução depois, do conhecimento a que subjazem competências cognitivas únicas da espécie humana.

Portanto, a emergência dessas competências cognitivas não podia, assim, resultar apenas, ou diretamente, de uma herança genética e biológica pré-programada ou de uma imanência divina inexplicável; mas, pelo contrário, resulta de inúmeros processos sociais, históricos e culturais postos em movimento pela capacidade interativa e cognitiva única da espécie humana.

Com a cognição os seres humanos conseguiram resolver problemas, especialmente de forma prática, práxica e enativa, mas igualmente de forma criativa, conativa, flexível e perspicaz, e naturalmente socioativa em termos de aprendizagem cultural, exatamente porque a capacidade de compreensão dos comportamentos intencionais e causais dos seus semelhantes também lhes permitiu prever, antecipar, planificar e, obviamente, controlar e executar os seus próprios comportamentos e ações intencionais. E esta é, inequivocamente, mais uma vantagem adaptativa e competitiva que marcou a cognição humana.

A capacidade de predizer ou de prever, de conjecturar, de sondar e de prospectivar mais adiante e a longo prazo, ou seja, prospectivar e pesquisar o futuro antes de ele ser uma realidade, tornou-se uma manifestação poderosa da cognição humana que está relacionada com a expansão cerebral das funções pré-frontais (LURIA, 1966a, 1970, 1973, 1980; GOLDBERG, 2001; DAMÁSIO, 1979) mais recentes da espécie, e com as famosas funções executivas, que são hoje um tema crucial de reflexão das neurociências, da cognição e da aprendizagem (FONSECA, 2011).

As funções executivas humanas estão associadas a funções cognitivas muito relevantes: de atenção, de planificação, de regulação, de autocontrole, de inibição, de manutenção, de organização, de priorização, de monitorização, de planificação, de pensar no agir, de pensar no pensar, isto é, integram algumas componentes da metacognição.

A condição dos seres humanos se tornarem conscientes das suas ações, dos seus comportamentos e das suas respostas adaptativas é uma das chaves da evolução cultural humana, na medida em que, como capacidade cognitiva, abre o caminho à melhoria e ao aperfeiçoamento contínuo da qualidade e eficácia das mesmas.

Por efeitos da retroação (*feedback*) e da proação (*feedforward*) como processos neurofuncionais, emergidos da própria ação, ela induz novos circuitos cerebrais centrais entre os processos internos como a planificação, a regulação, a antecipação, a decisão, o controle etc., e os produtos finais externos como a proficiência, a melodia, a automaticidade, a disponibilidade, a plasticidade, a flexibilidade, a eficácia, a proficiência, a velocidade e a precisão.

A sofisticação cinestésica, planificadora e antecipadora, a excelência e a eficácia das ações acumuladas por progressivas reaferências e modificações proprioceptivas inauguraram em termos evolutivos um novo patamar cognitivo da espécie humana.

A evolução passou a depender da cognição da ação e não da ação propriamente dita. Da evolução da ação com os músculos, os seres humanos passaram à evolução da ação com os neurônios. O processo seguinte foi transmitir culturalmente tais competências às gerações vindouras em termos de aprendizagem social, fazendo uso de estratégias de mediatização conduzidas e guiadas pelas gerações mais experientes.

Porque a ação dá lugar a novos dados de informação resultantes dos seus efeitos e das suas consequências, ela dá lugar também a capacidades metacognitivas básicas: previsão, controle, avaliação, verificação, significação, regulação, inibição etc., originando inúmeros processos autorreflexivos e autoaveriguativos.

Sugere, por exemplo, uma espécie de autointerrogação ou diálogo interior entre o sujeito e a sua própria ação intencional: O que vai acontecer se eu fizer isto e aquilo? O que é que atingi como objetivo e como meta? Como controlei os vários passos da ação? Como manuseei o instrumento como periférico corporal inteligente do meu cérebro? Que imagens recuperei para me ajudar na planificação e na execução da ação subsequente? O que me falta fazer para melhorar os resultados da minha conduta?

Tais perguntas feitas a si próprio são uma condição metacognitiva e conativa da aprendizagem bem-sucedida e da assimilação e integração consciente do conhecimento. Por esse fato, o inexperiente (o imperito, o iniciado, o principiante, o aluno, o estagiário etc.) entorpece na aprendizagem inicial pelo fraco, ou nulo uso destas funções metacognitivas que regulam a execução precisa, melódica e acumulada dos seus comportamentos. Com o recurso mais integrado cognitivamente destas funções, a progressiva consolidação do processo de aprendizagem vai-se operando e a modificação da experiência vai-se constatando e precisando.

O percurso e a trajetória de excelência da sua aprendizagem final irão depender, portanto, da sua metacognição e da orquestração das suas funções executivas. É exatamente aqui, nestas novas funções cognitivas, que o experiente tem muito mais êxito que o inexperiente. Foi assim que ocorreu na evolução cognitiva da espécie humana, e é assim que decorre o desenvolvimento cognitivo normal nas crianças e nos jovens imaturos.

É fácil perceber que estas funções executivas consubstanciam uma série de competências evolutivas, verdadeiramente fascinantes, para compreendermos como a ação intencional humana está em sua origem, superando a dimensão do natural até atingir a dimensão do cultural, desde a invenção de utensílios e instrumentos à criação e invenção de sinais e símbolos.

Os seres humanos por meio destas funções cognitivas conseguiram regular o seu próprio comportamento nas seguintes componentes:

• Na **atenção**: seleção, sustentação, distribuição, transformação etc., em suma, todos os componentes de *input* da informação.

• No **pensamento**: percepção, organização, processamento, planificação, gestão, retenção, recuperação, recombinação, monitorização, priorização etc., em suma, os componentes de integração e elaboração da informação.

• Na **ação**, ou seja, nas suas respostas adaptativas, em resumo, todos os componentes de *output* da informação: iniciando, inibindo, antecipando, flexibilizando condutas e estimando as suas consequências face a obstáculos, reveses, vicissitudes, adversidades, contrariedades ou erros, autorregulando, portanto, emoções para se adaptar às mudanças do meio envolvente e atingir, com perseverança e automotivação (conação), determinados fins ou objetivos e completar ou concretizar, e não procrastinar, tarefas a finalizar, sejam de sobrevivência, de segurança ou de utilidade social.

Trata-se, por conseguinte, da orquestração e da agilização de múltiplas funções cognitivas que garantiram o triunfo evolutivo e adaptativo da espécie humana, e que, em certa medida, compreendem funções cognitivas que em nível intraindividual usamos no nosso dia a dia e que são fundamentais para aprendermos qualquer habilidade complexa ou conteúdo abstrato de difícil assimilação ou compreensão.

A compreensão intencional e causal exclusiva do ser humano, que no fundo está na base da Teoria da Ação (FONSECA, 2005, 2010), tem consequências imediatas na integração, elaboração, regulação e execução da ação autoengendrada pelo indivíduo, pois abre a porta à sua cognição para encontrar novas soluções para novos problemas. É dentro deste conceito transcendente da ação que Maturana e Varela (1998) exploram e aprofundam o conceito original de enação que tem muito a ver com a cognição, como abordamos em outro livro (FONSECA, 2010).

Para além desta vantagem *adaptativa interna*, evolutiva e comportamental, a compreensão intencional e causal tem ainda outro poder extraordinário, que é a sua capacidade de transformação no processo de aprendizagem social, ou por analogia, de *adaptação externa* que interessa à sociogênese e à transmissão cultural por um lado e, obviamente, ao PEA, por outro.

1.5 Aprendizagem social: coconstrução do ser prospectivo

A aprendizagem social é consequentemente responsável pela explosão rápida e intensiva de novas capacidades cognitivas na espécie, e obviamente na criança; nela reside a âncora da herança cultural característica dos seres humanos.

Apesar de se identificarem diferentes formas de herança e de transmissão cultural, os mecanismos precisos de aprendizagem social e de interação entre seres experientes ou peritos e inexperientes ou imperitos mais comuns são, na perspectiva de Tomasello (1999), os seguintes:

• **Exposição e observação**: os *inexperientes* são expostos a novas experiências de aprendizagem por proximidade corporal e postural com os *experientes*, concebidos como modelos sociais.

• **Expansão e prolongamento dos estímulos**: os *inexperientes* são atraídos para objetos, eventos, rituais ou tarefas e situações-problema por processos e estratégias interativas introduzidas pelos *experientes*, por meio das quais aprendem e recriam rotinas e novas habilidades cognitivas.

• **Mimetização**: os *inexperientes*, por revelarem uma adaptação especializada para reproduzir mímicas e copiar expressões dos outros (ecomímicas, ecolálicas etc.), pela evidência da espécie humana desfrutar de *neurônios-espelho* (FONSECA, 2010) que em termos neurofuncionais suportam a Teoria da Mente da qual falamos antes, por meio da qual ascendem progressivamente a uma *eficácia corporal, gestual, manual, instrumental* *e vocalizacional*, aproximativa da demonstrada, dominada e exibida pelos *experientes*. E, por fim:

• **Imitação**: os *inexperientes ou imperitos* por meio da repetição experiencial e pela emulação, gestualidade e proprioceptividade associadas e retroalimentadas neurofuncionalmente por circuitos sinergéticos entre a ação, a percepção e a cognição (representação, imagem, retenção etc.), tendem a reproduzir e a propagar os comportamentos e concomitantes estratégias tradicionais dos *experientes* (demonstradores), atingindo por esse mecanismo cognitivo e conativo os mesmos objetivos e os mesmos fins. Em síntese, vão-se modificabilizando cognitivamente, para finalmente revelarem, objetivamente, a sua aprendizagem, ou seja, a sua mudança intrínseca de comportamento provocada pela experiência mediatizada a que foram sujeitos.

A dimensão sistêmica, total, interdependente, homeostásica e autorregulada dinamicamente nesses quatro mecanismos de aprendizagem social na espécie humana, para além de se propagarem, difundirem, alargarem e espalharem muito rapidamente nos seus pares, familiares, parentes íntimos e descendentes (pais, tios, irmãos, primos, companheiros, colegas, comparsas, parceiros, sócios, amigos tribais, aliados etc.), acabam por se distanciar, transcendentemente, das aprendizagens dos primatas não humanos, mesmo que se reconheçam nesses vestígios de ensino ritualizações vagas e sinais gestuais comunicacionais (TOMASELLO, 1999) nos processos observados concretamente no terreno a que já fizemos referência, quer na lavagem de batatas dos macacos japoneses, quer na pesca de insetos ou no uso de protoferramentas em chimpanzés, considerados os primatas não humanos mais culturais.

A condição de reter comportamentos tradicionais e de estes persistirem ao longo de novas gerações ilustra um esboço de transmissão cultural já entre os chimpanzés e os bonobos, mas tal aprendizagem social é muito superficial, ritual e localizada, apesar de reclamar já competências cognitivas, por isso é considerada uma adaptação ou modelação ecológica (*enviromental shaping*), e não pode ser considerada uma "cultura" propriamente dita.

A palavra cultura designa não uma pura adaptação ecológica, mas o conjunto de práticas, hábitos, rotinas, conhecimentos, saberes, costumes – ou seja, competências cognitivas e práxicas –, bem como o conjunto de instituições, instrumentos, obras, códigos, padrões de comportamento compartilhados etc., manifestados e demonstrados por normas, valores, crenças etc., que constituem a *herança cultural* de uma comunidade ou de um grupo de comunidades, que em seu todo contribuem para a formação de um indivíduo (o tal ser inexperiente) enquanto ser social prospectivo.

Como podemos compreender, o sentido da cultura emerge, nesta perspectiva antropológica mais abrangente, de competências de aprendizagem imitativa, o que pressupõe que um *aprendiz inexperiente* compreenda simultaneamente o objetivo demonstrado pelo *modelo maduro, perito e competente do executante experiente* (o fim a atingir pela sua ação), bem como a sequencialização psicomotora espaçotemporal intencional das suas estratégias proativas.

De certa forma, o inexperiente acaba por sincronizar o fim a atingir com as estratégias que lhe são intrínsecas, operando-se dessa forma a tal mudança de comportamento provocada pela experiência que consubstancia a significação cognitiva de qualquer aprendizagem humana, cuja origem é *eminentemente social*, como podemos constatar nos famosos casos das crianças selvagens (*Victor de Aveyron* (estudado por J. Itard), e *Kamala* e *Yamala* (duas crianças hindus resgatadas de uma família de lobos e criadas pelo Reverendo Singh)).

O ser inexperiente, partindo de um processo de incompetência e imperícia inicial ou de ignorância total (processo de aquisição de conhecimento que podemos considerar *de baixo para cima* em termos de *aprendizagem*), é mediatizado, encorajado, persuadido, habilitado, digamos, ensinado etc. pelo ser experiente (processo de transmissão do conhecimento que podemos considerar *de cima para baixo* em termos de *ensino*), para que ele atinja um novo patamar de competência, perícia e agilidade práxica e de domínio de conhecimento e da sua aplicabilidade e generabilidade a outras situações.

Mais uma vez, esta possibilidade de transmissão cultural – logo, de ensino e de aprendizagem – só se torna viável quando o inexperiente compreende o experiente como um agente intencional, com quem pode alinhar, aderir, concordar e participar em uma interação dinâmica e inteligente.

Para conseguir integrar os conteúdos e as práticas de transmissão cultural, o inexperiente tem obrigatoriamente de demonstrar uma atenção social compartilhada que subjaz à interação com o experiente.

Tal socialização do processo mental primário que é a atenção (por isso ela envolve substratos neurológicos de todo o cérebro, que vão desde os substratos inferiores aos superiores, do tronco cerebral ao cerebelo, do tálamo aos lobos pré-frontais), vai inexoravelmente reclamar capacidades cognitivas do ser inexperiente para seguir e sustentar sinais, mímicas, gestos, demonstrações, intenções etc. que emanam do ser experiente.

Pelo fato de a atenção emergir no seio da interação e participação compartilhada, o experiente mostra, aponta, enfoca, encoraja e reforça a imitação no inexperiente, a partir da qual a transmissão cultural flui e faz eco entre os dois sujeitos, criando, desse modo, uma intersubjetividade transcendente que se traduz no epifenômeno da aprendizagem humana, gerando, consequentemente, uma modificabilidade cognitiva no ser inexperiente, imperito e aprendente.

A grande diferença entre o chimpanzé e o ser humano é que nesse processo de imitação e de ecocinésia (WALLON, 1963, 1968; FONSECA, 2005, 2007, 2008, 2010), o primata não aprende nem reproduz os fins e os meios em novas ações, ou seja, a sua imitação é simples, episódica, assistemática, circunstancial, superficial e insuficiente. Não é porque podemos encorajar a aprendizagem da linguagem ou da matemática em chimpanzés que eles se tornam humanos; há algo cognitivo substancial que nos distingue.

O segredo da evolução cultural humana parece radicar nas capacidades cognitivas e conativas precoces da espécie humana desde a atenção, a gestualização, a vinculação, a afiliação, a imitação, até à interação participada, colaborativa, prolongada, compartilhada, extensiva e acumulativa, que em seu conjunto sistêmico parecem estar na origem da sociogênese no sentido vygotskyano mais profundo.

Em síntese, a transmissão cultural pressupõe uma díade cognitiva compartilhada entre o experiente e o inexperiente, entre o professor e o aluno, composta de processos de interação e organização social e de processos de transmissão e mediatização de informação.

O experiente busca intencionalmente (ou possui o objetivo de ajudar o inexperiente a aprender) e revela uma estratégia de instrução intencional e significativa para compartilhar com o inexperiente não só o seu conhecimento, mas também as suas competências. Com base neste mecanismo de transmissão cultural e de ritualização ontogenética (TOMASELLO, 1999), a espécie humana despertou e descolou para a cultura. É nela que temos que conceber a essência do PEA e o saber pedagógico que temos explorado.

Nesta linha de pensamento antropológico, podemos falar de ensino? Claro que sim; na nossa ótica, a transmissão cultural é um conceito do tipo "chapéu de chuva", que clarifica, e faz luz sobre a complexidade do PEA.

Em todas as culturas os adultos empregam toda a sua intencionalidade, cognição, perícia, significação e criatividade para ativamente ensinarem, de modo constante, regular e intensivo as crianças e os jovens. Com uma aprendizagem imitativa e com um ensino com propósito, o padrão cultural único da espécie humana espelhou e espelha, efetivamente, a sua evolução sócio-histórica.

A evolução cultural humana acumulada através do processo sócio-histórico, centrada na aprendizagem imitativa do ser inexperiente, e no ensino ou instrução ativa do ser experiente, nunca poderia ter emanado de uma forma fraca, débil ou difusa de aprendizagem social, como são a aprendizagem emulativa, a ritualização ontogenética ou a aprendizagem individual, já observáveis em várias espécies de primatas.

De certa forma, para além da imitação teremos de equacionar a inovação decorrente dos processos neurofuncionais que tentamos levantar atrás.

Alicerçada na imitação, na instrução e na inovação, a transmissão cultural encontrou o seu caminho de progresso no qual um passo à frente num dado processo acabou por gerar dialeticamente um avanço em outro, no qual as técnicas de inovação foram apelando cada vez mais às funções cognitivas da atenção, da percepção, da memória e da regulação e execução da ação.

Em resumo, as novas estratégias acopladas sobre as anteriores não morreram com o ser experiente que as criou ou inovou. Na espécie humana esta estratégia foi sempre protegida prospectivamente, mesmo que pudesse gerar rejeições momentâneas, pois nem sempre a inovação foi bem recebida ou cultivada como rotina cognitiva.

Sociogeneticamente, os novos comportamentos colocaram-nos e projetaram-nos para outros espaços cognitivos, para novos horizontes que nos transportaram para novas inovações, inovações essas que acabaram por gerar novas funções cognitivas e executivas.

Eis, quanto a nós, um dos aspectos do triunfo cognitivo da espécie humana, no qual as inovações de vários graus e níveis, necessariamente emergentes de funções cognitivas cooperativas (experiente/inexperiente; perito/imperito), não morrem, como se observa nos primatas culturais não humanos, nos quais as inovações morrem com os seus criadores individuais porque não se transmitem nem perpetuam culturalmente de forma fiável.

É consensual considerar-se que as crianças aprendem aquilo a que estão expostas, nomeadamente os modelos sociais que fazem parte da sua ecologia cultural.

A interação cultural que está na raiz da transmissão cultural e do desenvolvimento cognitivo individual não pode resumir-se a teorias individualistas como as preconizadas pelos neopiagetianos, pelos modularistas, ou mesmo pelos nativistas.

O papel do social e do cultural são inegáveis no processo universal do desenvolvimento das estruturas cognitivas dos inexperientes, estruturas essas que estão muito para além de as expor diretamente e apenas a situações, estímulos, eventos, instrumentos, tarefas ou problemas.

Para além da exposição direta aos estímulos (tipo sujeito-estímulo, ou seja, *intrassubjetivamente*), os inexperientes necessitam de ser mediatizados (tipo sujeito-sujeito, ou seja, *intersubjetivamente*) nos diferentes tipos de "*input*" e nos diferentes tipos de "dados" que estão em presença, caso contrário, a exploração e a percepção dos estímulos é difusa e fragmentada, desplanificada, assistemática, episódica e imatura, isto é, mal processada, logo, mal aprendida.

Com base na recolha ou na captação hesitante de dados, o campo cognitivo torna-se: sem análise e categorização; sem processamento do todo e das partes; sem comparação de dados já integrados com os dados presentes; sem detalhe, recuperação e especificação dos dados em causa etc. Em consequência, a planificação e a elaboração das respostas adaptativas ou a execução das ações voluntárias tende a ser impulsiva, egoísta, sem precisão e errática. Com um perfil de funções cognitivas tão difusas e frágeis, quer em nível de *input*, de integração, de elaboração e de *output* (ação), a evolução cultural não poderia ter expandido tanto, como é hoje reconhecido.

Imensas crianças e adolescentes com perfis cognitivos difusos e deficitários acabam por revelar insucesso escolar, fraco rendimento acadêmico, pobre investimento motivacional e vocacional, e frequentes traços de comportamentos sociais disruptivos.

A transmissão do conhecimento e da informação dos adultos para as crianças ou jovens, que é comum em muitas culturas pela via da linguagem ou por outros meios simbólicos, é de natureza social e cultural, como afirmam os neovygotskyanos e a maioria dos psicólogos culturais. Basta para isso ter em consideração o papel dos artefatos na mediatização das interações das crianças e jovens com o seu envolvimento e contexto cultural específico.

Com base em instrumentos e em processos de comunicação, que sugerem um contexto interacional próprio entre o experiente e o inexperiente, as representações cognitivas dialógicas que vão ocorrer entre ambos facilitam o surgimento de processos de autorregulação, de metacognição, de reconceitualização e de redescrição representacional, principalmente, no sujeito aprendente.

A própria estrutura de comunicação que é posta em jogo na interação pelo experiente influencia a construção das categorias, das relações, das analogias ou das metáforas cognitivas no inexperiente; mesmo quando surjam conflituosas as interações linguísticas introduzidas pelo experiente, acabam por ser complementares na perspectivação conceitual da situação, que, em concreto, ambos os sujeitos exploram como dois agentes intencionais.

O indivíduo inexperiente abandonado às suas próprias competências cognitivas de observação – por exemplo, na observação de um quadro exposto em um museu sem ser mediatizado pelas competências cognitivas de um guia experiente – acabará por ganhar um conhecimento vago, restrito e muito limitado, mesmo se tiver lido previamente algo sobre ele.

O inexperiente necessita ser diretamente informado e explicitamente instruído a respeito do que está observando; necessita que se lhe explique, por uma linguagem mediatizada e pedagógica ou por outros meios de comunicação não verbais, como imagens, desenhos, mapas ou esquemas, os diferentes dados alocados ao que está vendo, para melhor captá-los, apreender, descentrar, fixar e compreender. Outros dados ou pistas relevantes de conhecimento e de apreensão significativa, se não forem intencional e pedagogicamente mediatizados, no exemplo do quadro observado num museu ou numa exposição de arte, simplesmente lhe escapam pelo seu desconhecimento ou ignorância.

Ter a perspectiva de outro sujeito mais experiente permite reconciliar perspectivas discrepantes e, desse modo, influenciar o desenvolvimento cognitivo do sujeito mais inexperiente numa dada situação.

O papel da linguagem e do conhecimento do ser experiente permite induzir no ser inexperiente representações dialógicas e autorreflexivas que são muito importantes para o seu desenvolvimento cognitivo, daí a importância da precocidade e da qualidade da transmissão cultural proporcionada.

Empatizar com o ser experiente, ver e sentir as situações através dele, e pensar e executar as ações com o seu exemplo ou modelo favorece o desenvolvimento cognitivo dos seres inexperientes no processo de aprendizagem. Tal engajamento com os outros, ou seja, entre o experiente e o inexperiente ou entre o professor e o aluno, que são de todo iguais em si próprios em termos de conhecimento e poder, é certamente um dos palcos da transmissão cultural, talvez o núcleo central conceitual para desvendar a complexidade psicopedagógica do PEA.

Ou seja, a compreensão causal precoce que a criança tem dos eventos naturais deriva da sua compreensão intencional dos eventos sociopsicológicos, a tal Teoria da Mente que abordamos. Daí também o fato de a causalidade ser um dos aspectos fundadores da cognição humana, por isso, é claro, que a estrutura da linguagem seja o resultado histórico e não a causa dessa competência cognitiva precoce.

A compreensão causal é o grude cognitivo que dá coerência à cognição humana em todos os domínios do conhecimento e em todas as atividades humanas importantes, desde a linguagem à matemática, desde a economia à ciência. Nenhuma dessas competências cognitivas pode ser concebida como tendo origem sociocultural pura; todas aquelas dimensões são o que são hoje porque os seres inexperientes (as crianças e os jovens) estão inseridos em uma matriz cultural e linguística, através da qual:

a) recebem componentes específicos do conhecimento e apreendem modelos de pensamento e de explicação diretamente através da linguagem (*transmissão do conhecimento*);

b) operam com estruturas da linguagem, quer causais, quer classificativas e relacionais (*papel estrutural da linguagem*);

c) envolvem-se em diálogo com seres experientes, sobre a natureza e a cultura, em processos que induzem a exposição a diferentes perspectivas e pontos de vista (*discourse and perspective-taking*).

1.6 Uma ontogênese cognitiva única

Nesse contexto, as crianças transformam as suas competências cognitivas básicas em competências sofisticadas e complexas, devido à sua habilidade em compreender intenções comunicativas por via das interações com adultos muito antes mesmo de terem acesso à linguagem, por meio da qual lhes é transmitido o conhecimento e a informação.

As crianças como seres inexperientes e estruturalmente imperitos acabam por ver os experientes como seres mentais similares, mas diferentes, delas próprias. Aqui reside o âmago mais profundo da transmissão cultural e, certamente, do PEA.

Nessa perspectiva, a cognição humana traduz uma capacidade de adaptação do indivíduo às características diversas do grupo social em que está inserido.

À luz deste ponto de partida antropológico, os processos adaptativos humanos, ou melhor dito, a inteligência humana sugere a construção e a utilização de conhecimentos estruturados que têm uma origem social e cultural; numa palavra, implica uma mediatização e uma interação sociointerativa, para usar a expressão original de Vygotsky (1930, 1962, 1979a, 1979b, 1986).

Em síntese, a emergência da cognição humana não pode ser concebida em um vácuo social, como que resultando de uma imanência divina; pelo contrário, ela resulta da integração transcendente de três grandes tipos de processos evolutivos determinantes que já falamos:

- a **filogênese**: herança biológica;
- a **sociogênese**: herança histórico-cultural;
- a **psicogênese**: trajetória desenvolvimental, onto ou disontogenética, que caminha inexoravelmente com a idade avançada para um processo involutivo, isto é, para a retrogênese, com o qual o ser humano transformou o mundo natural, acrescentando-lhe um mundo cultural e civilizacional (FONSECA, 2010, 2012).

Com um equipamento morfológico-motor frágil e imaturo de um lado, e com uma extraordinária e invulgar estratégia de mediatização social de outro, o bebê e a criança humana – com suas imperícias precoces, extremamente dependentes do adulto, habitualmente da mãe, beneficiando-se de variadas estratégias de atenção compartilhada, de proteção afetivo-corporal, de comunicações linguísticas e de representações simbólicas que lhe proporcionam uma grande variedade e sofisticação de estimulações, interações, gesticulações, afiliações e imitações – vão efetivamente se apropriando de sua ontogênese cognitiva única, de conquistas da humanidade como: vinculação, postura bípede, micropraxia, fala, arte, escrita, contação e de conhecimento armazenado acumulado pela sua comunidade proximal (FONSECA, 1999a, 2009, 2010, 2012).

Sem a presença incontornável de um mediatizador adulto, o bebê humano dificilmente incorporalizaria o seu envolvimento natural, físico, social e cultural; dificilmente se transformaria em uma criança, e mais tarde em um adolescente ou em um adulto humanizado, como constatamos nos vários estudos de crianças selvagens ou desfavorecidas.

Apesar de o bebê humano revelar competências cognitivas precoces extraordinárias, elas não são suficientes para estabelecer uma relação autônoma com o seu envolvimento natural e com o seu contexto social e cultural.

Quer se trate do alimentar, do limpar, do proteger, do transportar ou do acalmar, o bebê humano reclama a mediatização dependente, íntima e securizante do outro que se ocupa dele a todo o momento.

Cabe ao adulto mais experiente, normalmente a mãe, proporcionar-lhe novas experiências visuais e auditivas, hápticas, vestibulares, proprioceptivas e tátilo-cinestésicas, assegurando-lhe os suportes sensório-motores, tônico-posturais, mímicos e gestuais necessários à interação com os outros e com os objetos, aos quais, e com os quais, tem de prestar atenção e provocar novas explorações e descobertas dos ecossistemas envolventes (FONSECA, 2005).

O adulto garante assim ao bebê, pela sua mediatização afetiva, intencional e cognitiva, a apropriação e a incorporalização do envolvimento, seja social, cultural ou objetal.

Os bebês humanos ou as crianças e os adolescentes não são, por si sós, os arquitetos ou os construtores únicos dos seus conhecimentos. Pelo contrário, a incorporalização ou a cognição corporal e experiencial de tudo o que está à sua volta é fruto de uma coconstrução entre eles e os adultos; é um produto cultural, ou seja, um PEA que emerge da interação entre ambos.

Não há aqui um determinismo genético ou um claro inatismo, do tipo chomskyano, que faça emergir a integração cognitiva imediata do envolvimento no cérebro do bebê humano, pela pura e simples exposição direta aos mais variados estímulos do seu envolvimento contextual.

Os novos processos cognitivos que caracterizam o desenvolvimento do bebê, e, mais tarde, da criança, resultam da mediatização do adulto experiente, da sua interação guiada, apropriada e supervisionada pelos seus processos cognitivos intencionais. Tal interação, visando induzir nos seres inexperientes e imperitos novas construções cognitivas (atencionais, perceptivas, mnésicas, executivas etc.), transforma-se, desse modo, em cointeração.

A imaturidade do bebê, decorrente da incompatibilidade fetopélvica inerente à postura bípede da mãe (FONSECA, 1999a, 2009, 2010, 2012) sugere que a sua imperícia total é um fato fundamental e primacial e um elemento fundador e estruturante da sua ontogênese cognitiva. Só nesta dimensão podemos entender o papel crucial da mediatização em seu desenvolvimento.

O impacto que o outro ocupa na tomada de consciência e no desenvolvimento do eu é uma espécie de simbiose afetiva e cognitiva (WALLON, 1968, 1970; BOLWBY, 1971; WINNICOTT, 1960, 1996; DAMÁSIO, 1979, 1999, 2003). De fato, a descoberta do mundo e a conquista da autonomia do eu nascem e têm origem no outro a partir de um diálogo mediatizador e intersubjetivo entre si e o outro.

É a mediatização do outro que permite ao bebê, e depois à criança e ao jovem ainda imaturos, superar as suas insuficiências cognitivas iniciais que os impedem de satisfazer as suas próprias necessidades de sobrevivência e segurança.

A ontogênese cognitiva revela-se, portanto, a partir do diálogo íntimo e durável entre o outro e o eu; é essa mediatização precoce que marcará a gênese dos pensamentos e comportamentos futuros das gerações vindouras. É dentro deste contexto que Vygotsky (1962, 1979, 1986) desenvolve a lei fundamental do desenvolvimento das funções psíquicas superiores, que mais à frente tentaremos analisar.

Para o bebê e a criança entrarem em interação com o envolvimento requer-se a presença ativa, intencional, confiante, convicta, vigilante e significativa da mãe ou de um mediatizador substituto (WALLON, 1963, 1968, 1970; ROGOFF, 1990; DANIELS, 2008). O seu desenvolvimento cognitivo decorre, assim, de um sistema de mediatização social.

A atualização e a evolução do potencial cognitivo das gerações vindouras não pode resultar apenas dos mecanismos filogenéticos;

ambas as condições implicam, antes, a educabilidade e a treinabilidade de tais capacidades cognitivas precoces, consubstanciando a importância dos mecanismos sociogenéticos, dos quais a intersubjetividade e a concomitante mediatização emergem e se originam.

A evolução humana, consequentemente, não pode ser concebida sem o paradigma da dupla herança neurobiológica e sociocultural. Por analogia, a evolução da criança em termos cognitivos só poderá ser entendida, por um lado, pela sua imperícia inicial e, por outro, pela ação de um interlocutor privilegiado (*cultura maternal* (COULET, 1999)) que age sobre o mundo quando ela ainda não o consegue, iniciando-a diligentemente nos produtos da sua cultura que ela mais tarde vai apropriar e interiorizar em um longo processo de aprendizagem centrado numa interação intergeracional verdadeiramente fascinante, algo que em si enquadra, em nossa ótica, o dito PEA que estamos tentando abordar em suas raízes pedagógicas mais profundas.

Quer a filogênese, com o legado genético e neurobiológico *inato*, quer a sociogênese, com o legado sócio-histórico e sociocultural *adquirido*, ambas as heranças vão jogando um papel crucial na atualização da ontogênese, e esta vai contribuir para a integração, conservação, elaboração e criação de novas competências cognitivas e de novas aprendizagens culturais.

A estreita interdependência de tais processos evolutivos da espécie humana constituem, para nós, o indispensável pano de fundo pedagógico PEA e, consequentemente, do desenvolvimento cognitivo.

Paradoxalmente, a cognição de um determinado ser humano emana da cognição social do grupo em que ele está inserido. Por esta razão e muitas outras mais, Piaget ou Vygotsky, em suas épocas áureas, jamais poderiam nascer em Portugal.

A incomensurável complexidade do envolvimento e da estruturação lógica e funcional dos conhecimentos vai sendo progressivamente descoberta graças à eficácia da mediatização que umas gerações conseguiram transmitir às outras.

Para atingir tal desígnio civilizacional teremos de estudar e aprofundar mais o paradigma do PEA, ou melhor, da aprendizagem cultural. Aprender a aprender tem muito a ver com este pressuposto.

Os processos adaptativos da espécie humana emanam consequentemente da transmissão cultural; mesmo nos dias de hoje e nas escolas atuais, é o PEA que permite tal passagem cognitiva de uma geração para a outra.

De *processos de ensino*, porque surgem de interações sociais específicas, ou seja, de práticas efetivas de educação e de formação emanadas de indivíduos experientes, e de *processos de aprendizagem*, porque surgem de representações do envolvimento ou de atos de conhecimento que em consequência da interação experiente-inexperiente são operadas nas redes neuronais deste último.

Ao longo da história humana, na atualidade e obviamente no futuro, a otimização da cognição individual implicou, implica e implicará uma mediatização social de excelência.

A mediatização encontra as suas raízes nas teorias de desenvolvimento cognitivo. Ela é, inevitavelmente, uma das noções incontornáveis da pedagogia, uma vez que ela pretende formalizar e aprofundar as diversas dimensões sistêmicas do PEA.

Vygotsky, uma das figuras cimeiras da psicopedagogia, desenvolveu uma obra extraordinária no que respeita à psicogênese baseada na mediatização, ou seja, no estudo que envolve uma aproximação dialética e transcendente entre a psicologia e a pedagogia, a mesma que é crucial para compreender os PEAs, chegando mesmo a propor uma nova disciplina, a paidologia, que acabou por não ter continuadores com a mesma dimensão e a mesma profundidade científica, filosófica e ética.

Do lado do Ensino, Vygotsky situava o papel de indivíduos experientes e cultos – portanto, que sabem mais –, que tradicionalmente denominamos *professores*, para nós também considerados *mediatizadores*.

Do lado da aprendizagem, situava o papel de indivíduos inexperientes e imperitos, supostamente carentes e necessitados de cultura, e que, consequentemente, sabem menos, a quem habitualmente chamamos de *alunos*, para nós considerados *mediatizados*. A relevância de tal processo interativo de transmissão cultural entre duas gerações que extravasa, obviamente, o contexto da escola para respeitar muitos outros contextos onde se transmite conhecimentos e competências, os ditos experientes-professores e os ditos inexperientes-alunos põem em jogo uma interação social.

Dessa interação social guiada pelos indivíduos experientes deverá ocorrer, efetivamente, uma mudança de comportamento nos inexperientes, ou seja, uma determinada evolução, transformação e modificabilidade cognitiva decorrente e imanente da mediatização estabelecida, isto é, da interação, comunicação e do diálogo inteligente, pedagógico e conativo entre os dois atores do PEA (FONSECA, 1994b, 1995a, 2001, 2007; FONSECA & SANTOS, 1990; FONSECA; SANTOS & CRUZ, 1994a, 1994b).

Nessa perspectiva vygotskyana, a cognição humana é considerada como emergindo de um contexto social, histórico e cultural, e não meramente decorrente de uma herança genética inata. Esta concepção social e culturalmente contextualizada, igualmente conhecida por Teoria Sócio-histórica da Cognição, segundo esse autor russo, subjaz ao PEA, que estamos equacionando.

Encarando a evolução da cognição humana como o resultado de uma dupla herança, a biológica e a cultural (*Teoria da Dupla Herança*: BOYD & RICHERSON, 1985; DURHAM, 1991; TOMASELLO, 1999), os fenótipos maduros e experientes que dependem do que podem herdar bioculturalmente dos seus progenitores proximais e distais são especialmente dotados para a proteção das crias, das quais emerge a sua continuidade e sobrevivência.

Dada a circunstância da espécie humana nascer imatura, imperita e totalmente dependente do outro (*Teoria da Incompatibilidade Feto-pélvica*: FONSECA, 1982, 1987e, 1989b, 1999a, 2009, 2010, 2012), o tal fenótipo experiente depende e emana da interação e da identificação entre semelhantes, no caso mais puro e primacial, do processo de vinculação mãe-filho, o que vai permitir aos seres humanos a capacidade de se compreenderem como agentes intencionais que partilham o reconhecimento do "outro" como espelho do "eu".

Os seres humanos *identificam-se* mais com os elementos da sua espécie do que qualquer outro primata. Não se trata de algo misterioso, mas simplesmente de algo transcendente, ou seja, o processo pelo qual a criança compreende que as outras pessoas são seres como ela (*Teoria da Mente*: BARON-COHEN, 1993, 1995; TOMASELLO, 1999).

As competências interativas do bebê humano com adultos, com a mãe por excelência, mas também com o pai, os avós, e mesmo as amas ou cuidadoras mais íntimas, já evocadas por autores como Wallon (1968, 1970), Spitz (1963, 1972, 1986), Winnicott (1960, 1996), Bowlby (1971), Montagner (1978, 1988) e tantos outros, que consubstanciam complexos processos de atenção visual sustentada, de sutis processos de interação, de imitação, de gestualização e de afiliação, revelam e retratam uma espécie de inatismo afetivo, haptotrópico, relacional e não verbal a que correspondem determinados susbstratos proprioceptivos do sistema nervoso, fundamentalmente do tronco cerebral e do sistema límbico que subjazem às primeiras manifestações de reciprocidade social precoce, adstritas também à primeira unidade neurofuncional de atenção proposta por Luria (FONSECA, 1992a, 1999a, 2001, 2005, 2012).

A disfunção de tais sistemas neurológicos que governam os padrões emocionais e relacionais precoces e primários, a sua imaturidade, imperícia ou atipicidade, põem em risco o desenvolvimento integral da criança, como atestam os estudos sobre a privação, a negligência ou o abandono precoces dos autores pioneiros acima referidos.

Sem o "outro" não há o "eu". O "eu" não se desenvolve no vácuo ou no vazio, nem isolado do "outro". Estes paradigmas da Teoria da Mente e do isolamento ou privação social ajudam-nos a perceber a problemática do autismo e das chamadas crianças selvagens (ITARD, 1932; TOMASELLO, 1999; BARON-COHEN, 1993, 1995) e, em certa medida, ajudam-nos a entender a transcendência sociocultural e sócio-histórica da transmissão cultural e do desenvolvimento cognitivo, bem como a matriz pedagógica mais profunda do PEA.

A circunstância do "outro" ser concebido como ator mental, e não como mero espectador, leva a que o próprio "eu" seja o resultado de uma coconstrução emergida no contexto não só de uma interação social precoce, como de uma intersubjetividade estruturante não só em atitudes de persuasão, como em contágios emocionais entre ambos os seres.

De certa forma, são os prelúdios e os fundamentos do desenvolvimento cognitivo da espécie, nos quais a sociogênese se enraíza historicamente. Por analogia, o processo de transmissão cultural só é materializável nestas circunstâncias interacionais dinâmicas que consubstanciam a natureza do próprio funcionamento da mente humana.

Nessa perspectiva, a transmissão cultural é uma das componentes disciplinares da neurociência social, das ciências cognitivas e das ciências sociais, uma vez que a mente humana tem origem social, e só neste contexto é concebível, exatamente porque é ela que estabelece uma relação dialética entre os processos neuronais com os processos sociais.

Efetivamente, quando o bebê humano nasce com a sua imaturidade e imperícia absoluta em sua essência representa um dos grandes triunfos adaptativos e cognitivos da espécie humana, exatamente porque se centra prospectivamente nas suas capacidades e condutas de aprendizagem futuras, que são objetivamente promovidas pelos seres maduros que a envolvem, a confortam e a mediatizam.

Por nascer com uma imperícia quase total (WALLON, 1968, 1970) para satisfazer as suas necessidades vitais e elementares de sobrevivência sem o suporte, o amparo e a proteção do outro, as imensas potencialidades adaptativas do bebê estariam comprometidas.

Desarmado de respostas adaptativas para sobreviver, o bebê humano compensa a sua imperícia psicobiológica com um dom relacional, afiliativo, vinculativo e interativo transcendente com os outros, principalmente com a mãe, que representa a cultura em que está inserida.

A sua enorme neuroplasticidade evidenciada nas suas competências atencionais, emocionais e relacionais precoces com os outros (mãe, pai, avós etc.) vai-lhe permitir adaptar-se a circunstâncias múltiplas como resultado cognitivo das suas aprendizagens precoces, processos esses de modificabilidade cognitiva que emergem, micro e ontogeneticamente, das suas interações com os outros que o rodeiam e que lhe são mais próximos afetivamente e socialmente.

Um quarto da sua existência futura, como criança, adolescente e jovem adulto, vai ser consagrado a aprender aquilo que os outros mais maduros, peritos e experientes vão lhe ensinar.

O processo de transmissão cultural concretizado pelas gerações maduras e experientes consubstancia, assim, em termos filogenéticos e sociogenéticos, a ontogênese cognitiva das gerações futuras.

Com competências cognitivas *a priori* tão limitadas, a criança vai se beneficiar das competências cognitivas extraordinárias dos adultos que a envolvem e suportam.

A sua imperícia cognitiva é, portanto, superada através da interação emocional e inteligente que os adultos estabelecem com ela, satisfazendo-lhe as suas necessidades mais básicas. Todos os processos de aprendizagem e de aquisição de conhecimento que ela vai assimilar estarão dependentes das habilidades interativas e cognitivas dos adultos que a protegem.

Em todas as culturas humanas, seja qual for a sua origem, a vinculação do "outro" com o "eu", da mãe e do pai com o filho, dos mais maduros com os mais jovens, das comunidades com as suas crianças e jovens, é a essência nuclear da mediatização humana, é o nicho privilegiado das *interações sociais dissimétricas*, de onde emana o desenvolvimento cognitivo de todo sujeito.

Mesmo em termos biológicos ou genéticos, isto é, de continuidade da espécie humana, as gerações sucedâneas são o veículo por meio do qual as gerações progenitoras transportam os seus próprios genes, quanto mais as suas aprendizagens e conhecimentos.

Na perspectiva dos psicólogos evolucionistas, como Buss (1999), Bradshaw (2003), Workman e Reader (2008), sem crianças os genes dos adultos acabariam por perecer para sempre, quanto mais os seus conhecimentos.

1.7 A cognição humana: do interpsicológico ao intrapsicológico

É dentro desta perspectiva social, histórica, cultural, antropológica, evolucionista, relacional e interativa que Vygotsky situa a origem da cognição humana (equivalente para nós, ao longo deste texto, de *mente humana*), algo também crucial para a compreensão do PEA.

A criança, ao longo do seu desenvolvimento, vai se reconhecendo como um *agente intencional* ("*self*", "eu"), isto é, como um ser cujas estratégias de atenção e de conduta ou ação são organizadas por fins e objetivos. Por isso, ela concebe imediatamente os outros seres humanos com quem se identifica nos mesmos termos.

Mais tarde na ontogênese, a criança reconhece-se como um agente mental – o *sentimento de si* de Damásio (1999, 2003) –, ou seja, como um ser com movimentos, sentimentos, pensamentos e capacidades cognitivas próprias.

Compreender os outros como agentes intencionais e mentais constitui um *paradigma da sociogênese* e da aprendizagem cultural, logo do processo de transmissão cultural que espelha e ilustra, por fim, o PEA.

O desenvolvimento mental na espécie humana para Vygotsky (1962, 1973, 1979, 1986), Rogoff (1990) e Daniels (2008) é, em primeiro lugar, interpsicológico ou intermental, e só mais tarde intrapsicológico ou intramental.

Alguns mamíferos, e mais especialmente os primatas dos quais os seres humanos são categorizados biologicamente, adaptam-se em termos sensório-motores a um mundo caracterizado por objetos permanentes inseridos em um espaço representacional (PIAGET, 1954, 1965a, 1976).

Para além destes comportamentos sensório-motores complexos, evocam mais os seguintes:

- lembram-se do que existe e onde existem alimentos no envolvimento;
- buscam atalhos para navegar no espaço;
- seguem movimentos visíveis e invisíveis de objetos;
- categorizam objetos com base em semelhanças perceptivas;
- resolvem problemas para sobreviverem;
- reconhecem elementos da mesma espécie e suas relações de dominância e afiliação e predizem emoções e comportamentos;
- identificam indivíduos nos seus grupos sociais e estabelecem vínculos com eles;
- usam estratégias de comunicação, cooperação e coligação;
- adotam processos de aprendizagem social e de parentesco;
- selecionam parceiros; estabelecem relações categoriais etc.

Mas nenhum deles possui e desenvolve comportamentos sociais complexos, ditos cognitivos, necessários à transmissão cultural intergeracional como o ser humano.

A espécie humana conquistou ao longo da evolução e exibe vários comportamentos sociais complexos (TOMASELLO, 1999), necessários obviamente ao PEA, que não são demonstrados pelos primatas, como por exemplo:

1º) apontam intencionalmente ou gestualizam objetos e eventos a outros membros da comunidade;

2º) seguram objetos para os mostrar significativamente a outros membros do seu grupo;

3º) chamam os outros membros a locais para que possam observar os objetos e situações mais detalhadamente;

4º) oferecem objetos aos outros membros de forma ativa, persuasiva e enfocada;

5º) ensinam, reforçam e enfatizam, intencionalmente e significativamente, novos comportamentos nos outros indivíduos.

Os primatas não realizam tais comportamentos porque não compreendem os outros membros da sua espécie como agentes mentais e intencionais, apenas os compreendem como seres animados, dotados de automovimento espontâneo.

Dificilmente integram os princípios de causalidade sequencial envolvidos na realização de tarefas simples, não relacionando eventos antecedentes com os consequentes, nem percebendo as forças cognitivas dinâmicas que os medeiam. Não ascendem simplesmente a um "eu", mesmo que difuso, e a sua consciência ou mente não emana nem emerge claramente dos seus cérebros.

A espécie humana é a única capaz de transmissão cultural, exatamente porque desfruta de uma pletora de comportamentos sociais e culturais complexos, assumidos como competências ou funções cognitivas, de onde surge, por excelência, o PEA.

Foi com base nessa contextualização sócio-histórica e evolutiva que nasceu, portanto, a aprendizagem social (sociogênese: FONSECA, 1999a, 2001, 2007, 2009, 2010).

Entre a transmissão cultural dos primatas e a humana resulta uma diferença substancial que se manifesta no processo da evolução cultural, ou seja, um processo pelo qual a tradição cultural acumula modificações ao longo do tempo, consubstanciando o processo sócio-histórico e a origem sociocultural da cognição.

O efeito cumulativo da evolução cultural, ao integrar modificações efetuadas por diferentes indivíduos num processo histórico, acrescenta complexidade, visando satisfazer progressivamente novas exigências: da pedra lascada à lança, desta ao machado e ao martelo etc. (TOMASELLO, 1999).

Tal efeito depende essencialmente da aprendizagem imitativa e da instrução ativa e intencional baseada em um processo de interação social e em uma mediatização estratégica geradora e encorajadora de novos processos cognitivos, sejam de atenção, processamento, planificação e reforço direto (LURIA, 1965, 1975; DAS, 1996, 1998; DAS et al. 1979), produzidos por gerações experientes sobre gerações inexperientes de forma interativa, na qual um dado passo no processo permitiu atingir um novo passo mais eficiente e inovador (VYGOTSKY, 1962, 1978, 1993; LEONTIEV, 1978, 1981; ZAPOROZHETS, 1967, 1971).

Neste contexto as funções mentais superiores são formadas durante o processo da aculturação das gerações inexperientes, pois estas tornam-se humanas pela internalização ou interiorização da cultura conservada e dominada pelas gerações experientes.

A pedagogia das gerações maduras e experientes, assistindo e mediatizando outras mais imaturas, constituiu ao longo da *sociogênese* o instrumento crucial da sua aculturação. A interação sistemática, intencional, significativa e transcendente entre as gerações tornou-se, por excelência, o laboratório da psicologia humana.

A transmissão dos instrumentos psicológicos de certas gerações determinaram consequentemente a reorganização e a expansão das funções cognitivas de outras gerações mais novas. As gerações imaturas tornam-se humanas pela interiorização da cultura que é transmitida pelas gerações mais maduras.

As novas estratégias e habilidades cognitivas não morrem com os inventores experientes; são, consequentemente, preservadas e conservadas no grupo por transmissão cultural, pois têm uma história social.

A aprendizagem social suportada pela adaptação cognitiva única da espécie humana se baseia na compreensão dos outros como seres intencionais idênticos ao próprio indivíduo, como temos analisado. Ela conserva as estratégias inovadoras no seio do grupo, até que sejam substituídas por outras inovações mais complexas e úteis.

Os seres humanos, ao contrário dos primatas, utilizam tais estratégias inovadoras de interação social e de imitação de forma mais consistente, variada e flexível e aplicam-nas em contextos mais abrangentes, complexos e diversificados. A diferença quantitativa de tais competências de aprendizagem social geraram ao longo do processo histórico uma diferença qualitativa na evolução cultural.

Em conclusão, as competências sociocognitivas, que também são inerentes ao PEA e à aprendizagem cultural, permitiram à espécie humana apropriar-se de produtos cognitivos únicos que determinaram a sua evolução cultural cumulativa.

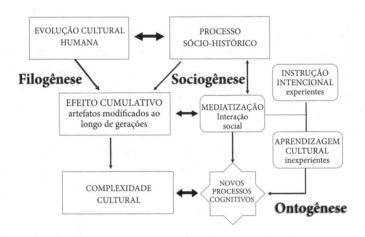

Figura 3 Filogênese, sociogênese e ontogênese do PEA (FONSECA, 2012)

Ao longo da história da humanidade, a relação entre experientes (inventores e utilizadores) e inexperientes alterou radicalmente a ontogênese da cognição.

Os inexperientes (crianças e adolescentes), ao crescerem em um meio mediatizado por artefatos, instrumentos, signos e símbolos, ao internalizá-los pelos processos de aprendizagem inerentes à mediatização intencional interativa e dinâmica dos experientes (sequencialização, organização, planificação, priorização e monitorização apoiada e assistida característica dos adultos experientes), atingem inevitavelmente os processos básicos da aprendizagem cultural das crianças e jovens inexperientes (FONSECA, 1999a, 2001, 2005, 2007, 2010, 2012).

Neste cenário, o "outro" é igual ao "eu", pois compartilha os mesmos desejos e as mesmas capacidades de atenção, de intenção e de ação, isto é, o mesmo conjunto de capacidades conativas, cognitivas e executivas; por esta condição evolutiva, o "eu" passa a ser dotado de uma adaptação cognitiva única e extremamente poderosa para ambos, ou seja, a aprendizagem.

A aprendizagem humana, decorrente do manuseio de instrumentos fora do corpo (*praxis*) e de símbolos dentro do cérebro (linguagem), mediatizados pelas pessoas mais experientes, surge como um processo cognitivo transcendente, não só evolutivo, como acumulativo, na medida em que não só mudou a trajetória da evolução humana, das gerações maduras para as imaturas, como provocou novas dinâmicas genéticas como neurológicas e complexos processos de seleção natural (FONSECA, 1999a, 2009, 2010).

Dada a interdependência entre o experiente (mediatizador – professor) e o inexperiente (mediatizado – aluno), para que o PEA ocorra, é óbvio que a atenção compartilhada entre ambos, consubstanciada em sua interação enfocada e complexa, como já conhecemos, deve obedecer a determinados requisitos, dos quais se destacam duas questões fundamentais:

• As estratégias de mediatização do sujeito mediatizador, desde a intencionalidade, a transcendência, a significação, a comunicação linguística e a representação simbólica, entre outras.

• As funções cognitivas e executivas (funções de *input*, integração, processamento, planificação, decisão, execução, regulação, monitorização, *output*, retroalimentação) já aprendidas pelo sujeito mediatizado, bem como o seu potencial prospectivo, constructo que encerra a noção de ZDP, pela primeira vez introduzida por Vygotsky (1962, 1986, 1993), que iremos aprofundar mais à frente.

Esse autor russo introduz esta noção exatamente para explorar as relações recíprocas e sistêmicas entre o desenvolvimento e a aprendizagem no indivíduo inexperiente, imperito ou aprendente.

Para ele, existem duas formas de desenvolvimento no indivíduo:

- O **desenvolvimento atual**, que ilustra o que ele já aprendeu e que tem já assimilado e integrado em seu repertório de competências cognitivas, repertório esse que pode ser avaliado por testes ou provas, padronizadas ou dinâmicas.

- O **desenvolvimento proximal**, que ilustra o seu potencial que pode ser estimado a partir do que ele é capaz de vir a *fazer no futuro com a ajuda, suporte, apoio ou ensino* (mediatização) *de outro indivíduo mais experiente* (mediatizador, professor), transformando a sua aprendizagem em um fator efetivo do seu desenvolvimento.

Depois desta análise do PEA como um processo de transmissão cultural mais vasto, vejamos em seguida alguns parâmetros da aprendizagem e do desenvolvimento cognitivo em dois dos seus principais pioneiros: Piaget e Vygotsky.

2
Teorias da aprendizagem e desenvolvimento cognitivo

2.1 Algumas reflexões conceituais sobre a cognição humana

Antes de recorrer sumariamente aos contributos pioneros e ímpares de Piaget, o criador do construtivismo, e de Vygotsky, o criador do coconstrutivisimo, também considerado do socioconstrutivismo, isto é, aos dois maiores vultos do estudo da aprendizagem humana e do desenvolvimento cognitivo, verdadeiras pedras angulares do estudo da cognição humana, analisemos primeiro, neste enquadramento conceitual, o que entendemos por este termo.

A cognição é uma das componentes fundamentais do potencial de adaptação e de aprendizagem; sem ela, a evolução da espécie humana e da sua comunicação linguística e concomitante representação simbólica não seriam exequíveis.

O seu estudo mais amplo e abrangente reclama novamente uma abordagem dos processos evolutivos da aprendizagem, nomeadamente os da *filogênese*, da *sociogênese* e da *ontogênese*, incluindo também os processos desviantes e involutivos da *disontogênese* e da *retrogênese cognitivas*; numa palavra, da *epigênese cognitiva*, ou seja, do epifenômeno da vida que decorre do nascimento à morte, sem os quais, em sua interação dinâmica transcendente, seria impossível a transmissão cultural que temos abordado.

A cognição, em sua essência mais cristalina, serve à totalidade das funções mentais que permitem aos seres humanos adaptarem-se ao envolvimento, guiarem inteligentemente as suas ações e monitorizarem intencionalmente os seus comportamentos e condutas e as suas interações com os seus semelhantes (conceito de intersubjetividade).

Todas as estratégias cognitivas que ilustram a adaptação cognitiva triunfante da espécie humana requerem que o pensamento e a ação sejam concebidos psiquicamente e executados em termos motores (a motricidade aqui é vista como interface entre o indivíduo e o envolvimento) de acordo com as circunstâncias envolvimentais para que os objetivos e os fins, previamente pensados, sejam alcançados com eficácia.

O pensamento e as suas estratégias cognitivas concomitantes não podem, portanto, estar separados das ações que os pragmatizam e finalizam, e, obviamente, das circunstâncias envolvimentais que os justificam e dos fins a atingir que os motivam.

Os fins, as ações, as circuntâncias e a cognição dispõem de uma coerência neurofuncional interna e são decorrentes, simultaneamente, das duas heranças que falávamos anteriormente: a *herança genética*, seja morfológica e neurológica, de um lado, e a *herança cultural*, seja social e histórica, de outro.

O ser humano, ao longo da sua evolução, tem resolvido problemas, definidos biológica ou culturalmente, de acordo com os meios que tem à sua disposição, igualmente construídos, biológica e culturalmente.

A mutualidade do indivíduo com o envolvimento revela, assim, a melodia dinâmica cognitiva e integrada do organismo com o meio.

Para se adaptar ativamente aos eventos proporcionados e propiciados pelo meio, o organismo humano tem de perceber (*input*), compreender (integrar), relembrar (planificar) e agir (*output*) em conformidade. A este todo neurofuncional, na nossa perspectiva, nós designamos por cognição.

O ser humano como um organismo cognitivo e pensante é ativo nas suas relações com o envolvimento, explora as suas situações-problema, enfoca e seleciona a sua atenção e planifica e executa soluções, ou seja, processos cognitivos vicariados em ações e respostas adaptativas propriamente ditas.

O ser humano não é um mero receptáculo passivo das interações com o meio; elas próprias são indutoras de informação, de conflitos, de desequilíbrios e de situações-problema, e geradoras de interpretações e tomada de decisões, sugeridas pela memória.

O ser humano, o verdadeiro ser cognitivo à face do planeta, procura a informação relevante para funcionar de forma mais eficaz e disponível face ao envolvimento, transformando-o para melhor se adaptar a ele. O ser humano não se limitou a uma adaptação à natureza; ele acrescentou a ela uma civilização, e isso é obra da sua cognição e da sua ação (enação).

A cognição tem sido definida como o ato de conhecimento, ou seja, como o resultado do conjunto, ou da combinação sistêmica de várias, diversas e múltiplas habilidades, capacidades ou competências cognitivas, como por exemplo: a *atenção*, a *percepção*, o *processamento* (simultâneo e sucessivo), a *memória* (de curto termo, de trabalho e de longo termo, episódica, semântica e procedimental), a *planificação*, a *antecipação*, a *decisão*, a *execução* e a *regulação* (funções executivas) de respostas motoras adaptativas (FONSECA, 2001, 2007, 2008, 2012, 2015).

Em síntese, trata-se da capacidade de adaptação do indivíduo às características do seu envolvimento natural e social, reforçando a importância central dos conhecimentos que ele adquire sobre o mundo exterior, subentendendo a elaboração de construções cognitivas por si integradas, elaboradas e demonstradas ao longo da sua existência. Sem tal forma de adaptação ao envolvimento complexo e propiciador de vertiginosas e problemáticas dimensões situacionais e espaçotemporais que o rodeiam, o indivíduo correria o risco de não sobreviver se não conseguisse satisfazer as suas necessidades vitais e mais elementares.

Apesar de compartilharmos com os primatas algumas das competências cognitivas, como as relações sensório-motoras com o mundo dos objetos, a sua categorização espaçotemporal e a sua quantificação, para além das relações do seu mundo social com toda a sofisticação dos seus comportamentos verticais de dominância e dos seus comportamentos horizontais de afiliação, uma extraordinária e única adaptação cognitiva da espécie humana, mudou radicalmente os seus processos evolutivos quando inventou e fabricou ferramentas e exprimiu gestos, mímicas, sinais e símbolos, com significação prática e comunicativa, tendo como base acomodativa a tendência matricial dos seres humanos se identificarem com os seus semelhantes e serem capazes de os compreender como agentes intencionais (FONSECA, 1999a, 2009, 2010a, 2010b).

A vantagem cognitiva adaptativa de os seres humanos se identificarem e compreenderem como seres intencionais e interacionais talvez explique o triunfo evolutivo da espécie por meio da sua cognição social, e não por meio de uma cognição individual ou pessoal; daí a originalidade do pensamento vygotskyano. Pelo menos teremos de concordar com o pioneiro russo que subsistem muitas razões para defender esta hipótese, pois sem ela não seria imaginável conceber a história da humanidade sem o papel da aprendizagem social, da cooperação, da colaboração, da emulação, da imitação e da comunicação.

Tornou-se fácil desenvolver nas crianças, como inexperientes, tais adaptações cognitivas, pois ao se encontrarem mergulhadas em instrumentos e em símbolos criados pelos mais velhos e experientes, poderão internalizá-los ou incorporá-los por meio de interação e aprendizagem cultural, como temos analisado.

A necessidade de prender (com a mão e com o corpo) e apreender (com a mente e o cérebro) a realidade tornou possível a emergência de competências cognitivas pertinentes na espécie humana, não só adaptáveis às condições estáveis dos seus ecossistemas (proximais e distais), como adaptáveis a novas situações-problema, indiciando já uma propensibilidade para a modificabilidade cognitiva perante mudanças imprevisíveis e inéditas, e por vezes abruptas e mesmo brutais.

A manipulação e a transformação ímpar do envolvimento natural iniciado pela cognição e ação humanas permitiram acrescentar à natureza um outro envolvimento extranatural, ou seja, possibilitaram a criação e a modelação de um novo envolvimento extranatural, ou seja, cultural e civilizacional (FONSECA, 1999a, 2009, 2010, 2012).

A adaptação à mudança e a conservação das suas proezas adaptativas (*filogênese e sociogênese*) estiveram, assim, sempre na origem da psicogênese da cognição. Para a sua perpetuação histórica bastou transmitir tais conquistas adaptativas às gerações futuras e vindouras como já tentamos evidenciar.

O extraordinário percurso que materializa a evolução da humanidade é, portanto, tributário do triunfo da sua cognição, tal é a sua importância para a compreensão da natureza e da cultura humanas. Agir eficazmente, rever e prever, atender, processar, planificar, regular, monitorizar e antecipar as suas condutas ou ações de sobrevivência biológica e de utilidade social inscreve-se na lógica cognitiva da evolução e da adaptação humana.

Nessa perspectiva, a cognição decorre de processos mentais ou psicológicos em sua essência mais íntima; decorre de um equipamento biopsicossocial pelo qual o indivíduo em sua dimensão multiexperiencial (criança, adolescente, adulto e sênior) capta, filtra, seleciona, adquire, trata, conserva, explora, procura, combina, recupera e comunica informação; numa palavra, aprende e se apropria do conhecimento.

Tais habilidades ou competências primaciais a qualquer tipo de aprendizagem, também consideradas habilidades intelectuais, permitem ao indivíduo: sentir, conhecer, consciencializar, pensar, conceitualizar, abstrair, inferir, deduzir, raciocinar, planificar, conjecturar, organizar, antecipar, priorizar, criticar, extrapolar, generalizar, transferir, agir, criar, executar e resolver problemas.

Deste modo a cognição tem a ver com inteligência, com conhecimento e com pensamento, ou seja, com a captação, integração, compreensão, elaboração e expressão de dados de informação (GARDNER, 1985, 1987).

Dos reflexos à reflexão, do ato ao pensamento, do gesto à palavra, o indivíduo, nas suas múltiplas dimensões filo, sócio e ontogenéticas (não esquecendo mais duas, a dimensão da disontogênese e a inevitabilidade da retrogênese nos seniores), tem de atravessar um longo percurso em seu desenvolvimento cognitivo para se apropriar e transformar a cultura, cuja origem não está exclusivamente nos seus genes, ou em seu cérebro, mas sim resulta da interação recíproca e dialética da sua herança biológica com a sua herança cultural criada, transferida e conservada pelo grupo social em que está inserido historicamente, como já mencionamos (TOMASELLO, 1999).

2.2 Piaget e Vygotsky: o construtivismo e o coconstrutivismo

Retomando Piaget (1896-1980) e Vygotsky (1896-1934), apesar das suas divergências conceituais, das suas origens culturais e dos seus contextos sócio-históricos completamente distintos, um suíço e outro russo, respectivamente, ambos aproximam-se entre si quando evocam que a cognição humana decorre de acordo com um processo evolutivo dinâmico, centrado primeiro na ação, e, posteriormente, em sua reflexão e autorregulação, gerando, consequentemente, deste modo, a ontogênese do pensamento.

O pensamento humano para ambos, portanto, é uma construção cognitiva que emerge da ação (do ato ao pensamento), ou seja, da organização sistêmica complexa de dados de informação decorrentes dialeticamente das interações entre o organismo e o meio, interações essas sujeitas a determinadas propriedades de funcionamento, e, claro, compostas de múltiplas componentes de conectividade interna entre a mente, o cérebro e o corpo.

Ambos os autores, porém, diferenciam-se entre si, apesar de defenderem a mutualidade do organismo com o meio, quando o primeiro enfoca o desenvolvimento cognitivo em perspectiva construtivista centrada no sujeito – logo, interna, egocêntrica e individual –, e o segundo, pelo contrário, enfoca-o em perspectiva coconstrutivista centrada nas condições sociais, sócio-históricas, culturais, mediatizadoras e interativas na qual o indivíduo se insere e desenvolve.

Com base em Piaget (1954, 1965a, 1965b, 1973), o desenvolvimento cognitivo corresponde à construção da realidade na qual o conhecimento é adquirido através da ação do sujeito sobre o mundo ou sobre os objetos, processo esse que envolve formas de aprendizagem, primeiro, sensoriais, motoras e pré-operacionais, e depois modos de aprendizagem mais estruturados, ditos operacionais e formais (FONSECA, 2005).

Piaget descreve as relações mútuas entre o organismo e o meio, concebendo-as já em dois processos indissociáveis: a *assimilação* (do meio para o organismo) e a *acomodação* (do organismo para o meio), de onde decorrem as variações das diferentes adaptações que caracterizam o desenvolvimento, envolvendo simultaneamente a estruturação do organismo e o efeito inseparável do envolvimento.

A visão dita individualista do desenvolvimento cognitivo em Piaget baseia-se na especificidade genética e na especificidade envolvimental, que em conjunto formam as bases do esforço do próprio indivíduo para construir a compreensão da realidade. Para Piaget, entre o indivíduo e a sociedade nada pode ser removido entre ambos os fatores, pois estão interligados através das relações entre os indivíduos vivendo em seu presente, mas também em seu passado, reforçando, desse modo, as suas relações que infinitamente modificam a consciência deles próprios.

Com base em Vygotsky (1962, 1978, 1986, 1993), o conhecimento também se constrói pela ação, mas igualmente, pela interação com o outro através da mediatização da sua linguagem, que é por essa cognição social internalizada pelo eu, exatamente porque a linguagem dá sentido à ação e confere-lhe significação social e cultural.

O desenvolvimento cognitivo do indivíduo inexperiente ou da criança, na visão vygotskyana, decorre do poder de mediatização linguística do ser experiente ou do adulto. Linguagem e pensamento são, desse modo, indissociáveis, pois não existe pensamento sem palavras, nem palavras sem pensamento.

Em Vygotsky, o social é a origem da cognição. As raízes desta não estão no biológico ou no neurológico, pois embora seja o cérebro o órgão da cognição, ele não é a sua fonte. A fonte da cognição emana das relações interativas sociais, históricas, culturais e linguísticas entre os sujeitos.

Em síntese, a raiz da cognição para Piaget é a ação, mas para Vygotsky é também, para além da ação, a interação, ou seja, a cognição humana tem raízes corporais, de onde emerge a ação, mas também tem raízes sociais, de onde nasce a interação entre seres humanos emissores e receptores de informação, o tal processo de transmissão cultural que é, em termos antropológicos, o berço da linguagem, da reflexão e do pensamento.

O componente social da cognição em Vygotsky aparece, assim, duas vezes no processo do desenvolvimento cognitivo:

1º) o social aparece como fonte do individual; e

2º) o individual se desenvolve em um contexto social, não em isolamento.

Efetivamente, o desenvolvimento cognitivo humano decorre da história das suas interações com o meio envolvente e com o meio social e das suas concomitantes transformações neuropsicomotoras, que por essa via constroem as mudanças estruturais da sua cognição (ROGOFF, 1990; DANIELS, 2008).

A ontogênese da criança consiste, assim, em uma história seletiva de interações sociais e de transformações cognitivas estruturais que não podem emergir em uma situação de isolamento completo do contato com outros seres humanos mais experientes e competentes, algo que dramaticamente não se verificou no caso clássico das *crianças selvagens*, como o de *Victor de Aveiron* estudado por Itard (1932), ou nos casos menos conhecidos, de *Kamala* e *Amala*, crianças criadas por lobos em Bengali (norte da Índia), que foram acolhidas no orfanato pelo Missionário Singh, e mais tarde descritas por MacLean (1977), citado por Maturana e Varela (1998).

A proposta de Vygotsky enquadra-se em uma teoria do desenvolvimento social, na qual a interação social joga, efetivamente, um papel fundamental no desenvolvimento cognitivo. Para esse autor, todas as funções de desenvolvimento cultural do ser inexperiente ou da criança aparecem duas vezes: primeiro em nível social, e só depois em nível individual.

A dimensão do desenvolvimento cognitivo como tendo origem em determinada aprendizagem social aproxima-se também das perspectivas de Bandura e Walters (1963) e de Erikson (1950); prioritariamente ocorre entre pessoas ou interpsicologicamente, e só posteriormente dentro da própria criança ou intrapsicologicamente.

As funções cognitivas superiores, quer atencionais, mnésicas, lógicas, conceituais, executivas, quer práxicas, ou todas elas em seu conjunto sistêmico, têm origem nas relações entre indivíduos (experientes/inexperientes) e estão engajadas em comportamentos sociais.

A mediatização adulta ou a colaboração compartilhada com os colegas ou pares da criança permite que ela supere e ultrapasse as aprendizagens que ela pode atingir apenas por si própria. O seu potencial cognitivo depende, assim, da ZDP, constructo teórico vygotskyano de grande relevância psicossocial, que tentaremos aprofundar mais adiante.

A teoria de Vygotsky foi uma tentativa para explicar a cognição como um produto extraordinário da socialização, algo que podemos verificar, hoje em dia, no processo de aprendizagem da linguagem falada, cujas primeiras entoações, prosódias, lalações e proto-palavras produzidas pelos bebês e pelas crianças em idades muito precoces resultam da interação com os adultos, exatamente porque têm a finalidade e o propósito de satisfazerem necessidades básicas de comunicação.

As palavras, uma vez aprendidas pela criança, tornam-se internalizadas e automatizadas para permitirem a emergência da "linguagem interior" que está na gênese da sua cognição. Eis, em resumo, o enfoque vygotskyano do desenvolvimento cognitivo (VYGOTSKY, 1962, 1978, 1986, 1993; ROGOFF, 1990; DANIELS, 2008).

Nas linhas de pensamento piagetinano e vygotskyano, os indivíduos utilizam, portanto, as habilidades cognitivas em todas as áreas de conhecimento não simbólico e simbólico, e não apenas nas disciplinas escolares da matemática, das ciências, da leitura ou da escrita.

Desde os jogos e as atividades lúdicas à exploração da natureza, à expressão corporal, à arte, à música, à dança, ao desenho, à comunicação falada, à interação social etc., os seres humanos aprendem todas estas manifestações culturais com base na integridade das suas funções, hábitos ou habilidades cognitivas.

Se os indivíduos não fizerem uso das suas funções cognitivas inatas e básicas, e acusarem privações, limitações ou disfunções atencionais, discriminativas, perceptivas (gnósicas), mnésicas etc., seja de objetos, de imagens, de palavras, de conceitos ou de eventos em seu envolvimento quotidiano, as Dificuldades de Aprendizagem (DA), globais ou específicas, podem inevitavelmente emergir.

Por analogia, as dificuldades intelectuais ou desenvolvimentais, vulgo *deficiência mental* nos seus quatro subtipos mais conhecidos, evidenciam, claramente, impedimentos cognitivos (profundos, severos, moderados ou ligeiros) em múltiplas tarefas adaptativas e de aprendizagem não simbólica, e mais obviamente, simbólica.

Fracas habilidades e pobres hábitos cognitivos adquiridos na família ou na comunidade envolvente interferem, obviamente, com a comunicação, com a compreensão e expressão da linguagem, e posteriormente com os processos de aprendizagem escolar.

Com disfunções cognitivas de *input* (recepção e captação de informação), de integração, de elaboração (registro, alocação, associação, armazenamento, combinação, organização, planificação da informação) e de *output* (decisão, priorização, execução, monitorização, expressão e transformação da informação), a formação de conceitos, a estruturação de julgamentos, a organização do pensamento e do conhecimento, assim como a resolução de problemas, ficarão naturalmente empobrecidas e tendem a provocar baixo ou nulo rendimento escolar, e, paralelamente, fraco ou restrito comportamento adaptativo.

A aprendizagem na escola e na vida reclamam, obviamente, um conjunto de funções cognitivas, sem as quais:

- não há acesso nem assimilação ou acomodação do conhecimento;
- não se verifica a capacidade de reconhecimento nem de discernimento;
- não se desenvolvem conceitos;
- não se opera a formulação ideacional;
- não se aciona a rechamada e a recuperação de dados para nomear e identificar eventos e experiências;
- não se produzem os processos de resolução de problemas;
- não se desenham inferências nem se retiram conclusões de acontecimentos;
- não se discriminam nem se identificam dados de informação;
- não se dão generalizações nem transferências de conhecimento para novas situações;
- não se realizam avaliações e julgamentos coerentes de ocorrências ou de situações-problema;
- não se retiram ensinamentos da experiência etc.

Numa palavra, não se opera a cognição.

O comportamento resultante de disfunções cognitivas tende a ser necessariamente impulsivo, desplanificado, episódico, assistemático, frustracional, incoerente, fragmentado, em resumo, inadaptado, com subsequentes efeitos intra e interpessoais.

Todas estas funções cognitivas deficitárias podem comprometer a adaptação à vida quotidiana, e essencialmente à aprendizagem escolar ou profissional. Com fracos recursos cognitivos, os indivíduos possuem menos instrumentos mentais para superarem as situações-problema e para descobrirem as suas soluções.

Em outras palavras, a cognição é uma atividade intelectual bem distinta de uma atividade afetiva ou conativa, embora funcionalmente estejam sempre a ela interligadas comportamentalmente.

No ser humano, a cognição não se opõe à conação nem à execução.

A cognição humana não é apenas produto sofisticado dos substratos ou das regiões cerebrais mais recentes e mais evoluídas, como as pré-frontais e as frontais, nos quais ocorrem inúmeros processos do pensamento e da aprendizagem, mas também é produto das regiões mais antigas e menos evoluídas, onde nascem as emoções e as funções mnésicas e atencionais tônico-energéticas básicas e estruturantes. A cognição, a execução e a conação dependem de regiões cerebrais radicalmente diferentes, mas elas operam por ligação intrínseca (*"binding"*), ou seja, por conexões multidirecionais e multilocalizacionais.

A questão da cognição não se resume, consequentemente, ao córtex, assim como a aprendizagem, esquecendo o papel dos outros níveis, como do tronco cerebral, do cerebelo, do sistema límbico etc., que permitem que a integração das funções da memória, da linguagem e do raciocínio, que emanam de níveis ditos mais antigos e simples que constituem os bastidores da consciência, sem a qual o epifenômeno da aprendizagem não se verifica e não se observa no indivíduo de forma adaptada e disponível.

Na aprendizagem, qualquer que ela seja, todos os níveis de integração cerebral, dos mais elementares que tratam do bem-estar corporal (tronco cerebral e cerebelo), passando pelos motivacionais e conativos (sistema límbico, amígdala e hipocampo), até aos mais sofisticados (córtex frontal e pré-frontal), todos estão em interação dinâmica, operam com coibição, coordenação e cooperação.

Se pudéssemos dividir as atividades humanas em pensar, sentir e desejar, a atividade de pensar seria a mais próxima da atividade cognitiva. O comportamento humano inteligente subentende, assim, todas as formas de atividade cognitiva, desde a atenção à execução, e desde a planificação à execução e avaliação da conduta.

A aquisição de conhecimento dos movimentos intencionais e voluntariamente planificados e autoengendrados (denominados também *praxias* (FONSECA 1982, 1999a, 2009, 2010, 2012)), dos pensamentos, dos julgamentos, dos sentimentos etc. é considerada uma forma de comportamento inteligente porque resulta de uma atividade cognitiva integrada.

De fato, a inteligência, considerada como uma característica cognitiva humana complexa, não é determinada por um gene específico, mas por um número impressionante de genes combinados e inatamente herdados de forma particular e que se encontram abertos às influências do envolvimento (GARDNER, 1985, 1987).

Não basta nascer inteligente, é preciso proporcionar oportunidades de segurança, conforto, vinculação, nutrição, cuidados médicos, mediatização emocional, lúdica e linguística na família, e mais tarde, uma boa educação na pré-escola e na escola primária, onde as funções cognitivas sejam exploradas e enriquecidas de forma criativa e crítica. Se este conjunto de oportunidades não for concretizado, as crianças talvez não se desenvolvam de forma inteligente, e não se tornem adultos inteligentes mais tarde.

Efetivamente, muitas crianças não desfrutam de uma ecologia cognitiva e não têm oportunidades para desenvolverem a sua cognição em seu máximo potencial.

A cognição é, assim, um termo que atravessa todas as áreas de aprendizagem – desde o comportamento adaptativo, a autossuficiência, a autoestima, a linguagem, a comunicação, a criatividade, a psicomotricidade, os desportos, as expressões artísticas etc. –, assim como atravessa as suas funções mais específicas, como já vimos.

Por obviedade cultural e evidência científica, a cognição não pode continuar a ser ignorada por todos os que têm a missão de educar. Todos os educadores, professores, formadores, tutores, mediatizadores etc. devem reconhecê-lo, e é urgente que o reconheçam muito para além do "debitar matéria curricular" ou conteúdos disciplinares.

Sem funções cognitivas treinadas, otimizadas e aperfeiçoadas, os alunos vão encarar as tarefas de aprendizagem com mais vulnerabilidade e desmotivação ao longo da sua escolaridade. Por paralelismo, os adultos vão fazer face às tarefas laborais também com menos competitividade, com menos precisão cognitiva e investimento motivacional ou conativo.

É o conjunto das funções cognitivas, executivas e conativas e a sua dinâmica sistêmica e interativa que permitem ao indivíduo pensar, sem as quais a sua aprendizagem e o seu comportamento podem ser desencadeados, adaptativamente e eficazmente (FONSECA, 2015).

A partir do reconhecimento da mente e da face da mãe o bebê coconstrói e reconstrói a sua cognição, passando pelas diversas dimensões vinculativas de imitação (papel dos neurônios-espelho – FONSECA, 2010b), da atividade sensório-motora, lúdica e psicomotora, até à aprendizagem da linguagem falada (1º sistema simbólico), e mais tarde, da leitura e da escrita (2º sistema simbólico). Na escola, o desenvolvimento das funções cognitivas da criança acompanha, sempre, e de perto, a sua evolução e maturação neurológica.

Imensas pesquisas reforçam os benefícios da intervenção cognitiva na aprendizagem e na adaptação a novas situações. Revendo vários programas cognitivos, todos eles apontam ganhos e melhorias no rendimento escolar, no aproveitamento formativo e na expansão e flexibilização de competências laborais (FONSECA & SANTOS, 1990a, 1990b, 1991a, 1991b, 1992a, 1992b, 1992c, 1992d, 1995b, 1995c; FONSECA, SANTOS & CRUZ, 1994a, 1994b).

A intervenção cognitiva com base nos princípios e pressupostos piagetianos e vygotskyanos que estamos expondo conduz a efeitos positivos no desenvolvimento cognitivo das crianças pré-escolares e escolares (1º e 2º ciclos), fornecendo-lhes os pré-requisitos de processamento de informação. O que as impede de serem mal-encaminhadas para enquadramentos escolares de exclusão, ao mesmo tempo em que evita e minimiza a emergência prospectiva de dificuldades de aprendizagem, quer globais, quer específicas.

O papel da escola é, para além de ensinar a ler, a escrever e a contar (os três r dos ingleses: *reading, writing e arithmetics*), é também ensinar a pensar criticamente e criativamente.

Para atingir tal objetivo, a escola, com todos os seus agentes sem exceção, deve igualmente guiar, dar suporte, orientar, expandir e mediatizar as funções cognitivas das crianças e dos jovens, razão científica, pedagógica e ética de transcendente importância para lhes proporcionarmos oportunidades ativas, motivadoras e envolventes de desenvolvimento e enriquecimento das suas faculdades de aprender a aprender, reforçando as suas capacidades de adaptação a uma sociedade cognitiva em mudança acelerada.

Paradoxalmente, em muitas reformas educativas levadas a efeito em muitos países, entre os quais Portugal, a existência de uma disciplina que se dirija aos objetivos cognitivos avançados por Piaget e por Vygotsky ainda não é consagrada.

Apesar de não terem formação básica em psicologia ou em pedagogia, Piaget (1896-1980), tendo sido biólogo, lógico e epistemólogo, e Vygotsky (1896-1934), tendo sido especialista de literatura, filósofo, crítico de arte, e só mais tarde formador de psicólogos e de professores, ambos foram, efetivamente, os grandes pioneiros do estudo da cognição, ambos nos ajudaram e nos ajudam, e muito, a estudá-la e a compreendê-la. Só falta pô-la em prática em todas as salas de aula.

Para comparar e analisar melhor os fundamentos da cognição, vejamos com mais detalhe as principais contribuições destes dois gigantes da cognição humana.

Piaget e Vygotsky convergem em três conceitos fundamentais:

• *A psicologia centrada na criança* – ambos consideram a criança um ser profundamente distinto do adulto. A criança não é considerada, por ambos, um adulto em miniatura; como ser imaturo e imperito possui uma cognição própria, radicalmente diferente, não podendo ser entendida como similar à daquele, nem mesmo em escala reduzida.

Para ambos os autores, estudar a cognição da criança não pode seguir os mesmos moldes da cognição do adulto.

• *Do ato ao pensamento* – ambos concordam com o papel da ação no desenvolvimento do pensamento, combatendo a perspectiva da psicologia mentalista clássica que suportava a primazia do pensamento sobre a ação. Neste aspecto particular, ambos os autores se aproximam também do grande autor francês Wallon (1963, 1966, 1968) e do grande autor norte-americano Dewey (1915, 1933, 1944, 1971), evocando a ação como o prelúdio do pensamento, e a multiplicidade de processos mentais que o consubstanciam, e não como produto final.

Para ambos, o pensamento nasce de uma estrutura operacional sensório-motora, cuja raiz é a ação, que acaba por se interiorizar e se transformar em operações cognitivas; e, por fim,

• *A organização sistêmica da cognição* – ambos combatem a noção da cognição entendida como um "saco de gatos" ou recipiente passivo de habilidades e de conhecimentos separados e desconexos, introduzindo ambos a *noção de sistema de operações* e a *noção de estágio de desenvolvimento*.

Para ambos, portanto, a cognição ilustra um conjunto sistêmico e coibido de funções mentais ou intelectuais, como: a atenção, a percepção, a memória, o raciocínio lógico, a planificação, a decisão, a execução e a regulação de respostas motoras adaptativas.

Em ambos a cognição também é vista como um sistema complexo, e é caracterizada por um conjunto específico de propriedades e relações funcionais, como por exemplo: a totalidade, a interdependência, a hierarquia funcional, a autorregulação, a interação com o exterior, a homeostasia mental e a equifinalidade.

Em seu conjunto dinâmico e interativo, a cognição acaba por formar sistemas de sistemas cada vez mais complexos, fazendo com que o funcionamento de uma função dependa do desenvolvimento e da potencialidade interativa do sistema cognitivo total.

Independentemente desta convergência conceitual, *ambos, porém, divergem conceitualmente entre si*, como podemos comparar e verificar os seus enfoques particulares no quadro seguinte.

Piaget	Vygotsky
Individualismo cognitivo.	Enfoque sociocultural.
Reestruturação interna do pensamento.	Reestruturação externa do pensamento.
Construção da cognição.	Coconstrução da cognição.
Interação sem ajuda.	Interação com ajuda.
Zona de Desenvolvimento Atual.	Zona de Desenvolvimento Proximal.
Linguagem egocêntrica.	Linguagem heterocêntrica.
Criança como ator da sua própria aprendizagem.	Criança como coautor da sua própria aprendizagem.
Centrado mais no produto.	Centrado mais no processo.

Piaget centra, assim, o desenvolvimento cognitivo da criança em uma perspectiva construtivista, egocêntrica e individual, com base em estágios ativos de reestruturação interna dos esquemas de conhecimento decorrentes da sua combinação lógico-operacional que se unificam em comportamentos (produtos) adaptativos.

Piaget e seus continuadores (BRYAN, 1974; DONALDSON, 1978) assumem que o desenvolvimento intelectual da criança evolui através de vários níveis de pensamento originários de um processo biológico de adaptação ao ambiente, denominado equilibração, que nas suas palavras envolveria dois mecanismos complementares de que já falamos: assimilação e acomodação.

A sua obra extraordinária e brilhante, muito centrada em alguns estudos de casos, alguns mesmo efetuados com os seus próprios filhos, apesar de ter dado lugar a várias críticas, acaba dando origem ao movimento do construtivismo com grande influência no ensino, movimento esse que defende que as crianças formam o seu conhecimento a partir das suas próprias experiências, independentemente dos adultos e do contexto cultural em que estão mergulhadas.

Piaget reforça, em particular, o papel das interações da criança com os objetos e sublinha a maturação das suas várias formas de pensamento, dando aos professores e aos mediatizadores uma importância secundária. Para ele, a criança é um descobridor independente que aprende o mundo pelas suas próprias construções.

Outro aspecto a considerar, na perspectiva de Piaget, tem a ver com a linguagem na qual é equacionada como um produto do desenvolvimento intelectual, evocando que ela aumenta o poder do pensamento em amplitude e em velocidade por meio de processos de representação das ações, libertando o pensamento do espaço e do tempo.

Piaget parece defender o modo como a criança fala como um puro reflexo do seu estágio cognitivo presente, ou do seu estágio intelectual corrente. Para ele, o estágio corrente do desenvolvimento da criança determina a sua habilidade de aprendizagem, algo substancialmente diferente do que Vygotsky propõe.

Relembrando, para Piaget (1954, 1965a) as crianças atravessam vários estágios de desenvolvimento, cada um dos quais qualitativamente diferente dos outros (FONSECA, 2005): primeiro, o sensório-motor (0-2 anos); segundo, o pré-operacional (2-7 anos); seguidamente, o operacional (7-11 anos); e, finalmente, o formal (>12 anos). A sua obra fundamental ilustra que a criança não aprende da mesma forma que o adulto, ela pensa e aprende de maneira radicalmente diferente.

Apesar de críticas (BRYANT, 1974; DONALDSON, 1978), o pensamento piagetiano mantém uma posição de relevo sobre o padrão universal do desenvolvimento cognitivo (PELL, 1971; PASCUAL--LEONE, 1976; CASE, 1985; SUTHERLAND, 1996), sendo que a sua Teoria de Estágios, os seus mecanismos de aprendizagem e o seu conceito de esquema são ainda hoje pedras angulares para a compreensão do desenvolvimento cognitivo e do PEA.

Embora a forma como questionava as crianças não fosse a adequada, o legado piagetiano deixa boas pistas para a criação de meios pedagógicos e para a otimização do potencial cognitivo das novas gerações. Em certa medida, abre a porta aos teóricos estruturalistas, e mais tarde aos teóricos do processamento de informação, cujos contributos para a compreensão mais alargada da cognição foram e são efetivamente inegáveis em sua importância teórico-prática.

Em síntese, a Teoria Cognitiva Piagetiana reforça a perspectiva de a inteligência humana ser construída a partir da ação do sujeito em sua interação com o envolvimento, teoria que em certa medida concorre com a teoria muito em voga do *behaviorismo*, que formula a aprendizagem humana como um *processo de condicionamento*, consubstanciando um modelo de ensino tradicional que se perpetuou durante o século XX e que teve nos Estados Unidos o lugar privilegiado de desenvolvimento, de onde emergiram, como é do conhecimento geral, as pedagogias por objetivos, o ensino programado e as pedagogias da mestria.

Nesse tipo de enquadramento cognitivo, o tipo de ensino que daí resultou reforçou a programação progressiva da aprendizagem, na qual cada fase da mesma era fixada e avaliada por etapas ou metas, tornando o professor uma espécie de técnico ou engenheiro que estabelece normas de produtividade e de rendimento dos alunos.

Vygotsky, pelo contrário, enfoca o desenvolvimento cognitivo em uma perspectiva, *co* ou *socioconstrutivista* e *sócio-histórica* (a denominada *Teoria Histórico-cultural do Desenvolvimento*), com base em determinada reestruturação externa do conhecimento, suportada, guiada, transmitida, enriquecida e expandida pela assistência mediatizada e interativa de outros indivíduos mais experientes e competentes, quer culturalmente, quer praxicamente.

Ao contrário de Piaget, que deu mais ênfase à criança e ao ser inexperiente, Vygotsky incidiu mais sobre o papel da interação com o adulto e com o ser experiente, valorizando a função primordial do professor e do perito experiente. O primeiro privilegiou a componente biológica do desenvolvimento cognitivo, o segundo deu maior importância à componente cultural e contextual do mesmo.

Para Vygotsky (1962, 1978, 1986, 1987) e para os neovygotskyanos Rogoff (1990) e Daniels (2008), o contexto cultural determina a emergência dos processos cognitivos ou dos processos psicológicos superiores na criança; ele reforça o papel das interações das crianças com as pessoas mais maduras, conhecedoras, peritas, treinadas (educadoras, professores, mentores, tutores etc.), dando relevância também às interações com objetos, mas só se elas forem igualmente incluídas em um contexto social e desde que elas sejam mediatizadas por processos de comunicação com os outros indivíduos mais experientes e competentes e capacitados para ensinar.

Em sua perspectiva, a linguagem joga uma função crucial no desenvolvimento cognitivo. Para ele é o âmago das funções mentais da criança tendo, por isso mesmo, um grande impacto na progressão cognitiva da criança, ou seja, de um estágio para um outro mais elevado, disciplinado e complexo. A linguagem não é apenas produto final do pensamento, mas também faz parte dos seus processos internos de estruturação, de elaboração, regulação e expressão, o que é algo mais transcendente em termos de compreensão da função da linguagem na cognição.

Nesse sentido, também em Vygotsky a criança não é um descobridor nato, independente e autônomo, na medida em que, para ele, ela aprende em um contexto social e cultural no qual as coisas a serem descobertas e os meios de descoberta são produtos da história e da cultura humanas.

A apropriação da cultura é, para Vygotsky, a chave do desenvolvimento cognitivo da criança. Esse autor subentende as relações entre a aprendizagem e o desenvolvimento como mais complexas, pois em certos conteúdos de conhecimento um passo na aprendizagem pode representar dois passos no desenvolvimento. Por essa razão, as estratégias de ensino para a aquisição de instrumentos culturais não se devem situar no estágio cognitivo corrente como preconizava o pensamento piagetiano, mas sim, devem investir no estágio cognitivo emergente, algo que introduz o conceito inovador de ZDP, uma verdadeira reconceitualização das relações entre aprendizagem e desenvolvimento, que tentaremos analisar mais à frente.

Os dois gigantes do desenvolvimento cognitivo parecem estar em lados opostos do PEA; Vygotsky mais do lado do ensino, e Piaget mais do lado da aprendizagem. Por isso completam-se, porque um processo não é possível sem o outro, daí a sua complementaridade.

Sem a mediatização do professor a cognição do aluno não se expande nem se modifica significativamente; o seu conhecimento espontâneo corre o risco de não alcançar conceitos científicos mais complexos ou avançados.

Em síntese, a Teoria Cognitiva Vygotskyana valoriza a aprendizagem decorrente das interações cooperativas com o professor (o tal ser experiente, perito e competente), exercendo um papel ativo, intencional, transcendente, significativo, motivador, empático e mediatizador com os conteúdos (programa, matéria, disciplina, problemas, projetos, práticas, atividades, experiências, simulacros etc.) e mobilizador e motivador das interações com os pares (colegas de turma), teoria esta que em certa medida se aproxima do psicólogo norte-americano Bruner (1956, 1963, 1970, 1971, 1973), e de Baron e Sternberg (1993). Bruner formula a aprendizagem humana como um processo de socialização.

2.3 Bruner e a sua concepção de aprendizagem como um processo de socialização

Bruner critica a obra de Piaget por este equacionar um ensino de perspectiva individual, e não se preocupar com os alunos lentos, desfavorecidos, carentes e com baixo rendimento acadêmico (vulgo dificuldades de aprendizagem (FONSECA, 1979a, 1979b, 1983c, 1984a, 1984b, 1993a, 1993b, 1993c, 1994c, 1995b, 2008), nem levar em conta as suas experiências anteriores, reforçando a necessidade de estimular os seus interesses e de adequar o ambiente envolvente.

Bruner também questiona a linguagem sofisticada e sugere o uso de uma linguagem o mais simples possível, para que a criança possa compreender as situações, mas, ao mesmo tempo, sugere a criação de desafios intelectuais, mesmo se necessário, com recursos a gestos e a processos de comunicação não verbal suscetíveis de gerar cenas de atenção compartilhada, a que efetivamente Piaget não se refere nas suas obras.

Para esse autor norte-americano, uma figura científica marcante do desenvolvimento cognitivo, a aquisição da linguagem nas crianças desenvolve-se mais rapidamente se elas aprenderem a participar em interações que compreendam primeiro em termos não linguísticos e não simbólicos (prosódicos, entoadores, mímicos, dramáticos, gestuais, narrativo-familiares etc.), isto é, cuja significação social seja por elas já apreciada, consubstanciando uma aprendizagem linguística precoce, que se denominou por Teoria Socioprogramática.

Bruner diferencia-se de Piaget e aproxima-se de Vygotsky por ser defensor de um currículo em espiral (ativo, icônico e simbólico) no qual a aprendizagem iniciada no fazer e no agir – portanto, no sentido tátilo-cinestésico – evoluísse para a visualização e para o uso sistemático de imagens e de gravuras, e só posteriormente chegasse a uma aprendizagem auditivo-simbólica centrada em palavras, em números e em conceitos.

Nessa perspectiva, Bruner valoriza uma posição de facilitação da aprendizagem das crianças em grupo, dando bastante relevância ao brincar com objetos antes de desenvolver os aspectos conceituais a eles agregados, estimulando de forma mais flexível não só a descoberta na criança, mas em simultâneo, aconselhando uma intervenção mais ativa do professor, mesmo com ferramentas e recursos compensatórios ou com um tipo de assistência simples com recurso a apoios e suportes facilitadores (*scaffoldings*).

Como Vygotsky, e ao contrário de Piaget, Bruner não adota uma atitude de esperar (atitude de *laissez-faire*) pelas competências intelectuais das crianças. Pelo contrário, sugere a tomada de iniciativa do professor para estimular e otimizar as suas aptidões, principalmente para as crianças oriundas de nichos ecológicos diversos ou desfavorecidos.

Nesse tipo de enquadramento cognitivo introduzido por Bruner, o modelo de ensino que daqui resultou enfatizou-se em contrapartida nos processos de facilitação cognitiva, de aprendizagem cooperativa, de dinâmica de grupo, de descoberta guiada, de ajuda recíproca, de responsabilidade individual, de reflexão conjunta, de apreciação da reciprocidade, da valorização da integração e inclusão de alunos com dificuldades desenvolvimentais e intelectuais etc.

Deste conjunto de estratégias de mediatização emergiram as pedagogias humanistas explícitas de motivação acrescida, de não diretividade, de tutorização e coaprendizagem, de ajuda efetiva, de autoestima, de promoção do sentimento de competência, da estimulação e da elicitação de funções cognitivas (atencionais, perceptivas, mnésicas, reflexivas, procedimentais, planificadoras, antecipadoras e executivas), da promoção de processos de generalização e de transmissão para situações novas e imprevistas, ou seja, de um ensino compreensivo, mais democrático, solidário e sociabilizador, nas palavras de Bruner.

Com base em Piaget (1954, 1965a), o desenvolvimento cognitivo corresponde à construção da realidade efetuada pela própria criança. Bruner, ao contrário, preconiza formas de aprendizagem individuais, primeiro sensoriais e motoras, e depois perceptivas, linguísticas e lógicas.

Para Piaget, a adaptação inteligente da criança inclui a acomodação do seu pensamento preexistente, com a assimilação dos aspectos característicos das novas experiências, envolvendo uma reestruturação gradual da sua compreensão. Para Bruner, o desenvolvimento cognitivo passa por uma socialização do conhecimento, não de forma vertical ou inculcativa, muito menos impositiva, mas sim de forma horizontal, mediatizadora e dinamicamente apropriativa, centrada na interação entre o meio social e as funções cognitivas do aluno aprendente.

2.4 O papel da mediatização pedagógica como um ato sociocultural: abordagem vygotskyana

Em Vygotsky (1962, 1978, 1979a, 1986, 1987, 1993) o desenvolvimento cognitivo corresponde à construção da realidade com base na interação da criança com adultos mais experientes, reforçando a natureza interacional e social da aprendizagem humana.

Com fundamento em tais interações e com adultos mais experientes, as crianças e os jovens internalizam a dinâmica do discurso que lhe dá sustentação, permitindo mesmo o acesso a um processo de pensamento dialógico único, exatamente o que é intrínseco à espécie humana. Para esse autor, a cognição da criança tem origem na interação social e é influenciada por fatores sociais, históricos e culturais, reforçando o papel da linguagem como instrumento de comunicação cultural.

Como psicólogo cultural, Vygotsky destaca a importância do processo histórico e do processo ontogenético, para permitir que processos, como a linguagem ou a matemática, sejam aprendidos por interação cognitiva pelos inexperientes ou alunos.

Para esse autor a simples exposição direta à natureza ou aos objetos, a qualquer tarefa de aprendizagem ou a qualquer conteúdo disciplinar, não permitiria atingir tais realizações psíquicas superiores. A condição da cognição, reclamar um tempo ontogenético para sua realização plena, ilustra bem a visão dialética vygotskyana, por um lado, privilegiando o individual, por outro, respeitando e valorizando o cultural.

Vygotsky considera o desenvolvimento cognitivo individual quando destaca a linha do natural e do experiencial inerente ao que o organismo pode conhecer e aprender autoengendrado por si próprio, e o desenvolvimento cognitivo cultural quando destaca o conhecimento e a aprendizagem através da perspectiva de outras pessoas como os professores, incluindo aquelas que permitiram a fabricação de artefatos ou a invenção de símbolos.

Os inexperientes transformam-se em membros da sua cultura através do seu desenvolvimento cognitivo individual cada vez mais ativo e participativo, exatamente porque vão compreendendo melhor os outros como agentes intencionais como eles próprios, abrindo-se deste modo a novos mundos propiciados pela intersubjetividade.

Paralelamente, as crianças por meio do seu desenvolvimento cognitivo compreendem cada vez melhor como elas podem usar os artefatos e as práticas da sua cultura e entendem melhor a sua utilidade pessoal e social. Pela interação dos dois tipos de desenvolvimento cognitivo – o individual e o cultural –, as crianças ou os inexperientes tornam-se cada vez mais autorregulados e auto-organizados, porque apreendem com mais sutileza cada vez mais saberes e competências emocionais e conceituais modeladas e mediatizadas pelos outros quando os observam e com eles interagem.

Devido ao seu enriquecimento cognitivo que se opera microgeneticamente (por pequenas apropriações do tipo passo a passo e não por grandes saltos de aprendizagem), as crianças vão sendo capazes de criar e usar objetos (tratam objetos como ações e ações como objetos), ao mesmo tempo em que vão conseguindo criar e fazer uso de gestos, de mímicas, de imagens, de jogos simbólicos e da própria linguagem. Ou seja, vão interiorizando e incorporalizando, progressivamente e consolidadamente, os componentes exógenos e socialmente desenvolvidos no seio da sua cultura.

É com base neste processo de aprendizagem cultural que Vygotsky aprofunda o seu conceito original de internalização, processo que ocorre por excelência na linguagem, na praxia e na cognição.

A linguagem não é considerada como um código de representação do mundo como vemos em Piaget. Com Vygotsky, pelo contrário, a linguagem transforma os processos de aprendizagem, de compreensão e de pensamento da criança; é o instrumento prioritário da sua sociabilização, e concomitantemente, da sua cognição, podendo com ela iniciar a construção de representações cognitivas dialógicas e múltiplas para além da sua própria subjetividade.

A partir deste patamar do desenvolvimento cognitivo, a criança e o jovem podem examinar o seu pensamento a partir da perspectiva dos outros (FONSECA, 2010, 2012) com quem interagem; incorporalizando-a, eles podem automonitorizar, autorregular, sistematizar e tornar mais coerente e metacognitivo o seu próprio processo de aprendizagem.

A interação com adultos demonstra, assim, a sua importância no desenvolvimento cognitivo da criança e nas suas funções de autorregulação e de metacognição.

Porque a interação implica a coordenação de duas perspectivas subjetivas, as representações cognitivas que dela resultam promovem a internalização e o diálogo interior que é uma das chaves para o seu aperfeiçoamento intelectual. As regulações do comportamento e do pensamento efetuadas pelos adultos ou pelos mais experientes passam, desse modo, a ser internalizadas pelas crianças e pelos jovens; a função de autorregulação da linguagem passa a ser, assim, um instrumento poderoso do seu pensamento (VYGOTSKY, 1962, 1986).

Nesse sentido, o pensamento vygotskyano introduz uma reconceitualização das relações entre a linguagem e o pensamento, situando a linguagem não só como um instrumento cognitivo para a comunicação, mas também como instrumento de evolução cultural, reforçando a estreita interdependência do desenvolvimento cognitivo com a evolução sociocultural da humanidade.

O desenvolvimento cognitivo da criança em Vygotsky é, então, explicado em termos de desenvolvimento de sistemas sociais, centrados na ação e na interação, nos quais se encaixam as suas duas mais brilhantes concepções neuropsicopedagógicas, a da ZDP e a da aprendizagem cultural.

Em Vygotsky, o processo de aprendizagem não está separado do processo de ensino, evocando entre ambos uma estrutura própria, uma lógica de desenvolvimento que liga as mentes do professor e do aluno por meio da linguagem.

As redes neuronais internas do aluno são provocadas e postas em movimento pelas redes neuronais internas do professor, consubstanciando entre ambos uma dupla experiência cultural de origem social que são a base da transmissão cultural e da essência da pedagogia, logo do PEA.

A linguagem como função psíquica superior tem para Vygotsky uma base sociocultural, e não uma base com "códigos ou módulos inatos" como evocam Chomsky (1975), ou Fodor (1983).

É nessa transformação e transição da linguagem exterior em linguagem interior (*inner speech*) que Vygotsky sustenta o desenvolvimento cognitivo da criança.

Para Vygotsky, como já nos referimos, mas agora aprofundamos, a linguagem constrói a realidade centrada em duas propriedades:

• uma do tipo *interior* (egocêntrica) que permite à criança referir-se à sua dimensão experiencial e que se desenvolve posteriormente, e,

• outra, do tipo *exterior*, que serve como instrumento de pensamento lógico e que ocorre a partir das interações com outros indivíduos mais experientes, e que se desenvolve do primeiro sistema simbólico (linguagem falada), ao segundo sistema simbólico (linguagem escrita), característica da evolução da linguagem que desenvolvemos em outro livro (FONSECA, 1999b, 2008).

Assim como a criança se desenvolve do ato ao pensamento e do gesto à palavra, a linguagem propriamente dita se desenvolve do exterior (social) para o interior (pessoal ou individual) – portanto, opera-se na criança aprendente – por meio de uma interiorização cognitiva provocada pela interação diligente e inteligente dos adultos experientes. Os circuitos neuronais no cérebro pré-estruturado da criança são desencadeados e mediatizados pelas interações linguísticas dos entes sociais mais próximos, afetivos e maduros que a rodeiam.

O processo mental que sustenta a aprendizagem da criança prefigura, em nossa ótica, três tipos de aprendizagem cultural: inicia-se na vinculação-imitação, passa pela mediatização, e culmina na colaboração.

Os indivíduos que aprendem, ditos inexperientes, internalizam os gestos e as instruções dos indivíduos que ensinam, ditos experientes; mais tarde, usam tais gestos e tais instruções por meio de processos de autorregulação e de autocontrole, monitorizando, subsequentemente, as funções atencionais, mnésicas e cognitivas que os compõem.

Na concepção vygotskyana, a aprendizagem humana não pode ser só explicada por teorias de processamento de informação ou por teorias neuropsicológicas puras. Ignorar a cognição social e enfocar só a cognição pessoal nunca permitirá compreender não só o desenvolvimento cognitivo da criança, nem permitirá compreender a característica sociocultural, verdadeira e única, da cognição da espécie humana, mesmo da própria aquisição da linguagem, da apropriação fundamental do conhecimento, dos saberes e das práticas.

Segundo essa proposta, todas as formas de funcionamento cognitivo são aprendidas no contexto de determinada cultura; logo, a aprendizagem, a linguagem (falada, escrita ou quantitativa), o pensamento e a resolução de problemas são de origem social, e não pessoal.

A natureza da coconstrução do conhecimento depende, assim, da qualidade e significação das estratégias de interação entre indivíduos inexperientes e indivíduos experientes (digamos, entre professores e alunos), pois nem todas as interações sociais são, por si próprias, indutoras de desenvolvimento cognitivo.

Muitas das interações quotidianas nas próprias salas de aula acabam por empobrecer as funções cognitivas dos estudantes. A oportunidade de tal interação inteligente deve respeitar determinadas premissas e critérios relacionais de transmissão de informação, que refletem o estilo de mediatização do mediatizador, tais como: a intencionalidade, a significação, a transcendência, a partilha da observação e do conhecimento, a colaboração e a cooperação, o questionamento crítico, a transmissão de estratégias de captação e organização de dados, a busca de suposições, a generalização, a análise e classificação de atributos, o raciocínio hipotético e a interpretação, a verbalização extensiva e motivadora, a imaginação, a aplicação de fatos e princípios a novas situações etc.

A transmissão de informação caracterizada por tais habilidades relacionais consubstancia, portanto, uma atenção compartilhada e uma cognição cultural entre o *mediatizador* (o ser experiente) com o *mediatizado* (o ser inexperiente), resultando em um duplo processo cognitivo coconstrutivo, primeiro interpessoal (entre ambos os atores da aprendizagem cultural) e posteriormente intrapessoal (no âmago do ser inexperiente e aprendente, onde se dá, intrinsecamente, a modificabilidade cognitiva prospectiva desejada), como já abordamos.

Tal estratégia cognitiva de origem social levou a uma trajetória evolucionista ímpar na espécie humana (FONSECA, 2010, 2012), pois não só modificou o conteúdo do pensamento dos indivíduos em situação de aprendizagem, como transformou, estruturalmente e funcionalmente, as suas maneiras de processar e adquirir conhecimento, conquistando assim novas competências cognitivas.

A enorme dimensão do pensamento de Vygotsky (1962, 1978, 1979a, 1979b, 1986, 1987, 1993), que aborda o desenvolvimento cognitivo da espécie humana e, obviamente, da criança, filogeneticamente e sociogeneticamente enquadrado, como tendo origem na mediatização social e cultural dos adultos que a rodeiam, enfoca, inevitavelmente, toda a complexidade do PEA (a relevante relação pedagógica) e toda a complexidade da (re)aprendizagem humana. Aprendizagem que não se deve confinar à transmissão pura e frontal de conhecimentos, privilegiando abusivamente a informação e os saberes a serem recitados de memória ou cruamente avaliados nos exames, mas igualmente a transmissão de competências cognitivas que reforcem nos alunos e nos formandos a capacidade e a curiosidade de aprender a aprender.

Vejamos em termos muito sumários mais alguns aspectos do contributo de Vygotsky para a educação e para a reeducação quanto ao papel da mediatização e, obviamente, da interiorização (ou internalização), onde se perspectiva a questão fulcral da relação pedagógica entre o educador e o educando, entre o professor e o aluno, entre o mediatizador e o mediatizado.

A relação pedagógica em educação cognitiva, à luz dos pressupostos vygotskyanos, é considerada um pilar cognitivo fundamental que a distingue de outras formas de intervenção educacional, como por exemplo a reeducação tradicional ou as conhecidas "explicações".

De fato, a relação interpsíquica entre o ser experiente do professor ou do reeducador – a noção de terapeuta psicoeducacional também poderia ser incluída – e o ser inexperiente do aluno ou reeducando transforma a instrução em aprendizibilidade, ou seja, não se centra apenas em uma perspectiva de intervenção didática pura, mas leva em consideração uma intervenção relacional e conativa, ambas em perfeita interação e sintonia.

Na visão vygotskyana, o que está em jogo é o desenvolvimento do ser total da criança, a sua psicogênese, e não qualquer uma das suas componentes específicas centradas nas disciplinas escolares de mais difícil rendimento, como por exemplo Português ou Matemática, nas quais habitualmente se concentra mais a formação especializada dos professores e dos denominados explicadores.

A relação entre o professor (ou professora) e o aluno (ou aluna), ou entre o reeducador e o reeducando em educabilidade cognitiva, não pode apenas ser terapêutica ou reeducativa, ela deve tender a uma relação de vinculação, de interação, de cooperação e de mediatização cognitivas suficientes para superar a dimensão de uma intervenção pedagógica tradicional. Em resumo, ela é tão diferente que deve se transformar em psicoterapia cognitiva (HAYWOOD, 2000; HAYWOOD et al., 1992).

Não esquecendo as indicações clássicas da educação cognitiva, como a intervenção nos problemas da atenção e de concentração das dificuldades da percepção analítica, dos problemas de lateralização, da organização e do controle do raciocínio, da memória nas suas várias dimensões, da planificação e antecipação de procedimentos, e da execução (chamadas funções executivas) e resolução de problemas etc., o que Vygotsky nos chama a atenção é para a relevância das estratégias de interação conativa e cognitiva, que o professor ou o reeducador devem lançar mão para superar o conjunto dos problemas cognitivos do reeducando, tendo em atenção o seu contexto sociocultural (FONSECA, 2014).

O professor ou o reeducador devem dar um sentido aos sintomas cognitivos e identificar o estilo cognitivo e a neurodiversidade da criança, bem como o seu impacto na totalidade da sua personalidade.

Não se trata somente de uma empatia cooperativa – o que, em si, já é importante –, mas também de um engajamento recíproco entre os dois atores da interação cultural e cognitiva, no qual o professor, o reeducador ou o mediatizador não assumem o papel de meros instrutores, mas sim de interlocutores que tomam o seu lugar individual no processo, não só com o seu conhecimento, mas também com a sua verbalização específica e a sua mediatização pedagógica e cognitiva peculiares.

Também neste contexto, o papel da mediatização não verbal e verbal é bem mais profundo na intervenção ou reeducação cognitiva do que em outras formas de intervenção pedagógica.

Na educabilidade cognitiva o reeducador deve permitir ao reeducando que descubra com a sua ajuda as condições, os processos e os parâmetros de captação, integração e expressão dos dados situacionais e dos procedimentos de planificação, antecipação, regulação, organização, priorização e de execução das respostas adaptativas ou das soluções dos problemas colocados.

Se a criança ou o jovem não conseguem resolver as situações-problema ou as tarefas propostas com os seus próprios recursos cognitivos ou de forma totalmente independente ou sozinha, as tarefas ou atividades de aprendizagem podem ser interiorizadas por eles através da mediatização do professor ou do reeducador, mobilizando as funções cognitivas que integram e organizam as respostas adaptativas, como a atenção tônico-postural envolvimental, o processamento de dados e a planificação e a antecipação verbal ou simbólica das suas respostas, também consideradas em termos cognitivos como praxias, embora este termo esteja mais conotado com a planificação e sequencialização autoengendrada e regulada de respostas motoras adaptativas e voluntárias, culturalmente aprendidas.

O termo *praxia*, de origem grega, significa uma ação que é reveladora de cognição que a sente, controla e regula, ou seja, compreende a atividade humana criativa (enação) que é inerente a qualquer processo de aprendizagem consolidado e fluente, termo este que combina consequentemente: as neurociências, a psicologia, a sociologia, a cibernética, a robótica, a economia e a cultura (FONSECA, 1989b, 1992a, 1999a, 2001, 2005, 2010, 2011, 2012).

Trata-se de uma ação ou atividade que se organiza e ordena para um resultado; nesse sentido se aproxima semanticamente do termo de resposta adaptativa a uma dada situação-problema, envolvendo a gênese de uma competência, habilidade; numa palavra, consubstancia a própria aprendizagem.

A mediatização na ótica da Teoria Sociogenética de Vygotsky, que está na origem da evolução humana, sugere que a continuidade da humanidade depende, em resumo, das capacidades de transmissão e de mediatização cultural entre as gerações (TOMASELLO, 1999; DAS, 1995; FONSECA, 2001, 2010, 2012).

A relação pedagógica que preside à intervenção cognitiva não podeia ter melhor enquadramento conceitual.

O professor, o mestre, o reeducador, ou o mediatizador – com base nas estratégias interativas vygotskyanas que obedecem a vários critérios, nomeadamente de: intencionalidade; transcendência; acumulação de significações; obtenção e organização de dados; comparação, observação, pesquisa e percepção analítica de relações mútuas entre várias fontes de informação; conservação e abstração; busca de semelhanças e diferenças; aprofundamento discriminativo e classificativo; resumo e anotação ideacional imaginária; interpretação, extrapolação e representação de dados em mapas, gráficos e esquemas; raciocínio hipotético; seleção de suportes (*scaffolding*); autorregulação, autocrítica e autocontrole; individuação e hierarquização de suposições; aplicabilidade a situações novas; planificação e antecipação; acuidade do processo de decisão; monitorização da execução das soluções encontradas; superação de modelos rígidos; busca de flexibilidade e adaptabilidade etc. – passa a ser não apenas um técnico especializado ou autoritário, mas um facilitador de processos de aprendizagem que enriquecem o patrimônio adaptativo e cognitivo do reeducando, dotando-o de novas funções, quer em nível de captação, quer de integração, elaboração, execução e expressão do conhecimento.

A intervenção reeducacional ou pedagógica da educabilidade cognitiva torna-se, desse modo, uma combinação harmonizada entre a interação do reeducador e as descobertas e respostas adaptativas emanadas do reeducando para resolver as tarefas em jogo.

Vygotsky (1962, 1978, 1986, 1987) defende uma aprendizagem – logo, também, uma reaprendizagem – enfocada na descoberta guiada, na qual as crianças, os jovens, os inexperientes etc. são estrategicamente apoiados e motivados através de perguntas, verbalizações ou simbolizações, assim como de interações não verbais, tendo em consideração as suas necessidades cognitivas intraindividuais.

Por meio da mediatização pedagógica, quer relacional, quer funcional, o reeducador fornece e propicia, ao reeducando, os princípios cognitivos do ato mental, os processos atencionais, os processos perceptivo-analíticos, os processos mnésicos, os procedimentos de sequencialização espaçotemporal e a antecipação e planificação práxica que envolve a resolução terminal das tarefas.

Com base nessa mediatização conativa, afetiva e inteligente, a complexidade da organização cognitiva dos problemas propostos torna-se interiorizada e integrada no reeducando; eis, em síntese, o que subentende a relação pedagógica perspectivada a partir dos ensinamentos vygotskyanos.

A mediatização do reeducador e a interiorização do reeducando tornam-se, assim, na nossa ótica, as duas atividades centrais da intervenção cognitiva.

O paradigma da intervenção cognitiva (seja na reeducação ou mesmo na terapia) aponta para o papel da mediatização humana na transmissão da cultura, considerada em sua plenitude sociogenética uma interação inteligente, consciente, intencional, transcendente, significativa, conativa, logo pedagógica (ou andragógica) e exclusiva da espécie, porque envolve a ação recíproca e conjunta entre dois seres humanos (mediatizador-mediatizado, o professor e o aluno, o reeducador e o reeducando).

A espécie humana, em sua dimensão ontológica e antropológica mais geral, deve a sua sobrevivência, por um lado, à sua cognição (*potencial de aprendizagem individual*), mas, por outro, à mediatização exercida por outros seres humanos mais maduros e experientes (*potencial de aprendizagem social*).

Como já vimos, e voltamos a reforçar, na espécie humana não se identifica apenas uma herança biológica ou genética, observa-se igualmente uma herança social e cultural (Teoria da Dupla Herança), e esta só é possível de ser acumulada pela via da mediatização e da transmissão cultural entre seres inexperientes e experientes.

Enquanto nos animais os comportamentos são transmitidos por instinto, sujeito a uma matriz genética previsível, nos humanos a transmissão de comportamento faz-se pela mediatização e pela educação. A oposição entre o natural e o cultural, entre o inato e o adquirido, entre o determinismo e a liberdade são, efetivamente, tênues.

No animal o seu repertório de condutas é rígido, instintivo e inato, enquanto nos humanos ele é adquirido e aberto a todo um campo de oportunidades transmitidas e transformadas pela mediatização como processo cultural.

A cultura parece ocupar, nos seres humanos, o lugar de uma segunda natureza que tem de ser aprendida, prolongando e aperfeiçoando o instinto. Também para Darwin, longe do inato e o adquirido se oporem, a aprendizagem aperfeiçoa o instinto.

Os seres humanos, porque nascem com imperícia comportamental, têm que aprender a andar, a falar, a caçar, a jogar, a nadar, a ler, a escrever, a calcular, a pensar etc., independentemente de exibirem competências e predisposições inatas.

Em síntese, entre a natura e a cultura há uma coevolução, a aquisição de novas condutas; logo a aprendizagem, quer por imitação, observação ou experiência, é o cenário de interação social que induz a plasticidade cerebral da qual emerge a cognição humana. No exemplo da linguagem, o cérebro do bebê humano está predisposto a integrar uma enorme quantidade de tarefas complexas, basta que a linguagem maternal esteja próxima e seja frequente, para alimentar os seus circuitos neuronais para descobrir fonemas, palavras, regras gramaticais etc. que permitem, ao denominado "instinto da linguagem", exprimir-se.

Em isolamento social total, os seres humanos não seriam dotados de cognição, nem de instrumentos, nem de linguagem; mesmo com um sistema nervoso intacto só poderiam fazer as coisas que os primatas podem demonstrar na atualidade.

O processo da aprendizagem cultural é um processo de mediatização humana, por meio da qual os indivíduos aprendem a usar, e, depois, a internalizar artefatos e instrumentos (naturais e psicológicos, não simbólicos e simbólicos) criados pelos seus antepassados.

Para muitos vygotskyanos (Leontiev, Luria, Galperin, Elkonin, Valsiner, Cole, Wertsch, Rogoff, Daniels, e muitos outros, tratados por nós (FONSECA, 2005; FONSECA & MENDES, 1982), a Teoria da Mediatização Humana é uma teoria da atividade humana e uma teoria sócio-histórica da evolução humana.

A transmissão cultural entre as gerações e a interação-colaboração entre pares, que ilustra o processo sócio-histórico da humanidade, espelha a essência da mediatização.

Na mediatização, seres humanos experientes transmitem cultura recorrendo: a interações e demonstrações intencionais; a reforços diretos e imediatos; a processos de instrução ativa e intencional; a encorajamentos de comportamentos de atenção, de análise, de comparação, de planificação e de controle executivo etc., despertando, elicitando e desencadeando funções cognitivas nos seres humanos inexperientes, visando operar neles processos de internalização que prospectivamente possam dar origem à reprodução aproximada, exata ou criativa da própria cultura transmitida.

A riqueza e a qualidade da interação entre seres experientes e seres inexperientes (peritos *vs.* imperitos), obedecendo a determinadas premissas de comunicação e sociabilização, implicou ao longo da evolução, como já vimos: primeiro, processos interpsicológicos (intermentais) de aprendizagem; e só depois processos intrapsicológicos (intramentais).

Tal interação social intencional e significativa provocou a modificabilidade cognitiva nos seres inexperientes (gerações vindouras imaturas em sua natureza), e produziu neles novos comportamentos, transportando-os para novos processos cognitivos que consubstanciam a história e a cultura humanas.

A aprendizagem cultural na espécie humana subentende, portanto, uma mediatização, ou seja, uma sabedoria interativa e uma cognição social que permitem não só a transmissão cultural, mas igualmente a evolução cultural cumulativa, transformação essa capaz de responder a novas necessidades de comunicação e de sociabilização.

Com base nessa formulação vygotskyana, no contexto da escola propriamente dito, o PEA é um processo de transmissão cultural entre indivíduos experientes (os professores) e inexperientes (os alunos). Em certa medida, a qualidade de ensino ilustra a qualidade da aprendizagem, ou seja, espelha a magnitude do desenvolvimento cognitivo das crianças e dos jovens aprendentes.

A mediatização joga, assim, com o capital cognitivo das crianças e dos jovens que frequentam as escolas, daí a sua relevância em termos de metodologia pedagógica a implementar nas escolas do futuro.

Com ambas as estratégias interativas, umas interfacilitadoras resultantes da mediatização e outras intrafacilitadoras resultantes da interiorização da conação, da execução e da cognição, os educandos estarão em melhores condições de atingirem e ascenderem à modificabilidade cognitiva, que é o objetivo fundamental da intervenção, da reeducação ou mesmo da terapia cognitiva quando se justifica, por exemplo, em casos que resultem de lesões cerebrais em adultos, ou até mesmo em casos de demência precoce.

Em todas as reeducações psicoeducacionais, logo igualmente na reeducação cognitiva, no pensamento vygotskyano, os reeducandos devem ser encarados como aprendizes ativos e aprendizes reflexivos, ou seja, como personalidades cognitivas.

Em princípio, eles estão motivados e empenhados em tarefas, propostas, situações-problema ou atividades, e pensam e refletem no que estão a fazer, quer antes da resposta, mobilizando funções de planificação, antecipação e de execução, quer depois da ação que a consubstancia, verbalizando-a, simbolizando-a, isto é, reativando-a, revisualizando-a, reauditorizando-a e recuperando-a mentalmente, tendo nela a sua fonte de interiorização e reflexão, em analogia com a estratégia do ato ao pensamento igualmente proposta pelo grande psicólogo francês Wallon, ou na perspectiva, revolucionária para a época, do aprender fazendo (*learning by doing*) do célebre psicopedagogo e filósofo Dewey (1915, 1994).

Essa visão da intervenção cognitiva tem sido o procedimento comum entendido em muitos programas de reeducação (ARL – Ateliers de Raciocínio Lógico; Linguagem Logo, de Papert; Cubos, de Mailet; Reconstrução do Raciocínio, de Planchon; PEI – Programa de Enriquecimento Instrumental, de Feuerstein; Treino Mental, de Dumazedier; Gestão Mental, de Antoine de La Ganderie; Ensino e Aprendizagem por meio das Inteligências Múltiplas, de Gardner etc. (FONSECA, 2014)), mas a teoria por trás de muitas dessas intervenções nem sempre é clara.

Não podemos esquecer que a falta de reflexão e de interiorização da resposta aos problemas pode resultar na promoção de uma intervenção reeducativa mecânica, na qual o ato mental que subjaz à aprendizagem é encarado como um mero exercício intelectual repetitivo e acrítico, ou como uma simples função instrumental.

Na intervenção ou reeducação cognitiva, tomando em atenção a estratégia proposta por Vygotsky e seus continuadores, a resposta aos problemas não tem apenas um valor efector. Ela tem, igualmente, um valor retroativo, reaferencial, receptor, integrativo, proativo, internalizado e personalizado que necessita ser metaconsciencializado pelo sujeito aprendente.

A interação entre o reeducando e o reeducador é moldada com a cognição social, isto é, a reeducação cognitiva se torna uma atividade colaborativa e coconstrutiva.

O reeducador e o reeducando devem trabalhar juntos, tentando perceber as intenções um do outro e compartilhando as causas e efeitos das atividades planificadas e desenvolvidas. Qualquer aprendizagem é, portanto, um ato sociocultural.

O processo de aprendizagem humano decorre e emana de uma comunidade cognitiva com conhecimento acumulado em um processo histórico determinado e contextualizado. A evolução humana, em seu esplendor cognitivo, nunca teria sido alcançada sem compreender o papel crucial do ensino efetuado e guiado pelas gerações mais experientes para que as gerações inexperientes pudessem aprender.

Efetivamente, o ensino consubstancia o detalhe crucial e verdadeiramente definidor da cultura humana. Sem ensino, sem a interação e a mediatização dos mais velhos sobre os mais novos, a cultura humana não passaria da dimensão repetitiva e previsível da cultura dos nossos primos chimpanzés. Em certa medida as relações sociais que fluem dessas interações entre duas gerações são o berço da cognição humana.

A resolução de problemas que ilustra a cultura humana e o seu desenvolvimento tecnológico, desde a fabricação de instrumentos de pedra e de pau até a fabricação de ferramentas e de computadores, nunca se poderia atingir se a autoaprendizagem ou o autoensino predominassem ao longo dos tempos da evolução humana.

Para se poder aprender uma determinada competência, muitas horas de prática deliberada serão necessárias para que o indivíduo, por si só, a automatize e execute com proficiência, fluência e eficácia, mas para tal vai sempre precisar de aconselhamentos, incitamentos, mediatizações e impulsos estimulantes de outros para atingir novos níveis de excelência e *performance*.

Independentemente de um indivíduo aprendente, isoladamente considerado, poder descobrir soluções de problemas, há sempre nele raízes de conhecimento, estratégias e procedimentos que aprendeu de outros; por isso, como espécie, nascemos imperitos e não ensinados. Somos, de fato, a única espécie que ensina intencionalmente e transmite o conhecimento de uma pessoa a outra.

A capacidade de aprendermos com os outros e os podermos imitar com alta fidelidade é uma das grandes vantagens da espécie humana, daí os neurocientistas considerarem a ecocinésia um pilar primacial da cultura humana.

Aprender reclama, desse modo, muitas horas de investimento psicomotor individual do ser inexperiente, em termos de autocontrole e motivação pelo esforço necessário para dominar uma determinada competência, seja cinestésica, linguística ou cognitiva, mas reclama, igualmente, investimento relacional e socioemocional de outros mais experientes para que estes expliquem as finas *nuanças* estratégicas e táticas que permitem aquele atingir a perfeição.

Os seres humanos experientes transmitem cultura através de atividades colaborativas e interativas aos seres humanos inexperientes, e ainda bem que assim é, porque a civilização humana é baseada na transmissão intergeracional (horizontal e vertical) do conhecimento e da cultura. O conhecimento e a cultura, adquiridos por uma geração, são transmitidos à geração seguinte, ou seja, na reeducação cognitiva o reeducador transmite conhecimento e cultura ao reeducando, porque ambos pertencem a gerações diferentes.

Um procedimento educativo, e muito mais, um reeducativo, em termos vygotskyanos, é efetivamente uma transmissão cultural em sua profundidade mais cristalina.

O que temos debatido centra-se numa possível resposta à questão: "Há remédio para a dificuldade cognitiva e de aprendizagem e para o baixo rendimento escolar dos alunos?"

A resposta é sim, há remédio. Mas antes de tudo deve ser reconhecido que para as funções cognitivas superiores serem ativadas e promovidas é necessário que ocorram processos neuronais para captar, processar, planificar, antecipar e executar praxias que materializem as aprendizagens escolares triviais.

As funções de aprendizagem podem faltar ou falhar nos seus vários componentes, fatores ou módulos cognitivos, como por exemplo: na atenção, na percepção, na imagem, na integração, na memória, na simbolização, na elaboração, na antecipação, na execução, na regulação, na verificação das respostas etc.

Sem a integração e interação neurofuncional de tais instrumentos cognitivos (ou ferramentas mentais), a aprendizagem é muito difícil de se verificar, quase sempre bloqueia, tem tendência a fragmentar-se, e pode mesmo não emergir.

As tarefas ou situações a criar na reeducação cognitiva que promovem o uso de estratégias mentais apropriadas pelo reeducando devem ser concebidas cuidadosamente para que forneçam a organização intrapsicológica necessária à descoberta de respostas adaptativas.

As estratégias devem ser muito diferentes de reeducando para reeducando, pois não há uma única estratégia correta ou um único método milagroso que necessita ser transmitido, como na instrução tradicional.

A reeducação cognitiva na ótica vygotskyana consubstancia uma modalidade de intervenção distinta dos modos usuais de ensinar, ou reeducar, na qual só se põe em prática uma única estratégia, habitualmente aquela que serve à maioria ou à média das crianças da turma.

Com este modo de relação ou mediatização pedagógica proposto por Vygotsky, o papel do professor, muito mais do que reeducador, é facilitar a descoberta da estratégia cognitiva que funcione para a criança e que sirva às suas necessidades únicas e singulares (HAYWOOD, 1985, 1986, 1987a, 1987b, 1988, 1995, 2000; HAYWOOD & TZURIEL, 1992; DAS, 1972, 1973a, 1973b, 1980, 1983, 1986, 1995, 1998).

Nesta perspectiva relacional, o reeducando deve estar ativamente empenhado na busca e na descoberta das soluções comportamentais das situações-problema propostas pelo reeducador, para além deste elicitar e enfocar nele a interiorização, a reflexão, a simbolização e a verbalização das respostas às tarefas propostas.

As respostas sugeridas não devem apenas visar a *performance* funcional ou o desempenho intelectual, mas, concomitantemente, mobilizar a integração de novos processos cognitivos sejam atencionais, gnósicos, emocionais, mnésicos, construtivos, elaborativos ou executivos que são inerentes à organização cognitiva da aprendizagem.

Sem conhecer as raízes, as filosofias e as estratégias da cognição que temos dissecado, a reeducação cognitiva, na nossa mirada pedagógica, não passará de mais uma ocupação inútil do tempo desenvolvimental do reeducando.

Efetivamente, em reeducação cognitiva não há tempo a perder; por isso temos que nos inspirar, de novo, em Vygotsky, principalmente no que concerne ao seu conceito de ZPD, que vamos aflorar mais à frente, conceito este normalmente cotado como ponto central de qualquer reeducação, seja cognitiva, psicolingística ou psicoeducacional.

O reeducador deve saber tirar partido das habilidades cognitivas prévias dos reeducandos e a potenciar, desenhar, planificar e implementar um programa de intervenção cognitiva individualizado (Pici).

É recomendável que as áreas fortes e fracas do reeducando sejam determinadas por uma avaliação cognitiva dinâmica (FONSECA, 2001, 2007) em primeiro lugar.

Na educabilidade cognitiva não se deve intervir sem apurar, interpretar, compreender e fundamentar o perfil cognitivo único do reeducando, que obviamente apresenta *áreas fortes e independentes*, áreas da sua ZDP a expandir, agregadas com *áreas fracas ou frustracionais* que necessitam claramente de suportes e apoios inovadores (*scaffoldings*).

Expor o reeducando (quando usamos o termo reeducando queremos igualmente integrar os alunos com dificuldades de aprendizagem globais e específicas, com problemas de processamento de informação e mesmo com défices cognitivos nas múltiplas facetas do ato mental) a uma série de tarefas que não respeitam o seu perfil cognitivo nem as suas áreas fortes ou o seu conhecimento prévio, confrontando-o com situações-problema de insegurança, desconforto e desmotivação, porque exigem muito mais do que ele pode produzir ou desempenhar, tende a levar ao inêxito da reeducação cognitiva.

Pelo contrário, a estratégia de mediatização a ser utilizada deve reforçar o ego do reeducando, expondo-o a tarefas e a atividades que assegurem o seu sentimento de competência e a sua autoatribuição, ou seja, a sua infraestrutura intrapsíquica motivacional, emocional, energética, tônica e conativa.

Explorando as suas áreas fortes, os níveis de competência são ampliados e complexificados e a sua ZDP é, assim, expandida; dessa forma, a sua modificabilidade cognitiva vai operando-se microgeneticamente, ou seja, passo a passo.

Tratando-se de um processo lento – porque as aprendizagens humanas ocorrem prolongadamente e não são produzidas instantaneamente por saltos abruptos milagrosos –, a modificabilidade e a plasticidade neurocognitiva conquistadas podem então abrir caminho para que o reeducando seja progressivamente confrontado com tarefas nas quais revela imaturidade, insegurança, vulnerabilidade, dificuldade, ou mesmo frustração, desmotivação e rejeição.

As tarefas, as propostas, as atividades ou as situações-problema devem ser desenhadas de tal maneira que a criança e o jovem aprendentes sejam encorajados a experimentar estratégias cognitivas já por si próprios, assimiladas e bem treinadas, e ver como elas podem ser alteradas e flexibilizadas para atingir, de forma processual e procedimental diligente, a resolução e o sucesso das mesmas.

As crianças não têm de ter a consciência exata e precisa das estratégias que estão usando em dado momento; elas irão emergir e convergir conforme são expostas às diferentes propostas que um programa de reeducação cognitiva deve conter e proporcionar.

A visão de desenvolvimento cognitivo humano avençada por Vygotsky guia-nos para uma melhor compreensão das raízes da educabilidade ou reeducação cognitiva que anteriormente tentamos explorar, e oferece-nos ainda outras indagações pedagógicas que consideramos muito relevantes para a intervenção cognitiva (KUZULIN, 1986, 1998; DAS, 1979, 1995) e para o PEA. Indagações no sentido de procurar, explorar, descobrir, pesquisar, questionar etc. os meandros do ato de aprender que, obviamente, encerram a identificação dos processos mentais e das funções cognitivas que permitem ao indivíduo ser intelectualmente mais performático, flexível e eficiente. Vejamos em seguida quatro delas.

2.5 Quatro indagações pedagógicas vygotskyanas

A primeira indagação pedagógica da modificabilidade cognitiva que é inerente a qualquer aprendizagem é que ela se manifesta de forma microgenética, isto é, ela é observada em pequenos processos cognitivos, os que organizam, exatamente, a resposta e a competência de compreensão e aplicação do conhecimento no reeducando. Uns, atencionais e concentracionais, outros perceptivo-analíticos, processuais, mnésicos (referentes à memória de trabalho), auto e ecognósicos e, ainda, outros, por planificações, inibições, controles executivos e antecipações mentais microestruturadas.

A mudança de comportamento que consubstancia a modificabilidade cognitiva da aprendizagem ocorre, assim, segundo as neurociências, por meio de microganhos neurofuncionais (integração e interação de dados gnósicos, velocidade de transmissão axônica e eficácia sinática, para além da criação e sustentação de circuitos neuronais de regulação e execução) e não por mudanças abruptas, rápidas, bruscas, inesperadas ou milagrosas de integração, retenção e organização de dados de informação, que, não sendo usados em termos pragmáticos, acabam por ser esquecidas e não reutilizadas em aprendizagens posteriores.

Aprender é de fato uma mudança de comportamento provocada pela experiência, mas que não é possível operar-se em determinado instante ou repentinamente por um simples gesto mágico. Trata-se de um processo, e não de um produto final do cérebro, que requer prática deliberada, investimento de tempo, fluência, automaticidade e investimento emocional e conativo, esforço, autocontrole, focagem e motivação intrínseca prolongados.

Não devemos esquecer que, para a criança, a reeducação é, afinal, uma experiência de reaprendizagem, e é importante saber não somente quando a mudança no comportamento pode tomar lugar, mas também como as mudanças neurofuncionais acontecem.

As estratégias cognitivas da criança mudam e misturam-se na organização cognitiva que sustenta as aprendizagens. As condições que produzem micromudanças residem quer no cérebro do reeducando, quer na tarefa em si, daí o cuidado com que estas devem ser elicitadas, selecionadas, organizadas, priorizadas e implementadas na reeducação.

Muitas crianças aprendentes possuem várias estratégias cognitivas disponíveis enquanto realizam tarefas ou solucionam situações, mas sabendo-se que tais estratégias estão em competição umas com as outras, dentro de si, elas podem atrapalhar muitas vezes a sua resolução. Por essa razão, o ensino de estratégias cognitivas e metacognitivas é fundamental.

A competição desordenada entre tais estratégias ou processos cognitivos só pode ser resolvida com a prática prolongada (treino cognitivo) à medida que a criança aprende a realizar as tarefas e a executar as propostas apresentadas nas sessões de reeducação, tendo sempre em consideração o seu passado desenvolvimental (atenção ao seu *perfil cognitivo dinâmico*) e o modo mais confortável e compatível que elas apresentam face ao seu temperamento.

Micro significa pequeno ou reduzido, e genético significa que partimos do nascimento, do plano zero da perícia ou do início da mudança, e é sobre o processo de mudança que a aprendizagem opera e ocorre. Não podemos esquecer que a aprendizagem é uma mudança permanente do comportamento provocada por muita prática vivenciada, mediatizada e reflexiva.

Então, em vez de olhar para as grandes diferenças ou mudanças de comportamento em reeducação cognitiva, recomendamos que se sigam antes as pequenas mudanças observadas nas atividades cognitivas das crianças, mudanças essas que devem ser registradas e reforçadas sistematicamente, para que possamos aprender mais sobre as suas estratégias cognitivas pessoais, e como as mobilizam mentalmente face às tarefas ou às situações-problema propostas.

As estratégias cognitivas são realmente planos, são processos psíquicos executivos que pensam e conjecturam as respostas aos problemas antes de eles serem desencadeados e executados pelo cérebro do próprio reeducando, aquilo a que a psicologia cognitiva denomina metacognição.

Com tais sistemas neurofuncionais enfocados com mais atenção, inibição, processamento, planificação, autorregulação e execução, a criança vai controlando e coordenando melhor as suas respostas. É disso que se trata quando falamos de reeducação cognitiva, na qual vai se observando lentamente os pequenos ganhos nos seus processos de atenção, processamento, planeamento, inibição e execução inerentes à relação dialética e complexa entre a situação (*input*) e a ação (*output*), que materializa o próprio processo de aprendizagem.

Só em pequenas porções, só passo a passo (*step-by-step*), só grão a grão, vemos a modificabilidade cognitiva emergir da organização mental do reeducando.

Convém chamar a atenção do leitor que a aprendizagem, para ser perfeita, flexível e gerar automatismos fluentes e plásticos e graus de liberdade neurofuncional e desenvolvimental no reeducando, só acontece por meio de pequenas mas consistentes mudanças; eis, assim, a primeira indagação pedagógica relevante apresentada por Vygotsky.

A segunda indagação pedagógica que resulta do pensamento vygotskyano, que nos ajudará a compreender melhor a intervenção cognitiva, é a sua abordagem positivista sobre a deficiência (integrando todos os tipos de dificuldades sensoriais, emocionais, motoras e intelectuais e desenvolvimentais, vulgo *deficiência mental*), mas também sobre a dificuldade ou a disfunção cognitiva (podendo integrar o termo de défice cognitivo).

Na ótica de Vygotsky, os termos deficiência, dificuldade ou disfunção não podem ser concebidos como défices, mas sim como diversidades, diferenças e preferências, ou seja, como *oportunidades educacionais especiais* para se poder ser mais inovador, criativo, exigente, planificado, suportativo e adaptativo, em termos de intervenção cognitiva ou reeducativa.

A ideia de que uma criança com deficiência, dificuldade ou disfunção também se desenvolve, e também aprende, deverá reforçar no reeducador a crença de que ela tem de ser considerada como uma criança com potencial de modificabilidade em todos os seus aspectos.

Assim, a deficiência, a dificuldade ou a disfunção não deverão ser consideradas como estigmas ou rótulos negativos; quanto a nós, devemos antes aceitar e apreciar a diversidade e a singularidade da criança e do jovem com necessidades especiais.

A criança com deficiência, com dificuldade ou disfunções várias e inter-relacionadas (comorbilidades), já tem em si uma desvantagem biopsicossocial da sua condição, e não necessita de aumentar o seu fardo quando é "olhada" como sendo, de alguma forma, uma criança inferior à dita criança normal; ela é apenas uma *criança diferente* que tem de aprender de forma também diferente.

A terceira indagação pedagógica importante de Vygotsky centra-se na aprendizagem em si.

A aprendizagem humana, embora sendo uma alquimia entre o inato e o adquirido, entre a integridade genética e biológica e o envolvimento facilitador, ocorre sempre em um contexto sociocultural e é sempre originada dentro das suas configurações interacionais e relacionais, dado que o próprio comportamento aprendido pelo indivíduo vai, por sua vez, influenciar esse mesmo contexto, existindo, assim, uma relação dialética e recíproca entre ambos.

Crianças com deficiência, dificuldade de aprendizagem ou disfunções cognitivas ligeiras, moderadas ou severas, podem vir de uma cultura desfavorecida, de um contexto social e cultural em que o desenvolvimento e a aprendizagem cognitiva não são encorajadas nem mediatizadas.

Em vez de encorajar tais crianças a sentir que lhes falta algo, o que contribui para uma baixa autoestima e um pobre autoconceito, Vygotsky reforça a intervenção cognitiva como sendo mais orientada e cuidada para uma cultura mais ativa, lúdica, conativa e volitiva.

Por fim, a última indagação racional vygotskyana concentra-se na reorganização e na substituição dos módulos ou fatores cognitivos que presidem à aprendizagem.

Para Vygotsky, um módulo cognitivo particular, como a atenção, a gnosia, a memória, o processamento de informação, a planificação e a execução da resposta adaptativa, pode ser disfuncional em uma criança com dificuldades intelectuais, ou ela pode, inclusivamente, revelar fraca capacidade de processar informação háptica, proprioceptiva, vestibular, tátilo-cinestésica, visual ou auditiva, espacial ou temporal, mas isso não significa que devemos desistir da criança e mergulhar em frustração.

A mensagem de Vygotsky apoia-se nas experiências de Luria (1965, 1975), que trabalhou intensamente e demoradamente na reabilitação de pacientes neurologicamente lesionados. Segundo Luria, subsistem múltiplas oportunidades de neuroplasticidade cerebral, daí o papel da educabilidade cognitiva para reorganizar e redesenvolver os processos deficientes ou disfuncionais, substituindo-os com novos processos funcionais que estão intactos, ou que não foram otimizados em sua neurodiversidade.

A orientação clínica ou psicopedagógica apropriada da intervenção cognitiva é, em primeiro lugar, dar ênfase às áreas cognitivas fortes da criança (ou jovem) com dificuldades ou disfunções, não é centrar-se nas áreas cognitivas fracas ou que estão ausentes, ou até mesmo paradoxalmente imaturas e que poderão provocar vários bloqueios emocionais, motivacionais e conativos.

Em termos conclusivos, a visão prospectiva do desenvolvimento cognitivo da criança, com base no extraordinário contributo de Vygotsky, reclama que as intervenções cognitivas, educacionais, reeducacionais ou terapêuticas se pautem por elicitar e promover no reeducando pequenas mudanças (ditas microgenéticas) através da apropriação de estratégias cognitivas de atenção, de processamento das situações e das tarefas propostas, bem como de estratégias de planificação e execução da ação, sempre enquadradas em um contexto sociocultural de interações de confiança e de conforto afetivo com o professor ou reeducador, procurando respeitar o que está intacto em termos neuropsicocognitivos no reeducando, e não o que está em falta.

Onde é que nos leva Vygotsky nas suas indagações racionais no que respeita à velha questão: Devemos reeducar para fortalecer as competências cognitivas fortes do reeducando, ou reeducar para remover e redesenvolver as competências cognitivas fracas?

A resposta, como sempre, é saber reeducar para ambas, para as suas integridades e para as suas vulnerabilidades cognitivas.

Reeducar para fortificar tira vantagem do nosso conhecimento das funções intactas na criança que foram identificadas antecipadamente, fortalecendo o seu autoconhecimento e a sua autoestima, promovendo, portanto, a sua psicogênese. Com base na neuroplasticidade provocada, vamos assim ajudá-la a substituir, a repor e a reorganizar as suas funções cognitivas inativas, frágeis, hesitantes e geradoras de frustração e sofrimento emocional.

Desta maneira a criança é motivada a aprender novas estratégias. Se a sua atenção é fraca, ela pode tirar vantagem da sua forte memória episódica ou da sua ideação.

Aliás, a observação de crianças que são fracas na atenção mostra que quando elas estão empenhadas em tarefas que normalmente requerem imaginação e criatividade, elas conseguem lidar com as situações-problema, por vezes, de forma adequada. Tais crianças são, às vezes, capazes de contornar as dificuldades cognitivas, decompondo e analisando os procedimentos das tarefas, conseguindo manuseá-las e executá-las em subtarefas mais simples e mais lúdicas, suscetíveis de gerar sentimentos de competência conativa que são muito importantes para as aprendizagens seguintes.

Eis resumidamente a dimensão complexa da mediatização cognitiva de Vygotsky, da qual emana o papel e a importância da relação pedagógica do reeducador no processo da (re)aprendizagem humana no reeducando. É este objetivo elevado que a educabilidade cognitiva deve pugnar por enriquecer, quer em seu funcionamento cognitivo, conativo e executivo, quer em seu funcionamento pessoal, escolar e social (FONSECA, 2014).

Em conclusão, as duas correntes de desenvolvimento cognitivo, a de Piaget em termos intraconstrutivos, e a de Vygotsky em termos interconstrutivos, integram-se harmoniosa e dialeticamente; a educabilidade cognitiva visa, em termos pragmáticos, conjugá-las dinamicamente em benefício do enriquecimento cognitivo de todos os estudantes com ou sem necessidades especiais.

3
Abordagem à Zona de Desenvolvimento Proximal (ZDP) de Vygotsky

3.1 Introdução às funções cognitivas superiores

A célebre noção de ZDP introduzida por Vygotsky (1956, 1962, 1963, 1978, 1986, 1993), que já nos referimos em outras obras e que pretendemos, neste capítulo, aprofundar e alargar em seus pressupostos, constitui para nós um conceito psicológico revolucionário, conceito capital que ilustra a perspectiva sociocultural do desenvolvimento cognitivo ao longo do processo sócio-histórico humano.

O desenvolvimento da atenção, da percepção, da memória, da linguagem, da leitura, da escrita, da matemática, do raciocínio lógico, da resolução de problemas e de conflitos, e de muitas outras funções cognitivas superiores (em contraponto com *funções cognitivas inferiores*, ditas elementares, básicas, inatas ou espontâneas) só foi possível ocorrer, histórica e culturalmente, na evolução humana, como efeito de um processo interativo (colaborativo, cooperativo etc.) muito complexo entre parceiros ou pares mais competentes, e fundamentalmente entre gerações maduras e gerações imaturas, peritas e imperitas, ou seja, entre dois sujeitos cognitivamente distintos, como já ilustramos:

- O sujeito *experiente* (mediatizador, facilitador, formador, mentor, perito, tutor, monitor, professor, mestre, metodólogo, treinador, especialista, adulto etc., para nós, expressões idênticas que devem ser consideradas ao longo do texto), que possui a informação, o conhecimento, as competências, os processos e as ferramentas cognitivas e práxicas necessárias para as transmitir e ensinar.

• O sujeito *inexperiente* (mediatizado, formando, aprendente, estagiário, iniciado, novato, imperito, principiante, aluno, criança etc. – expressões sinônimas também), que ao ser guiado, ensinado, incentivado, reforçado e mediatizado adequadamente, pode vir a se apropriar da cultura; numa palavra, aprender, respeitando uma certa prática prolongada e cognitivamente mediatizada.

Antes porém de desenvolver o conceito de ZDP, convém clarificar o que entendemos por funções cognitivas superiores e funções cognitivas básicas com que Vygotsky dividiu as funções mentais humanas.

Ao contrário de outros autores, Vygotsky não considera tais funções completamente independentes umas das outras. Ele até propõe uma teoria em que elas interagem, profunda e dialeticamente, em termos de desenvolvimento, de comportamento e, também, de aprendizagem.

As *funções cognitivas básicas* são comuns a outros animais vertebrados, como os mamíferos e os primatas, e obviamente, os seres humanos. Trata-se de funções inatas que dependem primariamente da maturação nervosa para se desenvolverem.

Exemplos dessas funções são: a sensação, a atenção reativa, a memória espontânea e a inteligência sensório-motora, perfeitamente observáveis nos animais, principalmente nos primatas, com os quais desfrutamos cerca de 98% da mesma herança genética.

A sensação, espalhada pelos cinco sentidos mais comuns (não esquecendo os *outros* sentidos humanos: o háptico, o proprioceptivo, o vestibular e o cinestésico (FONSECA, 2010; FONSECA & MENDES, 1982)), é determinada pela anatomia e pela fisiologia de qualquer sistema sensorial comum aos animais e ao ser humano, pois não podemos esquecer que somos considerados, em termos bioantropológicos, os vertebrados dominantes, falantes e pensantes. A atenção reativa se refere à resposta produzida na presença de um grande ou inesperado estímulo envolvimental. A memória espontânea, que ilustra igualmente o reflexo condicionado pavloviano, refere-se à lembrança de estímulos conjuntos apresentados repetidas vezes, como por exemplo, quando observamos um cão salivando e associando ao toque de uma campainha ao mesmo tempo em que é alimentado. Finalmente, a inteligência sensório-motora que descreve a resolução de problemas adaptativos e de sobrevivência dos próprios animais em situações que envolvem respostas motoras ou respostas de tentativa e erro.

Em síntese, todas estas funções mentais são comuns às ditas espécies animais superiores, e claramente, aos seres humanos (BRODOVA & LEONG, 2007).

Em contraste, as *funções cognitivas superiores* são as únicas da espécie humana; são funções adquiridas por mediatização, por transmissão cultural, por ensino e por aprendizagem (FONSECA, 1982, 1998, 2007a, 2009, 2010a, 2012), daí o significado da transmissão cultural, e obviamente do PEA que temos analisado.

A diferença principal entre ambas é que as funções cognitivas superiores envolvem, em termos vygotskyanos, o uso de instrumentos mentais, como os sinais e os símbolos.

Trata-se de funções voluntárias, intencionais, proposicionais, deliberadas, internalizadas, mediatizadas e aprendidas exatamente porque são autocontroladas e autoengendradas pelo indivíduo depois de serem ensinadas por outros indivíduos mais experientes, mais cultos e sábios, os tais mediatizadores.

A aquisição de tais funções cognitivas tornou o ser humano qualitativamente diferente dos outros animais em termos comportamentais, e como uma nova vantagem adaptativa, ela esteve na origem do desenvolvimento civilizacional, pois o ser humano foi o único a acrescentar ao mundo natural um mundo civilizacional, algo muito relevante no processo sócio-histórico.

Nesta perspectiva, o que o indivíduo demonstra e produz cognitivamente em termos intrapessoais e de autonomia individual e experiencial tem, assim, origem social e cultural, ou seja, interpessoal.

As funções cognitivas superiores incluem, em contrapartida, funções cognitivas muito importantes: a percepção mediatizada, a atenção voluntária focalizada e sustentada, a memória de trabalho, o pensamento lógico, as funções executivas, a metacognição etc.; portanto, funções únicas da espécie humana.

A percepção mediatizada é uma função cognitiva superior: quando distinguimos e discriminamos várias nuanças de cor; quando diferenciamos e discriminamos a figura de fundo na sobreposição de imagens, de figuras ou de sons e fonemas; quando temos a noção de perspectiva, de profundidade e de constância da forma ou do ritmo; quando captamos a estrutura componencial dos estímulos ou das situações, os seus detalhes estruturais, intrínsecos e extrínsecos etc.

Nas imagens, por exemplo, independentemente das características de tamanho, espessura e orientação, não esquecendo a importância da identificação e projeção da posição, da lateralização e da relação espacial dos seus elementos e dados espaciais que estão em sua origem, a percepção, como sabemos, reclama um conjunto sistêmico de múltiplas competências visuomotoras (visuoatencionais, visuoperceptivas, visuoconstrutivas, visuográficas etc.), todas elas fundamentais para a adaptação ao estilo de vida de caçador-coletor dos nossos antepassados, ou mesmo aos processos básicos de aprendizagem pré-escolar e da leitura e escrita na ontogênese simbólica da criança.

A atenção voluntária focalizada e sustentada é uma função cognitiva superior quando nos concentramos, analisamos, focamos ou fixamos estímulos relevantes e surpreendentes, selecionando-os de estímulos irrelevantes e insignificantes, não esquecendo a importância dos *movimentos sacádicos rápidos e precisos* para detectarmos e recepcionarmos objetos em movimento, manuseando-os sem os deixar cair, ou captar e integrar imagens e letras numa sequência espaçotemporal, a fim de serem processadas como, por exemplo, na leitura rápida e fluente.

A memória de trabalho, quando recorremos a estratégias mnemônicas de lembrança, de recordação, de recuperação, de retenção e rechamada de dados integrados e armazenados mentalmente, reutilizando-os planificadamente quando desencadeamos um discurso intencional ou exprimimos um pensamento.

Por último, o pensamento lógico que envolve a habilidade de resolver problemas, habilidades de análise de pensamento, estratégias de racionalidade evitando contradições e erros, encadeamento ideacional coerente e eficaz, utilizando estratégias de raciocínio e uso pragmático das funções executivas, como: planificação, antecipação, organização, regulação, priorização, controle, inibição, verificação etc.

Todas estas conquistas cognitivas e metacognitivas emergem das funções mentais básicas mobilizadas e elicitadas a partir da transmissão cultural característica da espécie, e igualmente, por meio da mediatização e da interação que ocorre entre gerações experientes e inexperientes.

As funções cognitivas superiores decorrem, consequentemente, do processo de mediatização e recorrem ao uso de sinais e de símbolos para representar comportamentos ou objetos do envolvimento, podendo ser universais ou específicos de um dado grupo cultural.

Sinais e símbolos esses que têm de ser internalizados mentalmente pelos seres inexperientes, para que eles os possam manifestar e exprimir externamente em termos comportamentais, porque foram efetivamente mediatizados e ensinados por seres mais experientes e objetivamente aprendidos, ou seja, requerem a mente de outra pessoa para serem adquiridos e apropriados cognitivamente (DANIELS, 2008; BRUER, 2000; BRODOVA & LEONG, 2007; KARPOV, 2005; ROGOFF, 1990).

Dessa forma, o conhecimento pessoal e subjetivo e o conhecimento social e cultural estão ancorados um no outro.

Como Vygotsky (1962, 1993) equacionou, o desenvolvimento pessoal e o desenvolvimento social são o reflexo um do outro, crescem e desenvolvem-se em conjunto.

O mundo subjetivo do indivíduo e a história da sua cultura evoluem em paralelo, daí a ontogênese cognitiva da criança revelar, ilustrar e deixar transparecer (e não meramente reproduzir), em termos de maturação neuropsicológica, a filogênese e a sociogênese da espécie humana.

Este conceito, como é óbvio, também é válido para qualquer organização ou instituição, como uma escola ou uma empresa, e é obviamente intrínseco ao PEA que estamos analisando, quando aplicado em qualquer contexto social.

3.2 As três zonas de desenvolvimento cognitivo no sujeito aprendente

Por definição, o sujeito aprendente a mediatizar ou a educar, isto é, qualquer criança, iniciado, principiante, aluno etc., ou seja, o mediatizado ou aluno, traz ou transporta para a interação social de qualquer PEA três zonas principais do seu desenvolvimento cognitivo (cf. figura 4).

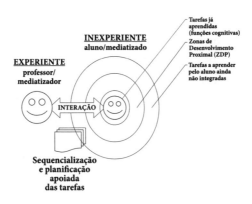

Figura 4 Processo de interação e ZDP

1ª) O seu perfil de aprendizagem, com áreas fortes e fracas, denominada zona de desenvolvimento atual (*conhecimento presente*), ou seja, todas as competências já aprendidas, compreendidas, integradas, conectadas, assimiladas e capazes de resolver problemas, independentemente e autonomamente, sem a ajuda de ninguém, sendo a partir daí, dessa *zona de competências cognitivas atuais* (ex.: recepção-captação, integração-planificação e expressão-ação), que o mediatizador ou professor deve mobilizar estratégias de mediatização e criar situações ou tarefas de aprendizagem para promover e transformar o seu potencial cognitivo de aprendizagem.

2ª) A ZDP (conhecimento novo a ser aprendido, apropriado ou adicionado ao conhecimento anterior), da qual vão emergir novas capacidades no mediatizado por ação intencional, significativa, assistida, apoiada, persistente e transcendente do mediatizador. Atuando na ZDP do mediatizado, o mediatizador, em cooperação ou em tutorização, assiste-o na resolução de tarefas ou problemas e faz avançar o seu desenvolvimento cognitivo na direção do modelo cognitivo idealizado superando as suas dificuldades, sem as quais não seria possível: guiar, elevar, otimizar, melhorar, modificabilizar ou expandir o seu nível de desempenho, de *performance*, de realização ou de excelência de rendimento na aprendizagem para situações inéditas e mais complexas; e finalmente

3ª) A zona de competências a aprender no futuro, mas ainda não integradas ou aprendidas, representando o limite máximo das suas funções cognitivas.

Em síntese, o que o conceito dinâmico de ZDP de Vygotsky (1963, 1986, 1993) nos sugere é que todo o ser humano pode evoluir em determinada competência (*skill*) ou em determinado domínio do conhecimento, ou mesmo em determinada praxia global ou fina, a partir de seu nível de desenvolvimento atual, dito sem assistência ou autônomo.

Para ascender a um patamar de desenvolvimento potencial superior, o mediatizado só pode fazê-lo com o auxílio de suporte ou apoio (conceito de *scaffolding*, que literalmente significa andaimes), no sentido de uma mediatização e de intervenção psicopedagógica competente e experiente, proporcionada por outro ser humano mais experiente e conhecedor.

Para Vygotsky, o desenvolvimento do comportamento ocorre, então, em dois níveis, níveis esses que formam as barreiras da ZDP:

1º) O *nível inferior*, que ilustra a *performance*, a realização ou o desempenho independente do mediatizado, ou seja, aquilo que o indivíduo conhece e pode fazer e realizar sozinho; portanto, de forma autônoma e independente.

2º) O *nível superior*, que ilustra a *performance* máxima que o mediatizado pode atingir com a ajuda ou assistência de outro indivíduo mais competente, ou seja, o mediatizador ou ser experiente e transmissor de cultura.

Entre a *performance* assistida e a *performance* independente que o mediatizado exibe em termos de desenvolvimento, localizam-se vários graus de *performance* parcialmente assistida, que equivalem, objetivamente, à dinâmica da ZDP.

Os comportamentos e as competências representados na ZDP são, portanto, concebidos no pensamento vygotskyano como dinâmicos e em constante modificabilidade.

3.3 A natureza dinâmica da ZDP

O que o mediatizado faz hoje com alguma assistência será o que ele fará amanhã sozinho com independência, isto é, sem assistência nenhuma, exatamente porque os comportamentos foram internalizados, apropriados, compreendidos e aprendidos.

O que hoje exige o máximo de assistência, suporte e apoio, amanhã poderá ser realizado com o mínimo de ajuda ou assistência, logo a *performance* assistida vai mudando à medida que o mediatizado se desenvolve em termos de mudanças comportamentais e de competências cognitivas, aspectos esses decorrentes dos processos intrínsecos de aprendizagem que se vão dando e processando.

Nesse contexto vygotskyano a palavra assistência pode traduzir-se por intervenção pedagógica (o tal *scaffolding*), ensino ou instrução, na nossa concepção, por mediatização, pressupondo que a finalidade da intervenção não é meramente o produto final do comportamento desejado, mas essencialmente a possibilidade de captar a habilidade potencial do sujeito inexperiente e modificabilizá-la prospectivamente.

Dessa forma, a mediatização atua simultaneamente em dois níveis do sujeito aprendente: o atual e o potencial.

No primeiro, atua-se nas funções mentais já estabelecidas no sujeito, dando-lhes suporte, segurança, conforto, fluência, excelência e automaticidade. No segundo, a atuação visa atingir novas funções mentais mais complexas, todavia ainda não objetivamente e neuropsicologicamente integradas, como veremos mais à frente.

Intervindo-se na ZDP do aluno, pretende-se que ele possa emergir da situação de assistência a uma situação de independência – logo, sem apoio –, libertando-o da orientação do ser experiente, dotando-o simultaneamente de novas capacidades autônomas e autossuficientes de resolução de tarefas e problemas. Isto é, potenciando o domínio do seu comportamento, da sua autodeterminação e da sua capacidade de aprender a aprender, atingindo assim um nível de desenvolvimento cognitivo mais elevado e flexível.

O nível de realização independente manifestado pelo mediatizado, em qualquer tarefa de aprendizagem, seja andar de bicicleta, nadar, ler e escrever ou resolver um problema de matemática, é um importante indicador do seu desenvolvimento, atentando-se que o potencial de aprendizagem caracterizado pela ZDP atravessa várias metamorfoses cognitivas induzidas pela ajuda e pela mediatização de outra pessoa, seja um professor ou um colega.

A riqueza da mediatização, baseada em uma interação inteligente e emocionalmente sustentada, centrada em suportes, sugestões, reforços, encorajamentos, indícios, chaves de problemas, requestionamentos, explicações, conversações, reflexões sobre a atividade, demonstrações e enfoques na tarefa global ou nas suas partes componentes e subsequentes procedimentos etc., é a base da estratégia de assistência ou da ajuda que vai diminuindo à medida que se opera, no mediatizado, a apropriação progressiva, passo a passo, dos conhecimentos ou das competências.

As estratégias de intervenção assistida vão diminuindo à medida que a internalização dos instrumentos práxicos e cognitivos se vai operando no mediatizado, provocando dessa forma o enriquecimento das suas atividades mentais como resultado de uma interação social profícua e modificabilizadora introduzida pelo mediatizador.

A interação pode ainda ser mais facilitadora e constituir-se como uma ajuda indireta, quando efetivamente, para além da interação posta em prática, se introduzem modificações no próprio envolvimento ou contexto ecológico, tornando a aprendizagem mais acessível e mais motivante.

A ZDP representa uma visão dinâmica e não estática do potencial cognitivo do ser humano, aposta mais em sua capacidade de aprender a aprender a partir da mediatização do que na mera experiência acumulada ou nos efeitos da instrução tradicional.

A ZDP não é, portanto, estática. Ela muda à medida que o mediatizado atinge um nível superior de conhecimento ou de pensamento; ela envolve uma modificabilidade sequencial de diferentes zonas (ZDP1 → ZDP2 → ZDP3... – figura 5).

Em cada passo da zona o mediatizado se torna capaz de aprender novas tarefas ou novos conceitos, cada vez mais complexos; o que ele realizava com assistência mediatizada ontem se transforma em uma realização independente amanhã. Eis o sentido prospectivo da ZDP à luz do pensamento vygotskyano.

À medida que o mediatizado se encontra pronto para tarefas mais diferenciadas e difíceis, um novo nível de realização cognitiva emerge, e assim sucessivamente.

O ciclo repete-se até que o mediatizado (a criança, o aluno, o aprendente, o estudante, o formando, o estagiário etc.) vai progredindo no processo de aquisição de um determinado conhecimento, matéria, disciplina, competência, habilidade, estratégia ou conduta.

A natureza dinâmica da ZDP

Figura 5 Dinâmica da ZDP

É óbvio que a ZDP varia de mediatizado para mediatizado, dada a sua individualidade e singularidade; numa palavra, dada a sua neurodiversidade em termos de aprendizagem, uns requerem muita assistência mesmo quando progridem lentamente, outros reclamam pouca assistência enquanto aprendem rapidamente.

Conforme os casos, a ZDP de uma criança pode variar em sua forma, nas áreas de conhecimento, nas tarefas, nos problemas, nos projetos, ou no tempo e na duração do processo de aprendizagem.

Uma criança ou jovem, por exemplo, com um bom nível verbal pode não ter problemas em adquirir conceitos na leitura, mas pode ter dificuldades em uma divisão longa, ou vice-versa. Há crianças ou jovens que precisam de mais assistência em determinadas áreas, e não em outras, pois não devemos nos esquecer de que cada criança ou jovem responde diferentemente a diversos tipos de assistência ou de intervenção psicopedagógica (*Response to Intervention – RTI*).

Nesta linha de pensamento vygotskyano o enfoque é sobre o futuro do mediatizado, o futuro da criança e do jovem, e não sobre o seu presente ou o seu nível de desempenho atual.

Não se perspectiva o ser aprendente no que ele é, ou no que ele se tornou atualmente, mas sim naquilo que ele pode vir a ser, ou seja, naquilo que ainda não é, mas que pode vir a sê-lo em termos de perfeição, maximização e otimização do seu potencial de aprendizagem.

Estamos, assim, no seio do paradigma vygotskyano por excelência (BODROVA & LEONG, 2007; ROGOFF, 1990); o que interessa é estudar o processo que ocorre na criança ou no jovem, entre o seu estado cognitivo presente e o seu estado cognitivo futuro; não basta o *que* (*what*) o mediatizado aprende, mas interessa atuar no *como* (*how*) o aluno ou estudante aprende.

Nessa dimensão, a ZDP determina o nível de desenvolvimento cognitivo do mediatizado na medida em que, ao atuar nessa zona – de onde emergem competências cognitivas múltiplas e onde simultaneamente se situam as suas limitações específicas temporárias devido à intervenção do mediatizador –, o seu nível de realização pode se tornar independente e se autonomizar. Portanto, pode se desenvolver, aperfeiçoar e modificar.

A ZDP não é ilimitada, pois cada criança pode responder à mediatização de forma singular e diferenciada, e pode obviamente apresentar limites num dado momento ou num dado conteúdo, exatamente porque a assistência, ou a intervenção psicoeducacional atua acima do seu nível cognitivo máximo.

Por tal motivo, a intervenção assistida ou diferenciada não pode exceder a ZDP do mediatizado em termos de complexidade das tarefas ou dos problemas em jogo. Quando uma competência ou tarefa de aprendizagem está fora da ZDP da criança ou jovem, ela e ele tendem a desmotivar-se, tendem a ignorá-la, a evitá-la ou a usá-la incorretamente.

3.4 Implicações psicopedagógicas da ZDP

A ZDP, como acabamos de analisar, tem, portanto, importantes implicações para o PEA, das quais destacamos, pelo menos, as seguintes:

1ª) Como devemos assistir o mediatizado (criança, aluno, estudante, aprendente etc.) a realizar uma tarefa.

2ª) Como devemos avaliar as suas habilidades cognitivas (atenção, percepção, processamento, memória, compreensão, planificação, regulação, inibição, execução etc.).

3ª) Como determinar se a situação prática, atividade ou tarefa que estamos proporcionando ao mediatizado, é apropriada em termos desenvolvimentais ou cognitivos.

Vejamos em síntese cada uma destas implicações:

A primeira implicação, centrada da assistência ao mediatizado (vertical ou horizontal) para realizar uma determinada tarefa ou para resolver um dado problema, coloca o tema básico da transmissão cultural que já abordamos e consubstancia o PEA, ou seja, põe em destaque a relevância das interações (*atividades sociais compartilhadas*) entre experientes e inexperientes, entre peritos e iniciados, ou melhor, no campo educacional específico, entre professores e alunos.

Tais interações, ditas verticais, nas quais um indivíduo mais experiente, por exemplo o professor, mestre ou tutor, com mais conhecimento e com mais competência, procura intencional e significativamente ensinar, intervir, assistir e mediatizar outro indivíduo menos experiente, no caso concreto, o próprio aluno.

Tais interações positivas entre o professor e o aluno devem ser pensadas e implementadas no sentido de lhe fornecer suportes e propiciar oportunidades e apoios (*scaffoldings*).

As interações verticais devem ser conduzidas para operarem ganhos microcognitivos nos alunos, e devem obviamente estar integradas nas suas ZDP, pois só desse modo permitem que eles possam vir a adquirir um novo comportamento, um novo conhecimento, ou uma nova competência práxica ou linguística, consideradas necessárias e fundamentais para os seus desenvolvimentos cognitivos futuros.

Para além das interações verticais mais comuns e tradicionais, Vygotsky valoriza igualmente as interações ditas horizontais, ou seja, entre pares ou colegas da mesma turma ou companheiros do mesmo curso, que poderão possuir mais informação, mais motivação, mais estratégias, mais prática ou mais imaginação, ou mesmo outro nível cognitivo de desenvolvimento ou preparação específica para determinadas tarefas, cujas intervenções e assistências nas atividades compartilhadas possam, igualmente, gerar modificabilidade e aprendizibilidade nos seus companheiros, daí a relevância do trabalho de grupo na formação das crianças e dos jovens e em todos os níveis experienciais.

A aprendizagem cooperativa entre colegas e pares da mesma formação, a denominada *coaprendizagem*, é um palco ideal para gerar amplificação na ZDP dos elementos componentes do grupo de aprendizagem; por isso deve ser amplamente incentivada na educação e na formação.

A segunda implicação que equaciona a avaliação dinâmica e não estática das habilidades cognitivas dos mediatizados é outra das implicações da ZDP no PEA, o que é algo de enorme significado, pois confere muita atenção ao que a criança, o jovem ou o aluno conhece e sabe fazer efetivamente com independência e proficiência, o tal nível de realização autônomo, o núcleo conativo do seu conhecimento anterior, o âmago da sua autoestima e o centro da sua motivação intrínseca, com que qualquer processo de mudança, de transformação ou de aprendizagem deve iniciar-se.

O que o mediatizado pode fazer sem qualquer assistência do mediatizador deve ser o ponto de partida da avaliação do seu potencial de aprendizagem e não apenas o ponto de chegada, com que muitas avaliações escolares são tradicionalmente realizadas.

Em vez da avaliação do potencial de aprendizagem ou da observação pedagógica se limitar no que a criança e o jovem sabem fazer com facilidade (aspecto retrospectivo), devemos incluir também no processo dinâmico de avaliação aquilo que ele pode fazer com diferentes níveis de assistência e de suporte (aspecto prospectivo) para averiguar como o mesmo faz uso das estratégias e dos apoios proporcionados pela mediatização do avaliador.

Na perspectiva da avaliação psicopedagógica dinâmica (FONSECA, 1991a, 1991b, 2001, 2007a, 2007b), a interação do avaliador ou do observador, com o mediatizado ou observado (o que consubstancia também um *epifenômeno de intersubjetividade* muito complexo), deve incluir e lançar mão de várias perguntas, questionamentos, argumentos, enfoques, detalhes etc., visando com estratégias imaginativas, metacognitivas e inibitórias, com dicas e ajudas reflexivas, que o sujeito observado se motive e enfoque sobre os problemas em observação ou avaliação.

Paralelamente, deve tentar estabelecer uma interação inteligente, segura, positiva e também lúdica, sem dar obviamente a solução dos problemas em análise, mas atuar essencialmente em sua ZDP, em termos de reforçar e reorganizar as suas funções cognitivas mais nobres, nomeadamente: a sua atenção, o seu processamento (simultâneo e sucessivo) de informação, a sua recuperação e rechamada de dados, antecipação, inibição e regulação das respostas etc., podendo efetivamente desempenhar com a interação intencional uma diferença significativa na estimação e na apreciação prospectiva do potencial de aprendizagem do sujeito observado.

A terceira implicação da ZDP no PEA tem a ver com a questão de determinar se a prática (tarefa, proposta, problema, atividade, projeto etc.) que estamos proporcionando ao mediatizado é apropriada em termos desenvolvimentais, ou seja, se é ajustada ao seu perfil intraindividual em termos de exigências e de pré-requisitos cognitivos.

Para a tarefa ser adequada ao mediatizado em termos desenvolvimentais, deve-se ter em conta não só o seu desenvolvimento emocional, social, psicomotor e cognitivo, mas também, se os objetivos da mesma prática são suficientemente desafiadores e exequíveis, isto é, se lhe provocam um desequilíbrio, um desafio ou conflito cognitivo em que lhe suscite arriscar, focar ou investir mentalmente, mantendo disponíveis os seus níveis motivacionais e conativos.

O ensino, no sentido mais geral de uma intervenção assistida ou diferenciada, deve identificar o nível independente de *performance* do mediatizado (o parâmetro que identifica o nível mais baixo da ZDP), mas também os objetivos das tarefas que devem também situar-se para além do seu nível de realização cognitiva para que a modificabilidade da ZDP possa ampliar-se, enriquecer-se e verificar-se, de forma sustentada.

Desse modo, ao atuar na ZDP esta se expande por efeitos da interação posta em jogo, sugerindo, de fato, o que pode significar uma prática educacional e desenvolvimentalmente apropriada, para que exatamente se incluam novos processos, novas estratégias e novos procedimentos cognitivos que a criança ou o jovem possa aprender a apreender com suporte e assistência mediatizada.

Trata-se de buscar um equilíbrio, por um lado, criar tarefas que o mediatizado (criança, jovem, aluno, formando, estagiário etc.) possa fazer independentemente, mas, por outro, sugerir aspectos de resolução das mesmas que estão para além da sua ZDP, e por isso reclamam processos de mediatização e de assistência (os denominados *apoios pedagógicos*) mais intencionais, transcendentes, significativos, interessantes e suportados, geradores, portanto, de engrandecimento ou empoderamento cognitivo.

O diálogo inteligente e mediatizado que viabiliza o PEA deve, portanto, estar ligeiramente acima do nível cognitivo da criança, com a introdução e exposição de novos conceitos e de novos processos de generalização, com vocabulário e gramática mais complexos do que ela pode exprimir e produzir, efetivamente, num dado momento do seu desenvolvimento. Como resultado desta intervenção cognitivo-desenvolvimental, o mediatizado aprende mais e expande de mais a sua ZDP. Esse é o objetivo da educabilidade cognitiva (FONSECA, 2012).

Quando Vygotsky se refere, portanto, ao termo *zona*, é porque ele concebe o desenvolvimento não como um ponto de determinada escala, mas sim como um *continuum* de comportamentos ou um *continuum* de graus de maturação.

A zona é, portanto, uma distância entre o *desenvolvimento atual* e corrente, determinado pela resolução, independente e autônoma de um problema, e o nível de *desenvolvimento potencial* determinado pela resolução de um problema com orientação adulta ou em colaboração com colegas ou parceiros mais experientes e capazes em determinada situação de aprendizagem (VYGOTSKY, 1978, 1993; ROGOFF, 1990; KUZULIN, 1998; BRODOVA & LEONG, 2007).

Quando o mesmo autor se refere à ZDP, o termo *proximal* significa algo perto, vizinho, que se segue, ou seja, que a *zona* é limitada pelos comportamentos que se desenvolverão em um futuro próximo.

Não quer dizer que se refira a todos os comportamentos que eventualmente possam emergir, mas refere-se aos comportamentos cuja emergência é viável e possível dentro de determinado espaço de tempo. No fundo quer dizer, mais ou menos, o seguinte: o que um indivíduo faz hoje em colaboração ou com o suporte de alguém, amanhã poderá fazê-lo com total independência, e este é o sentido mais abrangente da ZDP.

Passar a uma realização independente, depois de ter experimentado uma realização assistida e apoiada, tem sido o propósito da evolução da espécie humana na conquista da liberdade, pois não nascemos ensinados. Sempre precisamos de alguém, em qualquer momento do nosso desenvolvimento, que acrescente autonomia ao nosso potencial cognitivo. Por isso a aprendizagem é um processo individual, porém também é um processo social.

A noção de que o ser humano inexperiente é dotado de uma capacidade inexorável de aprendizagem radica no papel da mediatização incomensurável de outro ser humano mais experiente e competente, capaz de assistir, de guiar, de apoiar e de fornecer ferramentas cognitivas que permitam ao ser inexperiente assumir o domínio progressivo da situação, ou apropriar-se passo a passo do conhecimento e das competências transmitidas pelo experiente.

Os ganhos cognitivos de determinadas gerações sobre outras ao longo da história, em nossa opinião, tiveram muito a ver com a disposição humana para a ZDP. A mediatização dinâmica das gerações experientes sobre as vindouras, suportada em estratégias e ajudas intencionais e significativas, provoca nestas, necessariamente, respostas inteligíveis prospectivas, ou seja, consubstanciam o papel da transmissão cultural que abordamos anteriormente; é a essência do desenvolvimento social e civilizacional.

Quer no âmbito educacional em geral, quer no âmbito mais restrito da reeducação ou do apoio a crianças e jovens com dificuldades, diferenças e preferências de aprendizagem, com baixo rendimento, ou mesmo em risco, o conceito vygotskyano da ZDP é de uma riqueza pedagógico-ética impressionante, pois sugere que tais seres aprendentes respondem positivamente a intervenções positivas e adequadas aos seus perfis de aprendizagem e às suas zonas de desenvolvimento atual.

A ZDP equaciona, de fato, um modelo de prontidão cognitiva gradual, que pode ser adaptado à reeducação ou à intervenção cognitiva compensatória quando estamos perante tarefas inacessíveis a alunos com dificuldades mais evidentes.

Com alunos com dificuldades de aprendizagem (FONSECA, 2001, 2007b, 2008) não se devem colocar tarefas ou problemas potencialmente geradores de insucesso ou de vários bloqueios conativos e cognitivos, exatamente porque tais tarefas se situam fora das suas ZDPs.

Pelo contrário, no caso de alunos com um potencial cognitivo vulnerável, devem-se adotar processos detalhados e diferenciados de análise e de facilitação de tarefas, recorrendo a múltiplos apoios (*scaffoldings*), pois tais processos de decomposição da dificuldade em subtarefas mais fáceis e acessíveis podem evitar bloqueios emocionais e resistências cognitivas e encontrar alternativas que possam conduzir à modificabilidade cognitiva da ZDP.

Alguns alunos, ao contrário de outros, necessitam de processos de mediatização diferenciada (Intervenção Pedagógica Diferenciada – IPD). Uns seguramente precisarão de intervenção inovadora adicional, outros, inevitavelmente, de revisões mais sistemáticas; uns reclamarão suportes, esquemas, diagramas ou mapas cognitivos, outros, mais explicações verbais ou mais modelos cinestésicos. O *estilo cognitivo* dos mediatizados tem de ser levado em consideração, se o objetivo é a sua efetiva modificabilidade.

Na situação da dita instrução tradicional e frontal que se passa nas salas de aula de muitas escolas, centrada pura e excessivamente na exposição verbal direta de matérias e no débito intensivo e desmotivante de conteúdos, de processos e de produtos, muitos alunos, principalmente os que demonstram dificuldades específicas, não passarão das suas zonas de desenvolvimento atual e não modificarão, portanto, as suas ZDPs. Em suma, resistirão à transmissão cultural, o que pode configurar não só um risco educacional, como também um risco social mais tarde.

Pela importância da mediatização de um dado sujeito (professor) visar a ZDP de outro (aluno), a evolução humana tornou possível a perfectibilidade do seu desempenho cognitivo progressivo.

A condição de superestimar esta capacidade de aprendizagem na espécie humana teve um reflexo extraordinário em seu triunfo adaptativo, dotou-a de superioridade mental para se libertar da vida animal e ascender em definitivo à vida cultural, tal é o significado cultural da ZDP.

A simples circunstância de um ser humano se colocar na posição do "outro", por exemplo o professor colocar-se na posição do aluno (não esquecer que o professor ensina e é ensinado, e que o aluno é o eterno professor do professor, pois quando o professor ensina aprende ao ensinar, e quando o aluno aprende ensina ao aprender...) no sentido de completar uma ação ou atividade ou de resolver uma dada tarefa por esse outro, seja criança, jovem ou adulto, que ainda não a pode realizar com seus próprios instrumentos cognitivos, ou paradoxalmente prevenir que essa mesma pessoa faça determinada coisa errada ou desviante, ou determinado disparate que ainda não consegue interromper por carência de funções cognitivas inibitórias, é revelador de capacidades interpsicológicas muito relevantes no contexto da cognição social.

Só um participante ativo e modificador de processos de interação social, como é o professor, por excelência e em sua essência, está em condições de perceber a situação e provocar a mudança desejada no aluno.

A relação mãe-filho, por exemplo, ou a relação professor-aluno, ou outra similar, jogam-se muito dentro destes parâmetros interpessoais complexos e superiores, visto que por inerência da sua inexperiência e imperícia, quer o bebê, quer a criança, ou o iniciado, ainda não têm noção das implicações das suas ações (ou das suas significações), pois elas ainda não obedecem ao seu controle intramental, algo que vai demorar algum tempo a operar-se e que tem a ver com as transformações que vão ocorrer nas suas ZDPs por via da tal mediatização e da tal interação conativa e cognitiva com seres mais experientes e capacitados. Por alguma razão, não nascemos ensinados...

Efetivamente, muito antes de a criança aprender a falar, ela está em condições de se comunicar significativamente e intencionalmente com a sua mãe e outros entes próximos; ela está, portanto, mobilizando a sua ZDP para a linguagem falada, mas obviamente que vai demorar muito tempo até a dominar fluentemente. O mesmo se passa em qualquer aprendizagem mais complexa.

Ao aprender e ao internalizar a linguagem maternal a criança vai adquirindo, pouco a pouco, isto é, microgeneticamente, mais compreensão auditiva, mais consciência fonológica, semântica e sintáxica, mais eficácia, elaboração e produção linguística (pragmática), independentemente de a sua linguagem ainda ser muito simples e restrita em comparação com a da sua mãe ou dos seus familiares mais velhos.

A significação da linguagem que vai sendo adquirida lentamente pela criança dentro de determinado contexto social ilustra o papel da ZDP, que vai permitindo que o seu controle cognitivo e voluntário se torne cada vez mais subjetivo, internalizado e incorporalizado.

Em síntese, as funções cognitivas superiores e as habilidades mentais mais esmeradas, complexas, requintadas ou sofisticadas existem primeiramente fora do nosso controle, ou seja, nas ações e nas percepções dos outros, e por isso são intermentais ou extraindividuais em sua origem. Tornam-se pessoais e intraindividuais se os outros as tornarem acessíveis a nós próprios e mediatizarem a nossa experiência significativamente e transcendentemente.

Para que as funções cognitivas superiores se tornem intramentais, pessoais e subjetivas em determinado sujeito, é preciso que os outros mais experimentados as ajustem às necessidades e capacidades cognitivas de apropriação e de compreensão do mesmo; é preciso que os outros trabalhem em sua ZDP criada pelas suas habilidades e competências atuais ou correntes.

A aquisição de instrumentos culturais específicos e o próprio desenvolvimento cognitivo da espécie humana decorreram e decorrem da mobilização das ZDPs das gerações inexperientes e imaturas, efetuada necessariamente pela mediatização das gerações experientes e mais aptas, qualificadas, capazes e competentes.

A evolução da humanidade é, portanto, tributária dessa estratégia de desenvolvimento e de aprendizagem. Vygotsky e Luria (1992), Leontiev (1978, 1981) e Rogoff (1990), ao defenderem que o desenvolvimento cognitivo humano tem origem cultural e social, acabam por revelar, em certa medida, a natureza social e cultural da evolução humana e da sua cognição.

A evolução humana (*filogênese e sociogênese*), emergida da fabricação de ferramentas e de instrumentos (função práxica) e da invenção e expressão de signos e símbolos (função cognitivo-linguística) surgida dos processos de transmissão e interação cultural, permitiu:

- A transformação do envolvimento natural e cultural. Devido à sua evolução cognitiva, a espécie humana foi a única que acrescentou ao mundo natural um mundo civilizacional.
- A transformação do desenvolvimento cognitivo do próprio indíviduo (*ontogênese*), quer em termos de circuitos neuronais, quer de sistemas e módulos neurofuncionais (FONSECA, 1982, 1984c, 1987e, 1989b, 2009, 2010, 2012).

Por natureza, o ser humano possui uma capacidade de aprendizagem inesgotável, podendo continuar, ininterruptamente e incomensuravelmente, a aprender a aprender, porque contém um potencial de modificabilidade e flexibilidade cognitiva imenso, ilimitado, único e exclusivo, desde que seja devidamente e continuamente mediatizado.

As aprendizagens novas e futuras acabam por fazer parte das aprendizagens presentes e antigas, e ao incorporar-se nelas, criam novas zonas cognitivas proximais. As aprendizagens mediatizadas fazem crescer o conhecimento presente, originando novas ZDPs que representam o conhecimento a ser aprendido posteriormente.

Trabalhar na ZDP do inexperiente ou do aluno é, assim, um pré-requisito para desenvolver a estrutura sistêmica das suas funções cognitivas, quer de atenção, de captação, de integração e de expressão de informação, que, em analogia com uma bola de neve, fazem, por sua vez, aumentar o seu desempenho e a sua *performance* na aprendizagem.

Quanto mais se expande o conhecimento atuando na ZDP do mediatizado, mais fácil se torna para ele aprender mais e melhor; ele encontra-se mais preparado e motivado para as aprendizagens subsequentes, futuras, vindouras, incertas e prospectivas.

Adicionar novos conhecimentos aos conhecimentos atuais vai ser mais proficiente porque a aprendizagem significativa, por ativação e elicitação conativa e cognitiva da ZDP do aluno, está mais sólida e sustentada pelos efeitos provocados por uma adequada e profícua mediatização.

O uso da ZDP no ensino, e obviamente na reeducação ou na terapia, é, portanto, crucial; é um instrumento que pode ajudar em muito os professores, ou outros profissionais afins, em sua prática. Autores como Zaporozhets (1967), Wood, Bruner e Ross (1976), Rogoff (1990), Karpov (2005) e Brodova e Leong (2007) se referem às implicações da ZDP no processo de ensino em várias dimensões, das quais sublinhamos, pela sua importância, as seguintes:

- a amplificação cognitiva;
- os apoios e os suportes (*scaffoldings*);
- a coconstrução do conhecimento;
- a dialética, pessoal e social, da *performance* e da competência; e, por último,
- o papel das situações de aprendizagem e dos ecossistemas estruturados.

A dimensão da amplificação da ZDP, isto é, da amplificação cognitiva, descreve em síntese a maximização do potencial cognitivo, algo que não convém confundir com aceleração ou aumento da velocidade de desenvolvimento cognitivo do mediatizado, muito em voga em muitas escolas e universidades, mas sem resultados consistentes.

A ideia de amplificação está próxima da criação de ótimas oportunidades de educação para que a criança ou o jovem atinjam o seu potencial cognitivo máximo de forma harmoniosa. A ideia de aceleração, seja precoce ou encurtada, reduz prematuramente a imaturidade cognitiva normal e característica da espécie humana (a tal *imperícia walloniana*, que já tínhamos abordado (WALLON, 1963, 1966, 1968, 1970)).

O termo de amplificação é mais contíguo do conceito de ZDP do que do termo de aceleração, na medida em que a aceleração cognitiva pode abusar e tender a ensinar conteúdos e competências às crianças e jovens quando eles ainda não estão devidamente preparados e auto-organizados, podendo daí resultar o seu insucesso ou estagnação na aprendizagem, exatamente porque as situações de ensino se situam para além das suas ZDPs, na medida em que a apropriação, retenção e recuperação do conhecimento resulta de forma isolada, desconjuntada ou desintegrada.

A aceleração cognitiva, muitas vezes centrada em restritos, incoerentes e fragmentados conteúdos ou habilidades, não produz impacto positivo nas *performances* cognitivas posteriores.

Aceleram-se aprendizagens e conceitos abstratos que não levam a qualquer desenvolvimento cognitivo consistente, porque não estão mentalmente sustentadas, como, por exemplo, acelerar o ensino da tabuada, quando o princípio da adição não está devidamente compreendido. Podemos acelerar muitas aprendizagens nas crianças e nos jovens, mas eles acabam por não saber utilizá-las de forma significativa e adaptada em novas situações ou em situações imprevisíveis.

Acelerar muitas aprendizagens e muitos currículos é fácil, cômodo, confortável e convidativo para muitos professores e responsáveis educacionais, mas pode comprometer o potencial cognitivo prospectivo e o poder reflexivo do aluno, exatamente porque não se constroem alicerces cognitivos e metacognitivos, nem se automatizam (no sentido da fluência) competências e subcompetências dentro da ZDP, sejam de atenção, de percepção analítica, de classificação, de comparação, de aprofundamento do vocabulário, de processamento de dados, de raciocínio lógico e analógico, sejam de antecipação, planificação, inibição, execução e regulação de respostas (amplificação das *funções executivas* (FONSECA, 2011, 2014; MELTZER, 2007)).

Ensinar a crianças e jovens, em qualquer idade, conceitos abstratos acelerados, pode ser precipitado, pode ser pouco profundo, simplista e não ser apropriado. Pode-se acelerar, mas não se amplifica a destreza, o desembaraço e a prontidão do seu desenvolvimento cognitivo íntrinseco.

3.5 A importância dos apoios na aprendizagem

A dimensão dos apoios, estratégias e suportes da aprendizagem (*scaffoldings*), refere-se à questão dos andaimes, dos patamares, dos procedimentos de facilitação da aprendizagem etc. do modo como possibilitar e facilitar ao mediatizado, ao iniciado ou ao aluno, dentro obviamente da sua ZDP, a possibilidade de atingir uma *performance* cognitiva mais elevada, expandindo e amplificando continuamente o seu nível de realização.

O objetivo do *scaffolding* não é mudar radicalmente a tarefa, é antes proporcionar a assistência adequada ao mediatizado na fase inicial da sua aprendizagem, para gradualmente a diminuir à medida que o mesmo obtém mais autonomia e responsabilidade pela sua realização e domínio.

Os suportes e os apoios ditos pedagógicos a introduzir pelo mediatizador no ato educacional podem ser os mais variados:

• a partir da direcionalidade da atenção para pormenores da tarefa;

• a partir do enfoque em algum procedimento negligenciado ou esquecido;

• a partir da simplificação dos passos da sua resolução;

• a partir da concentração e perseguição do objetivo final;

• a partir da assinalação dos pontos e dos indícios críticos da mesma;

• a partir da repetição de detalhes e dos procedimentos;

• a partir da significação das correções a serem introduzidas;

• a partir do mostrar a sequência exata dos passos para chegar à resposta ideal;

• a partir do controle frustracional e inibitório, que pode bloquear toda a arquitetura cognitiva da resolução do problema etc.

Os apoios pedagógicos e as estratégias cognitivas devem situar-se dentro do âmbito da ZDP do mediatizado, e nunca fora, no sentido de promover, ou provocar a emergência da sua resposta cognitiva ideal futura.

À medida que o mediatizado aprende, a sua responsabilidade pela realização da tarefa vai aumentando, ao mesmo tempo em que a presença dos *scaffoldings* vai diminuindo, garantindo desta forma a sua realização independente. Ou seja, o comportamento final vai gradualmente sendo apropriado ou internalizado pelo aluno, pelo ser aprendente ou pelo aprendiz, ao mesmo tempo em que a ZDP vai se ampliando.

O mediatizado, de receptor passa, progressivamente, a espectador, e finalmente torna-se o ator da sua própria aprendizagem (FONSECA, 2005).

Recebe a informação, antes de estabelecer a sua formação mental intrínseca e cognitivamente complexa e múltipla, e finalmente procede à sua transformação.

A ideia dos *scaffoldings* em Vygotsky clarifica o que se vai operando na ZDP:

1º) A tarefa inicial não é fácil, por isso a mediatização tem de ser aumentada e intensificada.

2º) A responsabilidade pela *performance* vai sendo transferida do mediatizador para o mediatizado à medida que ele vai aprendendo; e finalmente

3º) Por serem temporários, os suportes são removidos gradualmente para dar lugar à *performance* com independência desejada como mudança de comportamento provocada pela mediatização.

Em certa medida a ideia dos *scaffoldings* ilustra como as crianças de qualquer cultura vão aprendendo a linguagem dos seus pais, e vão aprendendo o conhecimento dos seus professores. A aquisição da linguagem na criança é um excelente exemplo do papel dos *scaf-*

foldings introduzidos pelos pais (experientes) e do que se vai passando na ZDP da criança (inexperiente).

Seguindo a mesma ordem de pensamento, a dimensão da coconstrução do conhecimento significa simplesmente que a ZDP é uma zona de construção de um novo repertório de competências cognitivas e conativas, na qual o mediatizador não se limita a debitar passivamente conhecimentos ou a exemplificar competências, mas a facilitar ativamente a modificabilidade e a plasticidade cognitiva do mediatizado.

Enquanto o mediatizado constrói o conceito, o mediatizador ou professor favorece o surgimento de novos níveis de compreensão do mesmo, através de questionamentos, de sugestões, de significações, de transferências, de transcendências, de sondagens, de explorações, de generalizações, de relações, de ações espaçotemporalmente concebidas e reguladas executivamente etc.

Em síntese, o mediatizador também coconstrói o conhecimento do mediatizado e indaga o que e como o mediatizado ou o aluno o compreende e o domina efetivamente, ilustrando a importância da partilha e da parceria sinergética de ambos os participantes em sua coelaboração e co-organização cognitiva.

O que o mediatizado aprende não é apenas o resultado da sua própria mente, é sim o seu produto mental multiplicado pela mediatização operada pela mente do seu mediatizador; por alguma razão se evoca que, voltamos a recordar, como seres humanos não nascemos ensinados, somos ensinados posteriormente por mediatização continuada.

A dimensão da dialética da *performance* e da competência põe em relevo a ZDP como clarificadora destes dois termos, por vezes confundidos, reforçando a ideia que a *performance* (realização independente) surge antes da competência (realização excelente).

Atingir competência e excelência, em qualquer aprendizagem que se considere, está muito para além da sua mera e simples *performance* independente e autônoma. Os mediatizados não precisam conhecer totalmente um dado conteúdo ou matéria, ou adquirir plenamente uma dada competência ou habilidade antes de serem devidamente ensinados.

De fato, só depois de serem ensinados e depois de aprenderem a realizar com independência uma dada aprendizagem, e de a repetirem e superaprenderem cognitivamente muitas vezes (papel da prática deliberada e da automaticidade), é que o nível de excelência e de rendimento, nós diríamos de fluência, se pode atingir.

Uma realização competente é muito mais do que uma realização independente, nela está mergulhada a noção de talento.

Tal condição vai exigir processos de automaticidade que amplificam, flexibilizam e expandem a ZDP, ganhando em graus de liberdade e em disponibilidade e flexibilidade cognitiva. O nível de competência superior só se obtém com uma aprendizagem continuada e com uma interação constantemente renovada com outros indivíduos mais experientes.

Por último, a dimensão das situações de aprendizagem estruturadas sugere que a ZDP assuma mais potencial de modificabilidade se as tarefas de aprendizagem forem estruturadas em diferentes níveis e com diversos subobjetivos.

O mediatizador experiente tem mais tendência de decompor as tarefas que o mediatizador não experiente, pois procura estruturar o processo de aprendizagem por pequenos ganhos de competência do tipo passo a passo, algo que reforça o princípio vygotskyano da microgênese da aprendizagem, pois nenhuma aprendizagem se obtém por grandes saltos ou por mudanças comportamentais milagrosas.

Para esse autor, a aprendizagem não ocorre por grandes saltos, mas emerge de um processo de mudança contínua por microganhos provocados pela experiência integrada, aprofundada e mediatizada. Quanto mais as tarefas de aprendizagem estiverem estruturadas em diferentes níveis e subníveis, mais a ZDP do mediatizado é explorada, recombinada e redefinida.

Ajustar a tarefa à ZDP do mediatizado à medida que o seu desempenho melhora requer efetivamente que as situações de aprendizagem sejam planificadas com antecedência e superestruturadas em pequenos passos, tornando as tarefas, e as subtarefas, mais manejáveis e acessíveis à estrutura cognitiva do ser aprendente.

As situações de aprendizagem, ao serem mais estruturadas, também vão permitir que a interação mediatizador-mediatizado (mãe-filho, professor-aluno, treinador-atleta, mestre-estagiário etc.) seja paralelamente mais aprofundada e rica, com direções mais repetidas e analíticas, com enfoques mais incisivos nas componentes e subcomponentes das tarefas, com modelações mais sistemáticas das ações; tudo, em suma, evitando a arbitrariedade, a nebulosidade, a desfocagem, a imprecisão, a vacuidade das situações de aprendizagem, e contribuindo mais eficazmente para a amplificação da ZDP.

Estruturar as situações de aprendizagem envolve, necessariamente, mais investimento do mediatizador ou do professor, mais ajuda e suporte ao mediatizado, ou aluno, a atingir *performances* mais elevadas; ajuda a expandir a sua ZDP para se adaptar melhor a novas situações e a novos contextos no futuro, por isso a aprendizagem eficaz nunca é rápida, indistinta e simplista.

A ZDP é um processo espiralado e recursivo, não um processo linear, com muitas implicações para a educação; efetivamente, ela proporciona um conjunto original de perspectivas alternativas no modo como se apoiam ou suportam crianças ou jovens no PEA, no modo como se avaliam os seus potenciais de aprendizagem, e na forma como definimos práticas e atividades pedagógicas verdadeiramente apropriadas em termos cognitivos e desenvolvimentais aos seus perfis e estilos de processamento, compreensão e execução de informação.

Aprender a aprender é assim uma tarefa contínua e interminável ao longo da vida; em termos evolutivos representa uma das características mais notáveis da espécie humana.

O contexto de se trabalhar em grupo (sociogênese) e de se laborar em grupos heterogêneos e diferenciados facilita a ocorrência de múltiplas interações entre seres humanos mais competentes ou de igual competência com seres humanos de menor competência, fundamentalmente entre seres experientes ou adultos e seres inexperientes ou crianças. A transmissão cultural, horizontal e vertical, foi assim construída ao longo da antropogênese, como já tentamos referir anteriormente.

Os processos cognitivos que emergiram de tais interações, quer ao longo da *filogênese* na espécie, quer durante a *ontogênese* na criança, foram e são múltiplos, podendo ir da captação e integração sensorial analítica e da recuperação e combinação de memórias a processos de classificação e comparação; da sequencialização de operações à mobilização de estratégias de planeamento e de execução de condutas adaptativas etc.

Todos estes processos cognitivos que ocorreram e ocorrem diretamente da função da atividade colaborativa humana (ou da caça, da recoleção, do trabalho, da criatividade, da cultura, da literatura, da ciência etc.), entre experientes e inexperientes, permitiram que estes aprendessem novos comportamentos, novos significados e novas tecnologias, exatamente porque as suas ZDPs se expandiram e progrediram.

Vygotsky usou a noção de "instrumentos psicológicos" para explicar a revolução cognitiva gerada pela interação subjacente e implícita à transmissão cultural, que decorreu dos "instrumentos naturais" aos *instrumentos mentais mais elevados*, sobretudo a praxia e a linguagem, ou seja, a manipulação e a articulação, os dois grandes pilares do edifício cultural humano (FONSECA, 1991a, 2001, 2005, 2007b, 2009, 2010a, 2012).

O desenvolvimento dos seres inexperientes, incentivados, reforçados e mediatizados adequadamente pelos seres experientes, em sua ZDP, acabaram por se apropriar da cultura e multiplicá-la, ilustrando uma espécie de concepção teleonômica do desenvolvimento cognitivo.

Esta visão teleonômica, dita relativista, fundamenta-se na convicção de que a aprendizagem humana ao longo da sociogênese se desdobra em práticas e em processos culturalmente compartilhados, devidamente apropriados e introduzidos, intencionalmente e significativamente, pelos experientes nos inexperientes, por meio de tarefas, ações e fins a atingir que integram com coerência os diferentes meios e planos necessários para completá-las e concluir com êxito e eficácia adaptativa.

Primeiro o estilo de vida baseado na caça e na coleta, depois o trabalho, por natureza tem uma finalidade criadora. Tal objetivo compartilhado por pares ou por vários indivíduos leva necessariamente a contínuos ajustamentos cognitivos que se traduzem em processo de socialização muito forte que se assume, mesmo em termos evolucionários, como uma metaestratégia de sobrevivência. Nesse contexto histórico, as interações sociais são assim indutoras do desenvolvimento cognitivo das futuras gerações.

Por participarem ativamente na interação, os inexperientes buscam os processos cognitivos que melhor se adequam às suas necessidades, ou seja, enfocam-se no âmago da sua ZDP; por essa dinâmica intercognitiva compartilhada com os experientes, o seu desenvolvimento intracognitivo acaba por modificar-se, ampliar-se e aperfeiçoar-se.

A interação social, mediatizada, regulada e específica dos seres humanos, é, portanto, a raiz incontestável do desenvolvimento cognitivo das gerações futuras através das suas ZDPs. Neste aspecto acaba por ser a base de uma teoria do desenvolvimento cognitivo; é, por essa razão, uma noção incontornável da pedagogia.

O desenvolvimento cognitivo do ser humano não ocorre, portanto, por imanência transcendente ou no vácuo; ele opera-se, forma-se, modela-se, desencadeia-se e transforma-se pelo efeito da transmissão cultural intergeracional, isto é, pela implicação das oportunidades de interação mediatizada e participada com os outros indivíduos mais cultos e maduros cognitivamente.

Os processos adaptativos da espécie humana residem, efetivamente, nas atividades de aprendizagem que cada ser inexperiente vai poder construir com a ajuda de seres experientes e mais competentes, que criam as oportunidades necessárias àqueles para fazer evoluir as suas próprias maneiras de aprender, otimizando os seus estágios e construções cognitivas presentes.

O desenvolvimento de funções cognitivas complexas nunca poderia ocorrer nas gerações seguintes apenas por exposição estática, passiva ou direta a situações, eventos ou objetos, ou resultar por puro efeito acumulativo da idade ou da experiência individual e pessoal.

A interação dialógica e cooperativa, na qual a ZDP de determinado indivíduo é inexperiente, é expandida, guiada, espelhada, regulada, ajudada e transformada por outro indivíduo mais sábio, dá um sentido mais profundo ao coconstrutivismo, em contraste com o construtivismo e, obviamente, ressignifica a pedagogia e todo o PEA.

Nessa corrente de pensamento, o processo de ensino interativo, quando bem conduzido e direcionado, cria a ZDP nos seres aprendentes, estimulando neles, como aprendizes ativos, múltiplos processos cognitivos internos, nomeadamente: a atenção; a percepção; o processamento simultâneo e sucessivo; a retenção; a memória; a ideação; a imaginação; a planificação; a extrapolação; a antecipação; a generalização; a decisão; a execução; a regulação, a priorização e a verificação e monitorização das respostas adaptativas produzidas (FONSECA, 2001, 2007b).

Vygotsky (1956, 1962, 1986, 1993) afirma mesmo que o processo de ensino é um fator necessário ao desenvolvimento cognitivo dos que aprendem (processo de aprendizagem), centrando a relação estreita entre a aprendizagem e o desenvolvimento.

Em síntese, o ser aprendente inexperiente (aluno, iniciado, principiante, formando, estagiário etc.) a mediatizar deve ser compreendido nas três zonas de funcionamento cognitivo que já falamos, e agora reforçamos:

1º) a zona das funções cognitivas básicas já adquiridas;

2º) a ZDP, propriamente dita; e

3º) a zona de tarefas a aprender que ainda não estão internalizadas.

Na zona de modificabilidade cognitiva, ou seja, na ZDP, vai ser necessário recorrer a novos suportes e novos apoios para responder a novas necessidades, tarefas, situações ou problemas.

Muitos dos insucessos dos alunos são devidos a *scaffoldings* parcos, vagos, nebulosos, fracos, modestos, etéreos, pobres e desinteressantes que não tomam em consideração o seu potencial cognitivo proximal.

Vygotsky propôs, assim, que cada indivíduo adequadamente mediatizado, em qualquer domínio de conhecimento, revela e demonstra:

• Um nível evolutivo atual ou real (NEA) determinado pela sua capacidade de *resolução independente e autônoma* de problemas, que pode ser avaliado por meio de testes individuais e normalizados (ex.: quociente intelectual – QI – dita avaliação psicológica estática ou retrospectiva).

• Um nível de desenvolvimento proximal ou potencial (NDP) determinado pela *resolução assistida de um problema sob a orientação de um adulto mais experiente* (mediatizador, professor, mentor, tutor etc.) ou *da colaboração de colegas* (pares, colegas de estudo, parceiros de trabalho, colaboradores etc.) *mais competentes* (dita avaliação dinâmica e prospectiva).

A ZDP representa, deste modo, a diferença entre o NEA e o NDP.

A ZDP, nas palavras de Vygotsky, é "a distância entre o nível de desenvolvimento atual determinado pela resolução independente de problemas, e o nível de desenvolvimento potencial determinado pela resolução de problemas sob a orientação, a assistência e a mediatização de um adulto ou da colaboração de colegas ou pares mais capazes e competentes".

Trata-se claramente de uma expressão maturacional, que o próprio Vygotsky equiparou a *rebentos*, *botões*, ou *flores* de *frutos em desenvolvimento* que ainda não amadureceram, mas que se tornarão, no futuro, *frutos doces*. Uma analogia perfeita entre *a fruta e a cognição*, que só um gênio como Vygotsky poderia evocar.

Na ótica vygotskyana, o desenvolvimento cognitivo do indivíduo é determinado pelo ambiente social no qual o mesmo ocorre, e pelo estilo de mediatização fornecido pela qualidade das interações com os pares e com os mediatizadores.

O contexto social é, portanto, determinante para promover ou para regredir o desenvolvimento cognitivo; para o enriquecer ou para o empobrecer, pois se efetivamente as interações forem conduzidas por pessoas menos competentes, ou o seu estilo de mediatização for exageradamente concreto e meramente espontâneo, sem qualquer exposição a processos de pensamento abstrato ou a processos cognitivos de retroação (ditos de *feedback*), o resultado será a redução, a supressão, a extinção ou a vacuidade de funções cognitivas superiores.

Se as interações fornecerem dados de informação que atuem em todos os seus componentes (*input*, integração, planificação, execução; *output*, reaferência), e dados de conhecimento, que mobilizem estratégias de pensamento prático, analítico, crítico e criativo dentro da ZDP do indivíduo, o seu desenvolvimento cognitivo pode ocorrer de fato, não sendo, portanto, uma vaga utopia.

A interação bem-mediatizada, competente, inteligente e confiável (que envolve um mediatizador especializado ou um mentor perito – *expert* – na mediatização) induz a modificabilidade cognitiva do indivíduo, que por natureza passa por um período de imperícia inicial (WALLON, 1963, 1966, 1968, 1970; FONSECA, 2005); antes de resolver tarefas e problemas com perícia e de forma autônoma, eis uma ilação cultural e uma inferência universal crucial.

Assim como o bebê humano, por ser totalmente dependente, precisa da mãe para satisfazer as suas necessidades básicas por meio de uma simbiose afetiva, também o ser inexperiente em qualquer situação de aprendizagem precisa da interação mediatizada, diligente e inteligente demonstrada por um ser experiente, para conquistar a sua própria autonomia cognitiva.

O impacto da interação, a dimensão da colaboração e da tutorização entre pares, entre experientes e inexperientes ou entre adultos e crianças com base em desequilíbrios, questionamentos, situações-problema e "conflitos" sociocognitivos, bem desenhados e expostos, com a elicitação de diferentes pontos de vista, são processos de interação suscetíveis de conduzirem à descoberta guiada e compartilhada de novas perspectivas na fundamentação de uma resposta a um dado problema ou na compreensão de um dado conhecimento; são um modelo altamente promotor da ZDP.

A mediatização do professor com o aluno conduz e guia a ZDP deste e, consequentemente, implica por essa interação regulada o seu desenvolvimento cognitivo, desde que a informação ou o conteúdo não sejam demasiadamente adiantados nem demasiadamente conhecidos, onde as tarefas ou os problemas apresentados e proporcionados não surjam demasiadamente inacessíveis, por um lado, ou demasiadamente fáceis de resolver, por outro; isto é, onde solicitem novas habilidades cognitivas que caiam dentro, e não fora (por excesso ou por carência) da sua ZDP.

Trabalhar com pares ou com colegas de nível cognitivo muito baixo ou ser exposto a conteúdos demasiadamente simples e desmotivantes pode implicar, em contrapartida, uma regressão cognitiva, tal a relevância de se trabalhar exatamente na ZDP do sujeito aprendente. Estar interessado nas tarefas e estar mobilizado em termos motivacionais e conativos para a resolução de problemas ou para a realização de tarefas de estudo tem muito a ver não só com a expansão da ZDP do aprendente, mas também com a maximização e perfectibilidade do seu desenvolvimento cognitivo.

O inexperiente, para que seja mobilizado conativamente em sua ZDP, deve também poder ter a noção imediata de que as suas tentativas para resolver os problemas serão bem-sucedidas; caso contrário, a ZDP pode perder a energia emocional, motivacional e atencional e, portanto, fazer claudicar a homeostasia sistêmica das funções cognitivas mobilizadas.

Atuar na ZDP do ser inexperiente – do aluno, portanto – é induzir-lhe a um processo de mutabilidade cognitiva, é elicitar novos processos de análise perceptiva, de comparação, de raciocínio lógico, de pensamento crítico e criativo (*insights*), de planificação e antecipação de respostas etc., é atingir o seu núcleo metacognitivo; mas para tal, a tarefa ou o problema deve estar dentro dos limites da sua ZDP.

Trabalhar na ZDP do aluno inexperiente para que ele se envolva ativamente e emocionalmente requer da parte do professor experiente a colocação de situações-problema e de tarefas que levam a uma significação compartilhada e a uma colaboração engajada entre ambos.

O mesmo processo de partilha cognitiva deve ser considerado no diagnóstico ou na observação psicopedagógica do potencial de uma criança ou de um jovem na situação dialética e intersubjetiva de observador/observado.

Ao contrário do que é praticado nos processos estandardizados de testagem psicológica, a avaliação da propensibilidade cognitiva trata de captar e compreender as habilidades e competências potenciais e futuras dos aprendentes, e não de etiquetar ou classificar os produtos finais dos seus desenvolvimentos cognitivos.

A avaliação dinâmica do potencial cognitivo em Vygotsky também estima dois níveis de desenvolvimento psicológico:

- o *atual*, envolvendo as funções mentais que se estabelecem no decurso dos ciclos normais de desenvolvimento; e
- o *potencial*, envolvendo a realização mental assistida por outrem mais competente e experiente.

À diferença entre os dois níveis Vygotsky denominou por ZDP, zona que integra a resposta à mediatização, que constitui o processo interativo central da sua modificabilidade cognitiva.

Atuar na ZDP é de certa forma um processo de coordenação social entre o experiente e o inexperiente, ou entre pares, quando se trabalha em grupo. Intervir na ZDP dos alunos traz benefícios cognitivos; em termos vygotskyanos é um verdadeiro processo de desenvolvimento, e tal objetivo social superior e até ético deve interessar particularmente ao PEA.

Em certa medida, a ZDP define um potencial de desenvolvimento e compreende um conjunto dinâmico e plástico de processos cognitivos internos, em vez de um produto final. Em síntese, procura captar um potencial cognitivo prospectivo, envolvido em uma supervisão e tutorização experiente, em vez de estimar e avaliar um potencial cognitivo retrospectivo produzido independentemente.

A ZDP aproxima, por um lado, uma teoria de aprendizagem, e, por outro, uma teoria do ensino; ela põe em jogo uma perspectiva psicológica e cognitiva, com uma perspectiva pedagógica e educacional. Nesse contexto particular, a ZDP enfatiza e enfoca a relação recíproca e intrínseca entre a psicologia e a pedagogia; é, por essência, um conceito psicopedagógico.

Em contrapartida, o ser experiente como mediatizador (formador, facilitador (*coach*), animador, mentor, professor, terapeuta etc.) contém o conhecimento e as estratégias do desenvolvimento cognitivo futuro do mediatizado, ou seja, ele domina aquilo que o mediatizado ainda não aprendeu ou não consegue fazer sozinho.

Nesse patamar de desenvolvimento, o ser inexperiente situa-se no nível da *aprendizagem frustracional*, componente conativo (emocional, afetivo, motivacional e relacional) que a mediatização deverá ter em conta para superá-lo.

A partir da interação-modelação acima apontada, com uma sequencialização e planificação adequada de tarefas e subtarefas, de processos e subprocessos de informação, de suportes, de apoios, de *feedbacks* estruturantes, de tutoramentos gerais e específicos etc. (os tais *scaffoldings*), o mediatizador, evitando bloqueios cognitivos e emocionais desnecessários, atua na ZDP do mediatizado, guiando e ampliando o seu potencial cognitivo com estratégias interativas, questionadoras, didáticas, pedagógicas, significativas e geradoras de sentimento de competência, de autoconfiança e de autoestima.

O mediatizador, atuando em colaboração com o mediatizado, no sentido de compartilhar processos cognitivos universais (análise, comparação, categorização, classificação, síntese, dedução, indução, planificação, antecipação etc.), incita e elicita nele, inicialmente de forma naturalmente hesitante, mas posteriormente de forma mais internalizada e automatizada, várias modalidades de comunicação e de facilitação cognitiva que permitem ampliar as suas competências ditas simples, empíricas, imperfeitas, imaturas, concretas e espontâneas para competências mais complexas, científicas, rigorosas, maduras, abstratas e planificadas.

O mediatizador, adotando estratégias e critérios de mediatização (FEUERSTEIN, 1975, 1979, 1980, 1984, 1985, 1987; HAYWOOD, 1985, 1987b; HAYWOOD & TZURIEL, 1992; LIDZ, 1987; FONSECA, 2001, 2007b), atuando deliberadamente na ZDP estimula, facilita, modifica e transforma as funções cognitivas do mediatizado.

Essa estratégia de mediatização tanto pode ser aplicada no PEA em geral como no processo de reeducação, pois enfoca-se no processo de como os indivíduos podem aprender melhor a partir da mediatização normal, como pode ser adotada em processos de avaliação clínica, quando o que está em causa é avaliar o potencial cognitivo do indivíduo de forma dinâmica e não de forma estática (FONSECA, 2001, 2007b), processo este de grande relevância quando se trata de indivíduos com dificuldades de aprendizagem, quer globais, quer específicas (FONSECA, 2008).

Com base na interação inteligente que o ser experiente provoca no ser inexperiente, a ZDP deste modifica-se, e ao modificar-se em sua estrutura e conteúdo ele atinge o desenvolvimento cognitivo autônomo e necessário para resolver problemas sem suporte no futuro.

Por efeito da mediatização, o mediatizado aprende e torna-se independente do mediatizador; o seu desenvolvimento cognitivo cresce, amadurece, estende-se e avança na direção correta.

Em certa medida o mediatizador tem como missão a aprendizagem do mediatizado; tem, perante ele, uma responsabilidade social. Por isso, o contexto em que a aprendizagem ocorre assume para Vygotsky uma importância transcendente.

Trata-se de uma série de interações cognitivas que podemos ilustrar da seguinte forma:

1º) o mediatizador faz e o mediatizado observa;
2º) o mediatizador faz, o mediatizado ajuda;
3º) o mediatizado faz, o mediatizador ajuda; e finalmente,
4º) o mediatizado faz e o mediatizador observa.

Por este paradigma, podemos apreciar o PEA como uma engenharia de processos interativos, consistentes e eficazmente sequencializados (ensino), que atuam na ZDP dos mediatizados, formandos ou alunos a quem é dirigido, mobilizando e enriquecendo um processo de maturação e indução cognitiva que produz impactos efetivos em sua aprendizagem.

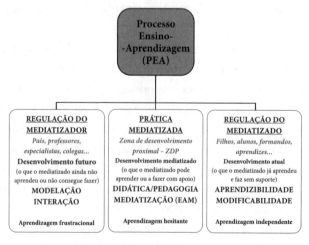

Figura 6 Da regulação do professor à do aluno, da regulação do experiente à do inexperiente

À luz de Vygotsky, o processo de ensino decorrente das competências pedagógicas do mediatizador, e dos seus suportes, joga dialeticamente com o processo de aprendizagem decorrente das competências psicológicas (cognitivas e conativas) do mediatizado, como podemos observar nas figuras apresentadas.

Desta forma a aprendizagem é explicada em termos de desenvolvimento de sistemas sociais de ação e interação desencadeados pelo ensino.

Não há, para Vygotsky, aprendizagem sem ensino, ou seja, o aluno como participante na interação social não adquirirá processos cognitivos e redes mentais sem o recurso de estratégias de mediatização criadas pelo professor, pondo em marcha um processo de transmissão e aprendizagem cultural, ou seja, o verdadeiro sentido da psicopedagogia.

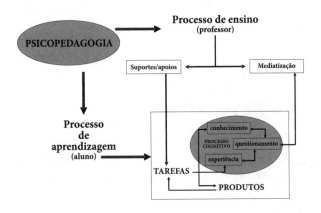

Figura 7 A psicopedagogia compreende a integração sistêmica do processo de ensino com o processo de aprendizagem

O PEA com a sua estrutura social e cultural própria coliga cognitivamente os processos pedagógicos do professor (experiente) aos processos psicológicos do aluno (inexperiente).

Tais processos em desenvolvimento prospectivo e que se internalizam progressivamente no aluno através da sua linguagem interior, à medida que são provocados, elicitados e suscitados pela interação autoengendrada do professor, transformam o PEA em uma experiência social, cultural, cognitiva e linguística significativa.

Professor e aluno, ao usar a mesma linguagem na interação social no PEA, mas obviamente com níveis de significação cognitiva diferente entre ambos, acabam por provocar uma coconstrução da realidade e do conhecimento, que é traduzida em processos cognitivos linguisticamente interdependentes.

A integração progressiva do conhecimento na mente do aluno (ZDP) tem origem nos processos mentais expostos na interação social pelo professor, levando à modificabilidade cognitiva que tem origem cultural.

Na ótica vygotskyana, a aprendizagem no aluno revela um determinado desenvolvimento cognitivo individual, cuja origem emerge de determinada qualidade de interação social que decorre da qualidade de ensino produzido pelo professor.

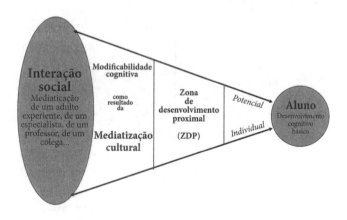

Figura 8 A aprendizagem ilustra o desenvolvimento cognitivo do aluno que decorre da interação social entre ele e o professor

Em resumo, o desenvolvimento cognitivo do mediatizado decorre, consequentemente, das interações sociais com mediatizadores, sejam adultos ou pares, cuja experiência e competência compartilhadas, e concomitante participação intencionalmente conduzida, orientada e guiada, está efetivamente na emergência do maior dom da mente humana, ou seja, a capacidade de aprender a aprender.

Para concluir, sem interdependência e parceria entre mediatizados e mediatizadores a transmissão cultural não se concretizaria, e o PEA perderia toda a sua dimensão antropológica, pois ensinar tem a ver com aprender.

A coconstrução da civilização, no passado, no presente e no futuro, é, assim, um hino ao PEA como PTCI, na medida em que parte inexoravelmente do seguinte paradigma: quem ensina aprende ao ensinar, e quem aprende ensina ao aprender...

4
Instrução, ensino ou mediatização?

Ao abordarmos as relações entre o desenvolvimento cognitivo e o processo de ensino, bem como os termos, nem sempre devidamente diferenciados, de instrução e educação, parece-nos fundamental, neste capítulo, adiantarmos e revermos tão importantes conceitos.

Tendo já explorado em outro capítulo o processo de *transmissão cultural*, bem como as *duas teorias principais que explicam o desenvolvimento cognitivo, a de Piaget e a de Vygotsky*, e aprofundado a ZDP, vejamos agora, em síntese, algumas facetas do papel do PEA no desenvolvimento do pensamento crítico, do pensamento criativo e da metacognição.

O Processo de Ensino tem sido entendido tradicionalmente como sinônimo, também, de Processo de Instrução.

Se o Processo de Ensino for aplicado e mediatizado com instrumentos psicológicos simbólicos e estratégias inteligentes de interação pedagógica guiadas pelo professor, como preconizamos naquele mesmo capítulo, o mesmo deveria visar, por princípio, a transformação radical das funções cognitivas básicas e superiores do aluno.

Como funções cognitivas superiores referimo-nos em termos sumários, como já abordamos: à atenção, à percepção, ao processamento (simultâneo e sucessivo), à memória (de trabalho, de curto e longo termos), à planificação, à antecipação, à regulação e à execução de soluções (respostas adaptativas) na resolução de problemas, de tarefas etc., e assim contribuir para o seu desenvolvimento cognitivo total e sistêmico.

Segundo Bruner (1956, 1963, 1970, 1971, 1973), a concepção de desenvolvimento e de aprendizagem de Vygotsky desenha e ilustra uma teoria da educação na medida em que ela é tanto uma teoria da transmissão cultural como é uma teoria de desenvolvimento e de aprendizagem.

Para Vygotsky, a escolarização (ou escolaridade) formal tem a obrigação histórica e a dimensão ética de desenvolver cognitivamente todos os alunos nela inseridos, sem exceção, pois compreende não apenas o desenvolvimento do seu potencial cognitivo individual, como o crescimento da cultura e da sociedade na qual estão inseridos.

A educação é, consequentemente, o ponto ômega para o desenvolvimento cognitivo dos indivíduos, a alavanca do desenvolvimento do capital humano de uma nação, mas também a essência de toda a atividade social, a animação e a criação da inestimável atividade cultural de determinado povo.

A capacidade para ensinar – e dela se beneficiar em termos desenvolvimentais – é um atributo fundamental e peculiar da espécie humana, pois, como vimos em capítulos anteriores, tal condição não existe de forma sistemática nas outras espécies animais.

É a pedagogia, em sua essência antropológica, que compensa todas as lacunas cognitivas com que as novas gerações nascem, sobrevivem e se adaptam à sua cultura.

Sem pedagogia a criança, ao longo do seu processo evolutivo, não se transformaria no pai do adulto. E assim, por via da influência social, o adulto atrai a si a criança, fazendo dela o objeto da pedagogia, pois é nessa base que a sua modificabilidade a transformará em um adulto independente, crítico e criativo.

A condição da criança como ser inexperiente, imaturo, e totalmente dependente na satisfação das suas necessidades ilustra o estado de imperícia total e inicial da espécie humana, já pioneiramente descrita pelo grande psicólogo francês Wallon (1925, 1932, 1963, 1966, 1968).

O equipamento psicobiológico e psicomotor imaturo do bebê humano, ou seja, a ontogênese das suas capacidades adaptativas, decorre, como já descrevemos (FONSECA, 2001, 2005, 2009, 2010), de sua longa e seletiva hereditariedade filogenética e sociogenética.

Tratando-se de capacidades adaptativas pertinentes, exatamente porque se conservaram e aperfeiçoaram ao longo da evolução, apesar de serem profundamente sofisticadas (certos autores referem-se mesmo a uma *bebelogia*), elas não são, por si sós, suficientes para serem geradoras de mecanismos cognitivos que permitam, ao bebê ou à criança, como sujeitos autônomos, dispor de manipulação criativa e de domínio seguro do seu envolvimento.

O caráter particularmente imaturo de tal equipamento, a tal imperícia walloniana, não permite ao bebê, nem à criança, satisfazer as suas próprias necessidades biossociais básicas, quanto mais as necessidades cognitivas superiores.

Dado o estatuto da imaturidade herdada pelos mais inexperientes, a mediatização efetuada pelos outros mais experientes vai ser fulcral para a sua compensação neurofuncional, pois é ela que em dada dimensão temporal dará lugar a uma maturidade progressiva, isto é, ao seu desenvolvimento cognitivo intrínseco.

Vejamos pois que, desde a permanência do objeto às condutas de pesquisa e de exploração, à fixação de eventos emocionais intensos, à gênese do número etc., as surpreendentes capacidades cognitivas precoces dos bebês não são suficientes para alicerçar a apropriação cultural que só a maturação naturalmente mediatizada irá revelar posteriormente.

As concepções inatistas do desenvolvimento cognitivo não se podem circunscrever a fatores endógenos, nem minimizar a importância das aprendizagens que só podem ocorrer em contextos de interação social, logo de mediatização.

Na espécie humana, conhecer o mundo em sua complexidade não será apenas o resultado de uma herança genética, que só precisa de tempo maturacional para emergir. Será também o resultado de uma herança social que precisa de outro tempo; ou seja, do tempo da mediatização e da interação intencional e conativa operada pelos outros seres humanos mais maduros e experientes.

A imperícia do bebê e da criança humana de que já falava Wallon, que é a mais prolongada entre as espécies vertebradas, não é uma desvantagem evolutiva, antes, pelo contrário, é sim, um mal necessário, seja para dar tempo à maturação nervosa fazer a sua obra brilhante, seja dar tempo aos outros nos seus múltiplos contextos, seja para aplicar a sua mediatização, a sua sabedoria pedagógica, uma vez que os bebês e as crianças não dispõem de capacidades cognitivas para satisfazer as suas necessidades vitais.

Com tal procedimento interativo e intersubjetivo, a criança, inicialmente desarmada cognitivamente, embora dotada de neuroplasticidade incomensurável, com todos os seus sistemas sensoriais e motores funcionando plenamente, vai tendo acesso a novas conquistas cognitivas construídas, de etapa em etapa, por meio de renovadas formas de interação social. Por outras palavras, um grande número de informações de natureza diversa vindas do envolvimento proximal do bebê e da criança estão sendo discriminado e processado continuamente pelo seu organismo, ou seja, pelo seu corpo e pelo seu cérebro. Nesse sentido, é preciso chamar a atenção para o fato de que um quarto da vida do ser humano é devotado e consagrado à mediatização produzida pelos mais experientes, onde efetivamente se operam as aprendizagens básicas para a sobrevivência e para o desenvolvimento.

Não é por acaso que a aquisição de tais processos cognitivos de autossuficiência, muito longe de ser uma *tabula rasa*, é valorizada em todas as culturas humanas, sendo uma de suas principais preocupações culturais.

Por tal motivo, com a experiência mediatizada pelos outros em seu mundo envolvente proximal, o bebê humano vai dispondo de um processo cognitivo de aquisição cumulativa da realidade cada vez mais sociabilizada.

Exemplifiquemos, desde as noções de permanência do objeto, conservação de substância, de peso, de volume, desde a correspondência termo a termo, desde os pensamentos dicotômicos (grande/pequeno, cheio/vazio, perto/longe etc.), até à estruturação dos seus conhecimentos e à construção da sua imensa base de dados, toda essa construção cognitiva não ocorre na criança de forma isolada e descontextualizada. Ela vai percebendo o mundo à sua volta integrando os elementos pertinentes dentro de conjuntos e situações que são mediatizados e enriquecidos pelos adultos.

O custo cognitivo está na qualidade da mediatização produzida pelos seres mais experientes que rodeiam a criança em sua descoberta da realidade, que não é apenas uma simples cópia, mas sim a sua codescoberta.

Longe de ser um decalque da realidade, as representações mentais das crianças acerca da realidade experimentada e conhecida são coadjuvadas pelas representações mentais dos adultos, que, ao serem internalizadas, vão constituir novas e verdadeiras funções cognitivas que se tornam, por tal processo, funções independentes.

As coordenações piagetianas sucessivas de ações, de operações e de abstrações vão constituir as ferramentas cognitivas do objeto, do espaço, do tempo, e das suas contiguidades estruturadas, da causalidade, das categorizações hierarquizadas, da lógica racional etc. que vão permitir à criança, e mais tarde ao jovem, apreender, abraçar e dominar o universo em seu todo prático, lógico e coerente.

É desta raiz filogenética e sociogenética, longa e prolongada, que a criança constrói a sua ontogênese cognitiva.

Conhecer a realidade é resultado de herança genética, que obviamente necessitará de tempo para se revelar, e por obviedade existencial e experiencial é também o resultado de uma herança cultural centrada em conteúdos específicos fornecidos por mediatizadores experientes.

O desenvolvimento é o produto de uma epigênese resultante da interação, mútua e intrínseca, entre as estruturas herdadas do sujeito e o seu envolvimento natural, social, histórico e cultural.

O estatuto da mediatização, uma herança sociocultural de inestimável valor antropológico, como já vimos, vai permitir ao bebê, à criança e também ao jovem transformar as suas competências cognitivas precoces em competências cognitivas superiores de enorme sofisticação e potencialidade desenvolvimental (VYGOTSKY, 1962, 1986; ROGOF, 1990; KAPOV, 2005; BRODOVA & LEONG, 2007).

Desse modo, são as mediatizações iniciais e o enquadramento das primeiras relações interpessoais produzidas pelos outros, nomeadamente os pais, os avós, os professores etc., ou outros seres humanos experientes que os substituam, que compensam as insuficiências e imperícias cognitivas das crianças, para exatamente satisfazerem as suas próprias necessidades ao longo dos seus primeiros passos na ontogênese.

Os diálogos que se passam entre gerações diversas, logo interpessoais, nesse contexto sociocultural acabam por se tornar verdadeiros autodiálogos por internalização, que se tornam no suporte dos pensamentos futuros das gerações vindouras.

As mediatizações têm um papel muito importante nas relações que as crianças, e mais tarde os jovens, estabelecem com o seu envolvimento natural e cultural. Vygotsky reforça mesmo a mediatização como o grande contributo da psicologia russa para a compreensão do desenvolvimento das funções psíquicas superiores.

A característica fundamental da mediatização é, então, a transformação do interpsíquico em intrapsíquico. Daí o seu valor na transmissão cultural, logo no PEA, que já analisamos em capítulo anterior.

Para Vygotsky, sem instrumentos culturais como a linguagem, que permite aos adultos se comunicarem com as crianças, a apropriação da cultura nunca poderia ser integrada e processada por elas.

Com tais instrumentos culturais, socialmente elaborados, o adulto introduz novos processos cognitivos nas interações entre as crianças e as suas tarefas de aprendizagem: primeiro com artefatos materiais e, depois, com símbolos, pois não podemos esquecer que a evolução cognitiva da espécie humana ocorre do não simbólico ao simbólico e do não verbal ao verbal, e não no sentido contrário.

A linguagem torna-se, assim, o suporte do pensamento em Vygotsky porque também é um instrumento regulador das diversas formas de conduta do indivíduo. A verbalização do adulto, que inicialmente regula externamente as ações da criança, vai dar lugar a um instrumento cognitivo interno que passa posteriormente a planificá-las e a autorregulá-las, uma vez que passam a ser parte integrante da sua linguagem interior que as antecipa, controla, executa, julga e estima.

Como vimos, graças à mediatização do outro, a criança vai, progressivamente, tomando conta e controlando as suas ações, ou seja, vai aprendendo e armazenando o enorme repertório de instrumentos cognitivos que fazem parte da sua cultura, e que lhe são propostos pelos adultos, quer em casa quer na escola, ou seja, nos seus múltiplos ecossistemas.

O adulto sendo o guia principal e o tutor primordial das interações com as crianças (também denominadas por "interações da tutela") que vão estar na origem das aprendizagens por elas adquiridas, vai deixando de ser relevante à medida que a criança vai se apropriando dos verdadeiros instrumentos do pensamento, passando microgeneticamente a pensar pela sua própria cabeça. Tal patamar cognitivo vai gerar, obviamente, mais disponibilidade e mais modificabilidade cognitiva.

Porque o adulto dispõe de um conhecimento, nitidamente superior ao da criança, as interações tutelares, conotadas com a alteridade devida, vão desencadear nela um enriquecimento cognitivo sem paralelo e sem limite.

A tríade que se estabelece entre a criança (ou qualquer outro sujeito aprendente), o mediatizador (professor) e a tarefa a aprender, inicialmente evocadora de insegurança e de desconforto, vai dando origem, pela mediatização compartilhada e proximal do adulto, a que a criança, por si própria, vá lentamente (microgeneticamente) dominando a tarefa. E assim, com a ajuda de suportes mediatizadores (*scaffoldings*), a tarefa que dominava o professor passa a ser dominada, progressivamente, pelo aluno.

Por isso, a aprendizagem é uma modificabilidade, um proceso de mudança provocado pela mediatização do professor e pela prática intencional e motivacional do aluno.

Por exemplo, inicialmente não sabendo nadar, nem dispondo por esse fato dos meios cognitivos necessários para resolver os problemas de adaptação e de sobrevivência colocados por meio da água, a criança vai adquirindo conforto tônico e segurança emocional em um meio ameaçador, e progressivamente, e por mediatização continuada, lúdica e aperfeiçoada do professor, ela vai explorando o meio aquático (da profundidade e à superfície) até que aprende a respirar, a flutuar e a propulsionar-se, dominando finalmente um envolvimento que outrora não conseguia.

Em qualquer processo de aprendizagem, a natação foi um exemplo, mas a leitura pode ser outro. Ou seja, entre o mediatizador e a criança mediatizada ocorre uma circularidade de informações, circularidade essa, que não pode correr o risco de não ser cognitivamente assimilada pela criança. Se não se considerar que esta possui os instrumentos e os pré-requisitos suficientes para integrar o conjunto das três dimensões situacionais implicadas na aprendizagem, ou seja, o sujeito, a tarefa, e obviamente a forma como o mesmo interage, trata, processa e integra *(aprende)* a tarefa, a aprendizagem vai ser penosa ou não se verifica.

O mediatizador tem, assim, inúmeras possibilidades para intervir na relação sujeito-tarefa (e concomitantes subtarefas, muitas vezes esquecidas na educação e na reeducação), através da gestão de interações dissimétricas. Esta diversidade interativa proporciona uma mediatização e uma intervenção diferenciada e eficaz, porque dispõe de um conjunto variado, nem único nem rígido, de estratégias relacionais e intencionais para facilitar a observância das relações, particularmente pertinentes, entre o sujeito e a tarefa a aprender.

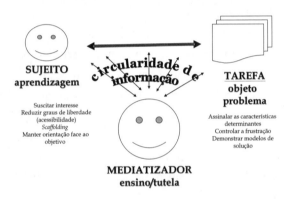

Figura 9 Circularidade de informação entre o sujeito e a tarefa

A mediatização, por estabelecer o justo equilíbrio entre o sujeito e a tarefa com orientação cognitiva, não se deve centrar exageradamente em um dos polos da tríade. Deve, pelo contrário, poder ampliar o potencial cognitivo do sujeito (atuando, portanto, em sua ZDP) ao mesmo tempo em que deve decompor a tarefa em subtarefas que tornem possível a emergência e a fluência das funções cognitivas necessárias à aprendizagem em consideração, como já exploramos em outro capítulo deste livro.

Tarefa com orientação cognitiva

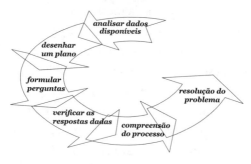

Figura 10 Passos de interação a serem pragmatizados em uma tarefa cognitivamente mediatizada

É neste contexto que devemos falar das interações da tutela, exatamente porque elas devem tornar possível novas *performances* cognitivas dos alunos, induzindo-lhes igualmente a crença e a conação, que elas podem aprender mesmo que exibam dificuldades de aprendizagem.

A finalidade da mediatização é indubitavelmente induzir progressos cognitivos nos sujeitos aprendentes. Eis, assim, um grande desafio da educabilidade cognitiva.

Devemos ao grande pioneiro cognitivista norte-americano Bruner (1956, 1963, 1973) a identificação das principais características da tutela, ou seja, quais deverão ser as características da mediatização para facilitar a aprendizagem.

Para Bruner, o mediatizador deve:

1º) Encorajar o sujeito (*mediatizado, aluno, estagiário etc.*), suscitando-lhe interesse pela tarefa.

2º) Reduzir os graus de dispersão mental, simplificando a tarefa, tornando-a mais segura e acessível, o que permite resolvê-la com progressiva e confortável eficácia.

3º) Manter a focalização e a orientação no objetivo específico da tarefa, para que não interfiram distratores em sua realização e para que os níveis motivacionais e conativos se reforcem efetivamente.

4º) Sublinhar as características fundamentais e determinantes da tarefa, favorecendo a emergência de estratégias de planificação e de execução correta da mesma.

5º) Controlar as frustrações (ou inseguranças, ou mesmo, ameaças), que podem surgir e bloquear a fluência das funções cognitivas e estabelecer uma relação reflexiva e positiva com os erros cometidos na realização das tarefas a serem aprendidas.

6º) Demonstrar a solução das tarefas apresentando modelos ideais de solução dos problemas, favorecendo o surgimento de estratégias executivas que devem ser mobilizadas, recuperadas e reelaboradas para serem concluídas.

Em suma, com estas seis estratégias de mediatização, o professor pode de fato guiar a interação do sujeito com a tarefa ou com o problema, modelando e otimizando, com diligência, as suas funções cognitivas, pondo assim em marcha um verdadeiro processo de aprendizagem.

Beneficiar-se da maturidade da experiência e dos conhecimentos dos adultos, especialmente no que concerne aos instrumentos culturais (não simbólicos ou materiais e simbólicos ou verbais), é uma característica da transmissão cultural entre as várias gerações, porque aumenta o poder de eficácia na resolução dos múltiplos problemas quotidianos, diminui o número de erros nas atividades e nos hábitos adaptativos, e obviamente aumenta o conhecimento específico para superá-los.

É neste contexto das tradições culturais e das relações sociais que podemos evocar a relevância do aprender a aprender, no uso mais proficiente das convenções que acompanham as atividades de sobrevivência e de utilidade social (McGREGOR, 2007; BRUNER, 2000; CASE, 1985; PASCUAL-LEONE, 1976; PELL, 1971).

Graças às interações e às intervenções da tutela, as novas gerações evoluem na natureza dos seus conhecimentos à custa das gerações mais experientes e competentes, exatamente porque a riqueza das interações da tutela é portadora de progressos cognitivos.

A mediatização do saber e do conhecimento, ao longo da civilização humana (aqui, para nós, reside o âmago da *história da pedagogia*), sempre perseguiu a construção de práticas de transmissão cultural que pudessem conduzir à otimização da eficácia cognitiva das gerações vindouras.

A busca de novos modelos de utilização e elaboração dos conhecimentos visa, em sua essência mais plena, produzir ganhos cognitivos nos seres aprendentes. Tal é a grande esperança da educabilidade cognitiva.

Colocar o sujeito a investir cognitivamente nas tarefas de aprendizagem que lhe são propostas permite-lhe tomar consciência:

- dos seus próprios processos, procedimentos, estratégias cognitivas e das suas maneiras de pensar;
- da captação e integração da sua compreensão relacionada com as formas de causalidade implicadas nas tarefas e nos problemas de aprendizagem;
- da sua capacidade de estabelecer pontes (idêntico ao conceito de *bridging* de Feuerstein (1974, 1984, 1985), analogias e generalizações de regras entre diversos problemas de natureza aproximada ou semelhante;
- de mobilizar sistematicamente o seu raciocínio indutivo, de estabelecer abstrações simples e abstrações meditativas;
- de reutilizar estratégias de antecipação de resultados e reorganizar cognitivamente novas capacidades cognitivas induzidas pelas interações sociais, apelando à diversidade das várias funções cognitivas etc.

É neste conjunto de fatores e nesta atmosfera interativa, resultantes da mediatização da tutela, entre experientes (professores) e inexperientes (alunos), que podem surgir *novos* processos de modificabilidade cognitiva, *novos* conhecimentos, *novas* dinâmicas sociocognitivas, *novas* atribuições de representação e visualização internas, *novas* exigências reflexivas; certas formas de poder confrontar, proativamente e positivamente, soluções apresentadas por outros colegas de trabalho, bem como novas estratégias de resolução de situações e novos princípios subjacentes à realização das tarefas, aí reside, em síntese, a finalidade da mediatização eficaz.

Ao reelaborar por meio da linguagem ou por meio de esquemas, instrumentos psicológicos e mapas cognitivos os ditos problemas de aprendizagem, e ao justificar os processos cognitivos cruciais desencadeados pelas tarefas, o mediatizado ganha instrumentos mentais cada vez mais úteis para a sua faculdade incomensurável de aprender a aprender.

Aprender a aprender, no fundo, não é mais do que uma recapitulação sumária de princípios e de ideais há muito apresentados por inúmeros pedagogos no passado, há muito postos em prática por muitas professoras e professores nas salas de aula, e que muitas mães e pais se esforçam por induzir, frequentemente, nas suas interações com os seus filhos.

Porque muitas destas estratégias de interação produzidas por todos esses seres experientes são aplicadas, de certa forma, de modo inconsciente, e raramente foram sistematizadas, a nossa missão, neste capítulo, é apenas tentar que elas sejam mais pensadas e valorizadas, tendo em vista a sua aplicação mais consciente e sistemática nas nossas escolas, porque na realidade, o que se passa no ensino formal é algo radicalmente diferente.

No ensino formal e na dita instrução tradicional, a finalidade fundamental é transferir conhecimentos de forma padronizada e homogênea a todos os alunos, evitando que tal processo respeite a sua inevitável neurodiversidade.

Essa visão padronizada e formal de ensinar dura mais de um século, com resultados muito questionáveis e pouco consensuais, pois está divorciada dos pressupostos do PEA, das teorias de aprendizagem modernas e da ZDP, como anteriormente aludimos.

Educar, em nossa ótica, é muito mais do que instruir, pois difere do simples ato de transferir e debitar informação, de forma a gerar no futuro acumulação passiva e acrítica de saberes.

Neste sentido o pensamento vygotskyano adianta que a escolarização, no postulado básico da escola de pensamento sócio-histórica, é a verdadeira chave que mediatiza o desenvolvimento cognitivo das futuras gerações.

Instrução é, desse modo, o que acontece em plena sala de aula, e subentende a existência de vários fatores a nomear: um *professor*; várias *dezenas de alunos* com perfis cognitivos diversos, mas identificados como seres cognitivamente homogêneos (daí a noção de turmas ou de classes); uma *matéria* ou *disciplina* (hoje designada por unidade curricular), para dar, fornecer, produzir, ou ministrar conteúdos e matérias, e claro, as *avaliações* a fazer.

Na visão tradicional o professor detém o conhecimento, e a instrução consiste em transferir frontalmente tal conhecimento aos alunos, utilizando como única medida de avaliação a capacidade deste de reproduzir em exame formal ou nacional, muitas vezes defasado do conhecimento que lhe foi transmitido e adquirido na sala de aula ao longo do ano letivo (BRUER, 2000).

Na nossa perspectiva, o sucesso da educação, e não da pura instrução, ao contrário do que mais se tem abordado na literatura especializada sobre o insucesso escolar (FONSECA, 2007b, 2008), depende de quatro componentes sistêmicos diferentes:

• O aluno (aprendiz, formando, mediatizado etc., com as suas características cognitivas (*input* – integração/planificação; *output* – retroação); pré-requisitos psicolinguísticos, atencionais e relacionais; estilo cognitivo; neurodiversidade etc.).

• O professor (formador, mediatizador, explicador etc., com o seu estilo de ensino; com os seus "estressores pedagógicos e administrativos"; com o seu estilo ou ausência de *coaching*; suas características de mediatização etc.).

• O *curriculum* (matéria, disciplina, conteúdos etc., o dito programa; seus objetivos; sua bibliografia principal, seus processos de inovação; modelos de avaliação etc.); e finalmente.

- A escola (espaço de mediatização e transmissão cultural, sua ecologia cognitiva e arquitetônico-espacial; liderança, cultura de cooperação; conjunto, uso e manutenção de recursos; projeto de missão e de visão estratégica etc.).

Processo Ensino-Aprendizagem

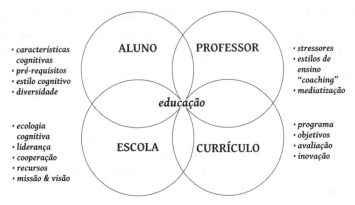

Figura 11 Componentes sistêmicos do PEA

Portanto, na visão formal, o professor dá instruções a um *aluno*. Este, com o seu estilo cognitivo próprio, deverá integrá-las e reproduzi-las em avaliações (contínuas, formativas etc.) ou exames, onde obterá um determinado resultado. Depois temos o *professor*, que também exibe certos modos de instrução que afetam claramente o resultado acadêmico do aluno. Temos no mesmo quadro ainda o *currículo* e os seus conteúdos, matérias ou unidades, dados de acordo com uma certa metodologia, calendário ou planificação escolar.

Por último, o aluno, o professor e o currículo estão inseridos em determinado contexto particular; isto é, a *escola*.

Primeiro com o seu contexto sociocultural diverso; a sua história; os seus valores interacionais e relacionais entre alunos e professores; as suas concepções de desenvolvimento e de aprendizagem; a sua ecologia física e social; a sua relação com a comunidade; e as suas estruturas arquitetônicas, como as suas salas de aula, bibliotecas, laboratórios, computadores, quadros eletrônicos, ginásios, recreios e outros equipamentos lúdicos etc.

Segundo, convém não esquecer que a escola pode ser de boa ou má qualidade. Pode estar localizada em uma área pobre e desfavorecida ou em uma área com uma urbanização adequada e cuidada; pode ou não ter uma equipe estável e motivada de professores e de outros recursos humanos; pode ser uma organização burocrática não aprendente ou inteligente, ter recursos ou não etc.

É neste quadro geral que se pode observar, e avaliar, a instrução propriamente dita, pois ela depende da integração e interação dos quatro componentes acima apontados, que operam face ao sucesso escolar de forma sistêmica e não linear ou sumativa.

Muitos professores sabem que se o objetivo da instrução é meramente transferir algum tipo de informação para a "cabeça" dos alunos, como verter água para dentro de um copo vazio, ou injetar uma esponja com várias seringas coloridas (representando estas as diferentes disciplinas), ensinar nesse estilo não tem nem terá sucesso, como podemos constatar no nosso sistema de ensino.

As características (atencionais, linguísticas, cognitivas etc.) dos alunos têm de ser consideradas. Muitos deles não percebem os pressupostos da instrução, pois o que reina na sala de aula é a neurodiversidade na aprendizagem, e é completamente impossível construir grupos ou turmas homogêneas e avantajadas partindo do princípio de que todas as crianças dispõem das mesmas competências cognitivas. É uma perda de tempo formar professores para a homogeneidade cognitiva, pois todos os alunos são diferentes nos seus estilos cognitivos.

Educar não é, portanto, instruir. Só quando a instrução falha e obtém maus resultados nos exames, nacionais ou internacionais, é que a educação é reequacionada, e a confusão e o caos se instalam, pondo em perigo o futuro de novas gerações e em risco o desenvolvimento econômico, social e cultural de uma nação. A educação não é apenas o primado da democracia, também é o da saúde e o da economia.

Como é sabido, a instrução é dada tradicionalmente a um vasto número de crianças ou jovens (turma) na sala de aula, muitas vezes sem as diferenciar cognitivamente.

O professor na sala de aula não tem tempo para identificar o estilo individualizado de cada criança, não sabe distinguir a sua maturidade atencional, emocional, motivacional e neuropsicológica; desconhece habitualmente a sua história de vida. Ora, tudo isso vai interferir no resultado do ensino e no rendimento da aprendizagem, como é testemunhado por muitas pesquisas nacionais ou estrangeiras.

A instrução não se enfoca no combate aos défices ou às dificuldades de aprendizagem que a criança pode exibir ou experimentar por alguma razão específica. A instrução trata as crianças como uma comunidade de alunos iguais e homogêneos. A heterogeneidade e a diversidade cognitiva das crianças e dos jovens alunos não são devidamente respeitadas.

Como a palavra educação sugere, o que está em jogo é o desenvolvimento harmônico do aluno, logo a minimização, a compensação ou a correção dos seus problemas desenvolvimentais. Para atingir resultados positivos, educar tem de ser individualizado e o ensino tem que ser clínico.

Claro que sabemos que em algumas escolas onde crianças especiais e regulares partilham a mesma sala de aula e partilham sucesso (*escola inclusiva*) a avaliação dinâmica do potencial de aprendizagem e a programação individualizada devem ser adotadas.

Nessas circunstâncias, instrução e educação são combinadas, mas geralmente educar é apontado para melhorar as dificuldades, reduzindo os défices, e corrigindo estratégias mal-adaptadas que um aluno possa revelar. Por isso, educar vai para além das dificuldades superficiais.

Por exemplo, se uma criança não souber nadar, o remédio não é atirá-la para dentro da água e deixá-la afogar-se. Também se o aluno é fraco na leitura ou na matemática, educar não é recomendar mais do mesmo, ou seja, mais tarefas de leitura e mais "exercícios" de matemática que vão instabilizar os processos conativos e cognitivos dos alunos.

Educar assume que as DA das crianças podem ser modificadas, reduzidas e superadas através de estimulação cognitiva apropriada, porque a criança tem um enorme potencial de aprendizagem para enriquecer, sendo que na instrução tradicional somente parte do potencial é explorada, quando não puramente negligenciada, ao contrário do que a educabilidade cognitiva subentende.

A educação concebida em sua dimensão vygotskyana também acredita que na criança desfavorecida trabalhada apropriadamente desde a pré-escola, os seus potenciais cognitivos deficitários, desusados ou empobrecidos, podem ser desenvolvidos e as DA ultrapassadas.

A inspiração para modificar as funções cognitivas da criança vem de estudos de estimulação precoce primeiro feito com animais, e, mais tarde, confirmado com crianças.

Foi demonstrado (HEBB, 1959, 1976) que até os ratos podem melhorar na aprendizagem de labirintos e resolver problemas, encontrando saídas e reforços positivos se forem criados em ambientes mais favorecidos e que forneçam oportunidades explorativas e recreativas, tais como balanços e escorregas. Em contraste, ratos que são criados em ambientes desprovidos de estímulos e dentro das quatro paredes de uma jaula empobrecida de estímulos não parecem ser capazes de aprender rapidamente a navegar em labirintos ou encontrar a sua saída. Por analogia, a intervenção cognitiva precoce (ICP) para crianças potencialmente desfavorecidas pode fazer a diferença em sua aprendizagem e em seu desenvolvimento futuro. Haja vontade política e conhecimento científico-pedagógico para tal desígnio.

Por natureza a criança é neuroplástica e a sua inteligência modificável. Proporcionar salas de aula enriquecidas para crianças que são desfavorecidas e em risco de exibirem posteriormente DA na escola, por circunstâncias ou privações familiares de várias ordens, é a coisa certa a fazer, pois estamos tocando em questões muito sérias de prevenção escolar e social. Desenvolver e treinar estratégias cognitivas, flexíveis e diferentes para tais crianças deve ser cada vez mais encorajado.

A pré-escola é o ecossistema ideal para esse objetivo, a formação das educadoras em áreas de ICP, e os equipamentos e instrumentos adequados são uma necessidade nacional de primeira ordem.

O problema da padronização da instrução ou do ensino é que tais conceitos não respeitam a neurodiversidade dos alunos, podendo daí resultar muitas DA (ex.: dislexia, disgrafias, disortografias, dismatemáticas – as chamadas *dificuldades de aprendizagem verbais e específicas* – e as dispraxias, disgnosias atencionais, sociais e relacionais etc. – menos conhecidas e denominadas, *dificuldades de aprendizagem não verbais*). Estes dois termos acabam por se diferenciar semanticamente do termo, mais transcendente, de educação, por este termo estar mais centrado no desenvolvimento harmônico do indivíduo aprendente (o tal mediatizado), respeitando, escrupulosamente, o seu estilo cognitivo e a sua subjetividade.

O desenvolvimento cognitivo não é concebível isolado do processo de educação, ou melhor, da educabilidade cognitiva (FONSECA, 1994b, 1995c, 2001, 2007b), processo esse que deve proporcionar, promover e enriquecer novas formas de atividade cognitiva. Estas formas de atividade cognitiva e de aquisição do conhecimento são internalizadas mentalmente nas crianças por meio da mediatização, como novas funções cognitivas de *input*, integração, elaboração e *output*, consubstanciando uma transmissão da cultura efetiva, ou seja, uma apropriação mais eficaz de funções de processamento crítico e criativo de informação.

A leitura, a escrita e a matemática, como processos psicológicos superiores, por exemplo, acabam por ampliar o repertório cognitivo e a literacidade e numeracidade dos alunos, pois aumentam o seu poder de assimilação crítica, criativa e de produção autônoma do conhecimento, e por isso têm de ser aprendidas em primeiro lugar. Aprende-se a ler, a escrever e a resolver problemas para posteriormente ler, escrever e raciocinar logicamente para aprender (BRUER, 2000).

A educação, que é por definição um conceito vasto e complexo, deve levar à apropriação de instrumentos culturais e cognitivos por parte dos alunos que carecem deles, para se inserirem e fazerem parte da cultura e da sociedade na qual estão integrados.

A educação, na ótica cognitiva, não é mais do que um instrumento psicológico para ensinar a pensar (DE BONO, 1973, 1976, 1991, 1993; BARON & STERBERG, 1987) e para aprender a aprender.

Todo o currículo adequadamente desenhado deveria ser um elemento intrínseco e inseparável do desenvolvimento cognitivo do aluno.

Ensinar a pensar deveria ser prioritário para a escola em todos os seus níveis e processos, pois deveria fazer parte de todos os currículos disciplinares, desde a matemática ao português, às ciências, à história, à arte, à dança, à música, aos desportos etc. É essa a mensagem educacional de Vygotsky; é tempo de compreendê-la e de aplicá-la.

Toda educação deveria incorporar a formação de conceitos linguísticos, a criação de processos de raciocínio lógico e a invenção de modelos de pensamento, de generalização e transmissão de conhecimentos.

Lipman (1980), em seu projeto *Filosofia para crianças*, reforçava a capacidade de pensar, como meio para: estabelecer conexões; traçar distinções; definir, classificar e avaliar informações; abordar de forma reflexiva a relação entre fatos e valores; e diferenciar opiniões de conhecimentos logicamente demonstráveis.

Ensinar a pensar é tornar o ensino mais preciso, sistemático e reflexivo (BRUNER, 1963, 1973).

O papel do professor devia centrar-se na função de facilitador e de mediatizador, o sujeito experiente que cria condições genuínas de diálogo e de interação intencional, significativa e transcendente, tendo em vista o desenvolvimento cognitivo máximo dos seus alunos.

Todos os programas escolares, em princípio, deveriam provocar a infusão cognitiva de forma mais sistemática e eficaz. A infusão cognitiva (SWARTZ & PARKS, 1994; McGREGOR, 2007) não é mais do que uma metodologia de desenvolvimento do pensamento analítico, crítico e criativo; uma metodologia de questionamento sobre a informação assimilada (O que ocorreu? Por quê? Que ideias surgem? Quais as consequências? etc.); de uma metodologia de ativação das funções que processam, tratam da informação e da assimilação significativa do conhecimento.

A infusão cognitiva espelha, no fundo, a mediatização como uma interação cognitiva suportada por instrumentos psicológicos (IP), entendidos como recursos culturais que caracterizam intrinsecamente a Experiência de Aprendizagem Mediatizada – EAM (FONSECA, 2001, 2007b).

A EAM difere das experiências de aprendizagem direta (EAD), ou de qualquer interação banal, superficial e circunstancial, isto é, sem critérios ou propriedades comunicacionais, relacionais, pedagógicas e cognitivas que originem ou impliquem uma infusão, uma injeção ou uma sugestão implicadora de novas funções cognitivas.

Na mediatização cognitiva não basta a ocorrência de uma interação entre o mediatizador e o mediatizado, é necessário que ela seja intencional, e não acidental; significativa, e não esporádica; focada, e não vaga; conativa, e não neutra; com tempo, e não esporádica;

com instrumentos psicológicos, e não apenas com informações inócuas de dados.

Para pôr em prática tais instrumentos de ativação e facilitação cognitiva, o mediatizador tem de transmitir a informação com apoios ou suportes (*scaffoldings*), ou seja, com a elicitação de vários processos cognitivos, dos quais destacamos os seguintes:

- de consciencialização;
- de descodificação semântica;
- de causa e efeito;
- de metacognição;
- de ligação e associação conteudística;
- de energia motivacional intrínseca e entusiástica;
- de reforço dos sentimentos de competência;
- de estimulação proativa e acelerativa dos componentes do raciocínio hipotético;
- de conjectura de soluções possíveis antes de produzir respostas a problemas ou tarefas;
- de clarificação de objetivos e subobjetivos;
- de busca da precisão e da perfeição;
- de animação e ativação atencional, perceptiva, comparativa, analógica, classificativa, mnésica, antecipativa e executiva;
- de autorregulação e autoverificação;
- etc.

A aquisição de IP (verdadeiras ferramentas de uso reflexivo ou cognitivo) serve, portanto, para permitir não uma aquisição acrítica e passiva de conteúdos, de matérias, de disciplinas, de currículos etc., mas, pelo contrário, para possibilitar a aquisição e apropriação crítica, criativa e metacognitiva do conhecimento, pressupondo: um processo de aprendizagem deliberado e não acidental; uma aquisição organizada, sistêmica, planificada, regulada e não fragmentada de dados de informação; e uma generalização, transmissão, exploração, flexibilidade e aplicabilidade de estratégias de integração e elaboração do conhecimento a novas situações de aprendizagem (McGREGOR, 2007; SUTHERLAND, 1996; CASE, 1985; PELL, 1971).

Sem intencionalidade, transcendência e significação no processo de mediatização, a aquisição de IP por parte do mediatizado é apenas sincrética, ligeira, leviana e superficial. Não é porque se transmitem frontalmente e diretamente conteúdos, que os mesmos serão assimilados ou apropriados cognitivamente pelo mediatizado.

Os IP, uma vez aplicados na prática pedagógica, tendo em consideração os critérios de mediatização que já abordamos nos capítulos anteriores, promovem efetivamente a aprendizagem a novas e a futuras situações, problemas, tarefas ou contextos.

As próprias aprendizagens escolares não podem continuar isoladas dos ensinamentos da pedagogia e da psicologia cognitivas ou das estratégias e dos IP que sustentam e facilitam a resolução de problemas, como evocaram Piaget por um lado, e sobretudo Vygotsky e Bruner por outro, assim como seus continuadores (ROGOFF, 1990).

Na escola do futuro (a *escola cognitiva* ou a *escola inteligente*), não basta ensinar matérias, é urgente mediatizar a significação cultural dos conteúdos transmitidos com base em IP inovadores.

Vejamos em seguida os seus fundamentos mais relevantes.

Os IP são recursos simbólicos que facilitam a assimilação, a integração, a internalização e a compreensão do conhecimento, podendo consubstanciar-se sob a forma da utilização de ferramentas de mediatização como: imagens, signos, símbolos, diagramas, organogramas, textos seletivos, fórmulas, gráficos, mapas, esquemas, modelos etc.

Com tais recursos de transmissão da informação, os seres aprendentes não só ativam funções psicológicas ditas "naturais", como a atenção, a percepção, a memória, a elaboração etc., como também suscitam o surgimento de novas funções psicológicas ditas "socioculturais", cuja natureza é supraindividual (Teoria Sociocultural de Vygotsky e Luria), refletindo e ilustrando a mediatização.

A internalização, a interiorização e a integração da informação passam a ser mais coibidas e registradas mentalmente. O emprego de IP, como componentes cognitivos essenciais, facilita a aquisição de conteúdos e, por essa via, tornamos elementos cruciais, apoios, amparos, pilares, reforços, ajudas e suportes (os tais *scaffoldings*, nas palavras de Bruner (traduzindo uma ideia em russo com o mesmo sentido introduzida por Vygotsky).

A ideia de *scaffoldings* na aprendizagem subentende a noção de que o desenvolvimento cognitivo espelha uma espécie de construção por andaimes do processo de aprendizagem, em analogia com a construção de um monumento ou de uma catedral. A sua falta ou pobreza, na transmissão de informação e do conhecimento, pode gerar incompreensão, confusão, esforço exagerado, desmotivação, e implicar bloqueios e resistências, que podem mesmo implicar funções cognitivas deficitárias ou mesmo dificuldades de aprendizagem.

Os IP são suportes, ajudas ou estratégias de transmissão de informação, são um paradigma da educabilidade cognitiva. Trata-se de uma expressão que ilustra um conceito educacional e uma estratégia de ensino originária da concepção sociocultural da cognição humana de Vygotsky e, principalmente, do seu conceito de ZDP que já comentamos.

Este paradigma cognitivo reforça o papel do mediatizador (formador, professor, terapeuta, treinador etc.) na interação com o mediatizado (formando, aluno, cliente, atleta etc.), quando recorre ao uso de recursos, suportes, estratégias, sugestões, incitações, exemplificações, soluções parciais, processos de enfoque atencional, de processamento criativo e crítico de dados, de planificação e antecipação de tarefas e subtarefas, de dicas cognitivas, de funções executivas etc. Todas, consequentemente, possibilitam a emergência de funções cognitivas de retroação (*feedbacks*), de antecipação (*feedfowards*), de regulação e de reaferência, que permitem ao mediatizado aceder a um novo patamar de aprendizagem ou de conhecimento.

Baseado na ZDP do mediatizado, o mediatizador serve-se, intencionalmente e individualmente (aqui tendo em atenção, obviamente, o seu *estilo cognitivo*), de um conjunto de processos de facilitação cognitiva e de processamento, tratamento, análise e síntese de informação que visam promover, e construir na mente do mediatizado, novas competências cognitivas que levam à resolução das tarefas que são necessárias aprender.

Trata-se de lançar mão de um conjunto de suportes, que tem como finalidade potenciar e desenvolver cognitivamente o mediatizado.

A estratégia de suportes parte do conhecimento prévio do mediatizado (o que exige uma avaliação dinâmica do seu potencial cognitivo por instrumentos distintos do tradicional QI, pelo menos no contexto educacional e reeducacional (FONSECA, 2001, 2007b)), onde o mediatizador adota um tipo de interação e de questionamento que o desbloqueia, motiva e estimula a internalizar e a processar uma nova informação ou conhecimento e a executar uma nova competência, ou mesmo praxia.

A instrução centrada em tais suportes pretende explorar a ZDP do sujeito aprendente, o que quer dizer que se situa um pouco para além do seu nível de realização independente ou de realização cognitiva atual.

Com a assistência, a modelação e o encorajamento, numa palavra, com a mediatização adequada, proporcionada pelo mediatizador, o mediatizado, embora não realize ainda totalmente sozinho a tarefa, ao ser apoiado com tais suportes acaba por a realizar ou completar posteriormente.

A intervenção do tipo *scaffolding*, ao valorizar o papel relacional, conativo e ético dos mediatizadores (formadores, professores ou outros com as mesmas funções), tem de consubstanciar, em termos de apoio, amparo, ajuda, auxílio, reforço, numa palavra, de suporte, que eles contribuam efetivamente para o desenvolvimento cognitivo intrínseco dos mediatizados (formandos, alunos etc.). A intervenção com suportes fornece ferramentas, estruturas, fundamentos e bases cognitivas que permitem que eles cheguem a um novo estágio cognitivo ou nível de aprendizagem.

Trata-se de um suporte transitório e temporário, porque se assume que o mediatizado acabará por aprender independentemente e com a desejável autonomia.

A tal crença (*believe system*) que já fizemos referência em outro capítulo, quando abordamos aspectos da obra de Feuerstein, acabará por dominar os procedimentos da aprendizagem do mediatizado, e implica todos os conceitos da mediatização e da educabilidade cognitiva. Ou seja, no sentido prospectivo, reforça a noção de que o mediatizado ou o aluno, acabará por atingir, por si próprio, a solução do problema.

À medida que o mediatizado vai crescendo em sua aprendizagem, em sua modificabilidade cognitiva, a estratégia de suporte vai naturalmente diminuindo, porque o ser aprendente, finalmente, torna-se capaz de completar, de resolver a tarefa sem os tais suportes ou apoios, ou é capaz de compreender os conceitos em situação, de forma independente, livre e autônoma, isto é, já não necessita de se submeter a qualquer ajuda ou suporte.

O papel fundamental do mediatizador está em garantir um conjunto de suportes e estratégias de ensino que no futuro tornem o mediatizado independente, autorregulado e autônomo em termos de aprendizagem. Abandonado a si próprio e ao seu conhecimento prévio limitado, o mediatizado não ascende a outro patamar mais complexo de desenvolvimento cognitivo que só pode vir a ser apropriado com a ajuda de um ser humano mais competente. Daí a transcendência da noção vygotskyana de aprendizagem cooperativa e do papel das relações complexas entre professores e alunos em qualquer situação de aprendizagem.

O mediatizador vai reduzindo o seu manancial de suportes externos à medida que o mediatizado vai construindo internamente (cognitivamente) cada vez mais competências e habilidades cognitivas. As ajudas externas são secundárias; o processo interno de construção cognitiva é que é o mais relevante.

O recurso a essa estratégia de ensino, que acaba por produzir melhores resultados na aprendizagem e no desenvolvimento cognitivo, emerge quer de processos inteligíveis de comunicação não verbal (gestos, mímicas, modelação de comportamentos etc.), quer verbal (dissecação de significados, ligação entre informações antigas e novas, instrumentos psicológicos, mapas cognitivos etc.), pondo em jogo na interação intencional entre mediatizador-mediatizado atividades e tarefas que permitam atingir os seguintes objetivos:

- motivar e alargar o sistema de necessidades;
- simplificar a tarefa, dividi-la nas suas componentes e proporcionar melhores condições de gestão das tarefas a aprender;
- orientar e direcionar o ato de aprendizagem para que as tarefas sejam concluídas e não procrastinadas;
- apontar e discriminar diferenças entre a atividade realizada e a atividade a realizar tendo em vista a sua solução mais desejável, mantendo a concentração, incorporando a avaliação das tarefas e a análise dos resultados (*feedbacks* estruturantes);
- reduzir a frustração e reforçar o sentimento de competência;
- clarificar as expectativas da atividade a levar a efeito, reduzindo a confusão e a incerteza do problema; e,
- antecipar problemas, fornecendo fontes e recorrendo a estratégias de execução mais eficazes e expeditas.

A estratégia de *scaffolding* é uma estratégia cognitiva que visa eliminar as dificuldades para otimizar a aprendizagem. Em certa medida, ela pretende superar os vazios de conhecimento e os vazios de competências de seres humanos em situação de aprendizagem ou de formação.

A intervenção cognitiva baseada no *scaffolding* é uma metodologia que se integra perfeitamente no processo mais lato e abrangente do "aprender a aprender", estratégia esta crucial para responder aos desafios do futuro, não só para qualquer indivíduo aprendente, como para qualquer organização focada na aprendizagem, como a escola ou a clínica. A sua arquitetura conceitual e o seu potencial de modificabilidade cognitiva é tal, que nenhuma situação de ensino ou de intervenção clínica devia ser alheia à sua ação.

A intervenção cognitiva baseada no *scaffolding* aponta para uma nova visão da educação, da reeducação ou da formação profissional; aponta para o aumento do capital cognitivo fundamental ao desenvolvimento da sociedade cognitiva na qual estamos mergulhados.

Quanto mais cedo pudermos instituir esse tipo de intervenção cognitiva, na educação e na formação de indivíduos, de qualquer idade, dentro dos moldes das ciências cognitivas, melhor.

Quanto mais apostarmos na cognição das escolas, mais frutuosos serão os seus benefícios sociais e culturais. Para tal teremos de apostar em três dos componentes principais da educabilidade cognitiva: o *pensamento crítico*, o *pensamento criativo* e a *metacognição*, a que nos referiremos, mais à frente, de forma sumária.

A Educabilidade Cognitiva (EC) tem por finalidade desenvolver funções cognitivas com base no processo de interação intencional. O seu objetivo primordial é o enriquecimento dessas funções, e não a transmissão pura, frontal e simples de informação, de conteúdos ou de conhecimentos.

As funções cognitivas são os requisitos essenciais do pensamento crítico e criativo e da aprendizagem eficaz, e eles não se desenvolvem num tipo de ensino tradicional, complacente, desmotivado e facilitista, debitando conteúdos que não fazem sentido nem são devidamente integrados cognitivamente pelos alunos.

A EC enfoca-se mais no processo interno do que no produto final – daí a emergência de uma consciência e de um controle de caráter metacognitivo, isto é, o surgimento de funções psicológicas superiores autoengendradas pelos alunos depois de serem mediatizadas, provocadas, desafiadas ou guiadas intencionalmente e significativamente pelos professores.

Para se atingirem as funções cognitivas dos alunos, os professores devem fazer uso de suportes e de apoios, ou seja, de *scaffoldings*, como já equacionamos, de modo a facilitarem o surgimento de novos processos cognitivos e de modalidades de conhecimento por meio de recursos gráfico-simbólicos mais generalizáveis.

O caráter sistêmico da EC sugere que ela deve ser composta de várias unidades e subunidades que devem estar integradas entre si de forma interdependente e estritamente relacionadas horizontal e verticalmente, como um sistema de conhecimento com totalidade conteudística, em que as várias unidades estão hierarquizadas e são compostas de componentes que interagem entre si, para reforçar e consolidar o próprio conhecimento na estrutura cognitiva dos alunos.

Todas as tarefas propostas devem supor a identificação de elementos como partes de um sistema total, para que cada uma delas esteja intrinsecamente relacionada com as restantes tarefas da unidade. A solução de cada tarefa exige aceder às estratégias já aprendidas em outras, e vice-versa, de maneira que cada uma se converta em elemento dinâmico do sistema de conhecimento a se transmitir culturalmente. A solução de tarefas ou a concretização de problemas e de projetos não é a finalidade única, o importante é descobrir os princípios cognitivos que estão subjacentes e que ligam os vários componentes entre si.

Para atingir este objetivo da EC, vários princípios cognitivos devem ser atendendidos, nomeadamente:

• qualquer tarefa pode ter várias soluções corretas e não apenas uma solução única e exclusiva;

• tentar enfocar mais na importância das estratégias e dos princípios cognitivos em jogo do que nas operações e nos procedimentos de resolução dos problemas;

• as estratégias a aprender devem, tanto quanto possível, ser aplicáveis a vários contextos possíveis; e, finalmente,

• as funções cognitivas a incutir devem incorporar a estrutura conceitual de todas as disciplinas do contexto de formação em consideração.

A EC deve fornecer os IP que devem fazer parte da arquitetura conceitual do indivíduo mediatizado, promovendo e enriquecendo nele as funções cognitivas superiores de análise de dados, de comparação, de inferência, de dedução, de planificação e resolução de problemas, preparando-o para aprendizagens inéditas e imprevisíveis, acentuando e aprofundando o seu processo de aprender a aprender.

A EC é vista como uma exigência ética da aprendizagem, como emancipação conativa e cognitiva do sujeito aprendente, como modificabilidade ilimitada do seu potencial de aprendizagem.

A EC está mais atenta a ensinar a aprender a aprender de forma inovadora, a refletir sobre as ações e as respostas, bem como sobre a sequência das operações cognitivas envolvidas na resolução espaço-temporal intencional dos problemas.

A EC visa enriquecer criticamente, criativamente e metacognitivamente o aluno, favorecendo, paralelamente, o intercâmbio e a discussão (conflito sociocognitivo) entre o professor e os alunos, ou entre os colegas e os seus pares. A EC inspira-se na função do pensar para todos os alunos sem exceção, de acordo com os seus perfis cognitivos, em vez de estar focada no despejar dos conteúdos que têm de ser avaliados nos exames. Em suma, A EC está centrada intencionalmente no desenvolvimento das funções cognitivas dos alunos, sejam elas de *input*, de integração, de planificação, de execução ou de *output*.

É o treino do ato mental como um todo que interessa particularmente à EC. Por isso, e em síntese, ela:

1) favorece a tomada de consciência (metacognição) por parte do aluno do seu próprio funcionamento cognitivo;

2) promove as funções cognitivas atencionais, perceptivas, mnemônicas e executivas;

3) enfoca a potencialidade e a perfectibilidade cognitiva da criança, do jovem ou do ser aprendente, ativando funções cognitivas adormecidas ou inativas pela cultura envolvente.

A EC parte da assunção que as *disfunções cognitivas* podem ser atribuídas ao contexto sociocultural ou ao processo de ensino, remete para a literatura dos estilos de ensino e dos estilos de aprendizagem. Na EC não é o sujeito que tem de se adaptar simplesmente à tarefa; ela sim tem de visar a harmonização dos dois componentes do PEA, que já abordamos.

A EC desvia o foco do insucesso da criança para as modalidades e para os processos de instrução, muitas vezes sem qualidade, sem eficácia mediatizadora e sem qualquer conação, mas apenas carregadas de rigidez didática.

A EC sugere que a aprendizagem numa criança ou num jovem subentende o uso das suas funções cognitivas intactas, para além da estrutura neurofuncional total do seu cérebro.

Aprender é sinônimo de ato mental total (*input*, integração/elaboração; *output*, retroação). Só com base neste ato mental funcional, induzido pelo ato educacional e interacional do professor, a aprendizagem no aluno pode ser mais fluente e a aquisição do conhecimento e a resolução de problemas mais possíveis de ativarem os seus circuitos neuronais.

Em resumo, o papel da escola reforça o papel da cultura e da mediatização como palco privilegiado para se utilizarem ferramentas mentais que inter-relacionam o conhecimento subjetivo com a herança cultural coletiva (DEWEY, 1915; POPER & ECCLES, 1978; VYGOTSKY, 1962, 1987; ROGOFF, 1990; DANIELS, 2008), onde se dá a inter-relação entre o mundo subjetivo do indivíduo e a história da sua cultura.

Os intrumentos mentais (signos, ditos simbólicos) depois dos instrumentos naturais (pedras e paus, ditos não simbólicos) são os constituintes da nossa cultura que foram inventados e aperfeiçoados ao longo da história da humanidade (LURIA, 1979; FONSECA, 2005, 2007b).

Não podemos esquecer que as funções cognitivas presidem ao ato de conhecimento e aos processos mentais pelos quais o organismo (conjunto dialético de corpo e cérebro) adquire, atende, processa, conserva, explora, cria e comunica informação.

Uma sociedade de conhecimento extremamente dinâmica e em permanente mudança como a atual – na qual tudo muda muito abruptamente, desde as tecnologias às economias e às novas exigências dos empregos, que são cada vez mais de "curta duração", do que para "toda a vida", como era característico do passado – exige dos indivíduos mais mobilidade de uma empresa para outra. Por isso, os indivíduos têm de ser preparados para serem mais críticos, criativos, reflexivos e adaptáveis a novas situações de empregabilidade.

Em várias pesquisas sociológicas, a maioria dos indivíduos, nos nossos dias e no futuro próximo, pode mudar de emprego ao longo da sua vida ativa, cerca de uma dúzia de vezes, onde as "posições ou funções permanentes" que desempenhavam outrora são cada vez mais substituídas por "contratos, tarefas e projetos de curta duração", com novas funções e exigências cognitivas.

Todo esse retrato socioeconômico atual ilustra bem que as pessoas têm que ser dotadas de funções cognitivas superiores, logo vão necessitar de educabilidade cognitiva em sua educação de base e em sua formação profissional para melhorar o seu pensamento crítico, o seu pensamento criativo e a sua metacognição. Adaptar-se e ter sucesso em novos empregos vai requerer, de cada indivíduo, mais uso e aplicabilidade dos seus recursos cognitivos.

O mundo moderno reclama dos indivíduos mais qualificações cognitivas. Não se trata de uma preferência passageira, de uma mania ou modismo pedagógico, mas de uma necessidade educacional fundamental. Por isso, é fácil concluir que cabe à escola a formação de indivíduos com competências no pensamento crítico, no pensamento criativo e na metacognição, três componentes interligadas entre si, que compõem uma tríade fundamental ao sucesso na escola, no emprego e na vida.

É nossa convicção que temos de apostar muito mais na cognição nas nossas escolas e nos nossos centros de formação profissional (McGREGOR, 2007), porque daí surgirão melhores processos de aprendizagem, mais rendimento escolar e melhores possibilidades de sucesso no emprego e na vida. Para tal, como abordamos anteriormente, teremos de aplicar as três componentes integradas da educabilidade cognitiva, a saber:

- a metacognição;
- o pensamento criativo; e por último
- o pensamento crítico.

Às três componentes nos referiremos, em seguida, de forma sumária.

5 Novos paradigmas da educabilidade cognitiva: a metacognição, o pensamento criativo e o pensamento crítico

5.1 Metacognição

A metacognição traduz a ideia de que o ser aprendente, inexperiente e mediatizado é um indivíduo portador de experiências, de sensibilidade, de pensamentos e de conhecimentos, que é capaz de raciocinar e refletir por si próprio. Não é, consequentemente, um ser ignorante nem pode ser concebido como "um copo vazio" de funções cognitivas.

Por princípio, qualquer indivíduo tem a virtualidade de pensar em seu próprio pensamento, ao mesmo tempo em que é cognitivamente hábil, o ponto de corrigir as suas ideias e noções por meio de reflexão interiorizada, e é efetivamente capaz de "ir além do seu pensamento" (*going meta*) como evocava Bruner, 1973.

Meta, no sentido bruneriano, ilustra a capacidade dos alunos de refletir sobre os seus próprios conhecimentos e perspectivas, ou seja, são capazes de pensar em seu pensar.

Nesse sentido, como admitia Dewey (1915, 1944, 1971), a maioria dos indivíduos está dotada de capacidades de reflexão, o que lhes permite desenvolver ideias mais originais, iluminadas, esclarecidas e elucidativas, desde que devidamente mediatizadas. O mesmo autor chegou a relacionar o processo de pensamento reflexivo, com o desenvolvimento de opiniões e convicções (*beliefs*).

Statt (1998) define metacognição quando o indivíduo tem "o conhecimento e a consciência do seu próprio processo cognitivo", e nós sublinhamos que a metacognição é, por analogia, uma cognição da cognição.

O indivíduo, utilizando a metacognição, tem a noção de que os seus processos cognitivos implícitos podem tornar-se mais explícitos, ou seja, a metacognição toma lugar quando pensamos no nosso próprio pensamento, quando refletimos, quando estamos assimilando um conhecimento, quando estamos aprendendo ou quando estamos cometendo um erro.

Em termos de resolução de um problema, a metacognição emerge, com mais veemência, a partir do momento em que chegamos a uma solução que nos satisfaz, quando aprendemos como atingimos tal produto final cognitivo, como utilizamos competências cognitivas numa dada sequência espaçotemporal intencional e com que esforço mental, processo este suscetível de ser duplicado e transportado para outras situações, porque foi bem-sucedido e porque consubstancia uma variedade de benefícios (NICKERSON et al., 1985; FLAVEL, 1976, 1993).

A metacognição não é mais do que uma estratégia cognitiva de monitorização, que guia e enfoca o pensamento subsequente. Portanto, a metacognição se refere à aplicação de uma monitorização ativa, de uma consequente autorregulação e de uma orquestração de processos cognitivos que servem para a obtenção de soluções e objetivos e para a conquista de metas e fins. Já em Piaget (1954, 1965a), a metacognição é encarada como uma abstração reflexiva, como um processo gerado individualmente, independentemente dos estímulos externos percebidos e das observações dela emanentes.

A metacognição em si tem como finalidade expandir as competências cognitivas que suportam o pensar no pensar. Ela consubstancia um bom modelo de processamento de informação; por essa razão afeta positivamente a aquisição, a compreensão, a retenção e a aplicação de conhecimentos, ampliando e flexibilizando o potencial de aprendizagem do indivíduo.

A consciencialização metacognitiva favorece o autocontrole e a autorregulação do processo de pensamento, do processo de aprendizagem e da produção práxica e criativa de produtos cognitivos, especialmente no contexto escolar e na vida profissional, como por exemplo: trabalhos, apresentações, relatórios, resumos, ensaios, artigos, projetos de pesquisa e de campo etc.

O pensamento metacognitivo ilustra um leque de várias competências cognitivas, das quais podemos referenciar sumariamente as seguintes:

- busca ativa, persistente e cuidadosa de conhecimento;
- apreensão dos processos e dos passos cognitivos do ato de conhecimento;
- consciencialização das razões e das evidências que suportam determinadas inferências e conclusões;
- reflexão sobre como nos apropriamos de qualquer novo conhecimento;
- monitorização e consequente regulação e orquestração dos processos cognitivos envolvidos com um novo pensamento e um novo conhecimento no sentido de alcançar um fim concreto ou um determinado objetivo; e por fim
- gestão internalizada dos instrumentos cognitivos que orientam o próprio pensamento ou raciocínio.

Todas estas competências metacognitivas visam a eliminação de processos distráteis ou impulsivos que impeçam obter um pensamento eficaz e competente (*skillful thinker*).

O recurso à metacognição tem, por finalidade primeira, melhorar a aprendizagem no futuro, na medida em que fornece um conjunto de instrumentos cognitivos que por si só, tendem a controlar o processo da aprendizagem em situações subsequentes, tornando o indivíduo um utilizador competente na apropriação e na assimilação de novos conhecimentos.

Com treino avançado, a metacognição espelha um bom modelo de processamento de informação, processo esse estruturante para a integração, internalização e construção de novos conhecimentos. Com o aperfeiçoamento das estratégias metacognitivas, a percepção do indivíduo torna-se mais clara, e os conteúdos a incorporar tornam-se mais consciencializados, como afirmava Liepman et al. (1980, 2003).

A metacognição integra, claramente, um modelo de processamento de informação de eficácia, ou de excelência, porque produz resultados cognitivos competentes na medida em que coloca em ação uma interação de vários fatores cognitivos. Ela inclui, pelo menos em termos cognitivos, estratégias (específicas, similares, diferentes, múltiplas etc.), conteúdos, conhecimentos, avaliações, seleções e monitorizações de dados, e, obviamente, conações. No fundo desencadeia, sobretudo, um conhecimento relacional (McGREGOR, 2007).

Escritores, artistas e cientistas, mais envolvidos com o pensamento criativo, estão permanentemente envolvidos em autojulgamentos, em pensamentos e em estratégias metacognitivas de regulação, acerca dos detalhes e dos pormenores da suas obras ou trabalhos, na medida em que procuram explorar critérios – algumas vezes objetivos, outras vezes subjetivos – para encontrarem uma via de aplicabilidade, de exequibilidade e de materialização da sua atividade cognitiva criativa.

Pensar no próprio ato de pensar é uma modalidade de reflexão e de regulação indispensável ao ato criador, é um instrumento cognitivo-chave que ajuda os criadores a elaborarem e a conjecturarem o pensamento que ativaram para resolver um problema, uma obra, um projeto ou um trabalho, ou para terminar, concluir e finalizar uma dada tarefa em tempo útil.

A metacognição incita, induz, pontualiza e lembra os aspectos cognitivos integrados no ato de reflexão, focando, autoquestionando e sugerindo que os alunos ou mediatizados possam transcender-se cognitivamente (*go meta*) em diferentes aspectos das suas aprendizagens ou adaptações quotidianas.

É óbvio que é preciso alimentar a metacognição com o desenvolvimento do vocabulário, por facilitar o surgimento da linguagem interior que suporta o processo do pensamento, pois o uso de palavras apropriadas é crucial a vários níveis: para as redes conceituais poderem ser despertadas e sustentadas; para internalizarem os planos e as estratégias a considerar na resolução de determinado problema; para reverem e monitorizarem os procedimentos, os meios e os materiais necessários à sua concretização; para detectarem as suas omissões ou incoerências; e finalmente, para ampliarem a sua transferência (*transfer of learning*) para novas situações ou contextos.

É igualmente fundamental recorrer a outros instrumentos cognitivos, tais como: organizadores gráficos; planificadores de tarefas e subtarefas; pontuadores dos processos cognitivos a adotar; táticas de comparação e de contraste; avaliações e julgamentos sobre a adequabilidade e a alternância das estratégias aplicadas; técnicas e métodos apropriados; e por fim, elicitar diferentes processos de pensamento (*mind movies*). Todos estes instrumentos cognitivos podem servir para situações similares no futuro, uma vez que o ato criador não é mais do que uma paleta de competências cognitivas em interatividade crítica e criativa.

A metacognição, assim mobilizada e ativada, permite responder flexível e reflexivamente a problemas futuros que venham a ser colocados por situações inéditas e imprevisíveis. Não esquecer que, conhecer e utilizar o que se conhece e pensa, promove a capacidade de aprender a aprender, como evocava já o grande pioneiro Dewey (1933, 1944).

Diferentes níveis de metacognição podem ser descritos, assim como as várias atividades de mediatização que os professores podem proporcionar (McGREGOR, 2007).

Vejamos alguns dos seus aspectos, para dar mais sentido pedagógico-prático à metacognição.

Nível	Nível metacognitivo	Mediatização dos professores
1º	• Tornar-se consciente do pensamento e ser capaz de descrevê-lo.	• Descrever o que se fez. • Descrever como o fez. • Que palavras são mais apropriadas para descrever a estratégia utilizada para resolver a tarefa?
2º	• Desenvolver estratégias de pensamento, isto é, analisar os processos cognitivos utilizados.	• Questionar porque se adotou uma dada estratégia e não outra. • Que outras alternativas poderiam ser também adotadas? • Por que se tomou uma determinada decisão para resolver o problema, e não outra?
3º	• Avaliar a reflexão sobre os procedimentos aplicados (antes, durante e depois).	• Como considerou a sua abordagem ao problema? • Como reconheceu que a estratégia utilizada resultou? • Alterou alguma estratégia à medida que a tarefa ia sendo resolvida? • A sequência dos passos da realização da tarefa foi eficaz e bem planificada? • Como pode melhorar, no futuro, as estratégias adotadas?

4º	• Transferir os procedimentos e os processos de aquisição do conhecimento para outras situações-problema e para outros contextos.	• Onde é que tal estratégia poderia ser também utilizada? Em que contextos ou situações? Por quê? • De que problema se tratava? Qual a solução que foi desenvolvida? • Como abordar um problema similar na próxima vez?
5º	• Estabelecer a conexão da compreensão conceitual com os procedimentos experimentais postos em prática.	• Como é que a abordagem utilizada alargou o nível de compreensão do problema? • Que dados de informação, evidências ou fatos foram mais importantes para perspectivar a solução do problema decidida e executada? • Que processos cognitivos se utilizou para resolver o problema? Descreva-os. • O que ocorreu ao longo do processo de pensamento que mais ajudou na compreensão do problema?

Ir para além desses níveis metacognitivos e avançar um novo passo na reflexão cognitiva, no sentido de avaliar as diferentes estratégias desencadeadas na resolução de problemas, revela efetivamente o que é ser *meta* cognitivo, daí a sua relevância como componente fundamental da educabilidade cognitiva.

Avaliar as estratégias, as táticas e as abordagens que permitem atingir soluções de problemas, que podem ser úteis, e sobretudo aplicáveis, no futuro incerto, é atingir uma metacognição reflexiva consequente. Por isso, ser consciente do processo de pensamento que o próprio indivíduo utiliza habitualmente se revela como chave para desenvolver a capacidade de uma aprendizagem autodirigida.

Outra das estratégias que estão na base do desenvolvimento da metacognição é a capacidade de questionamento, pois saber colocar perguntas no tempo certo do ato mental como um todo é uma condição crucial ao enriquecimento da metacognição.

McGuiness (2005) prescreve um conjunto de questionamentos que os mediatizadores devem colocar aos mediatizados, no sentido destes poderem ascender a processos de reflexão cognitiva quando se encontram em situações de aprendizagem ou de resolução de tarefas e de problemas.

As primeiras perguntas poderão emergir quando os mediatizados ou os alunos estão planificando as tarefas, no sentido de encorajá-los a refletir sobre experiências anteriores e sobre a capacidade de pensar prospectivamente (*thinking ahead*).

Neste contexto, podem-se colocar perguntas como as seguintes:

- Como é que será feita a tarefa?
- Vai-se adotar uma estratégia similar a outra que já foi utilizada anteriormente? Por quê?
- Expliquem e fundamentem por que optaram por uma estratégia, e não por outra?

O segundo grupo de perguntas, seguindo o mesmo autor, poderá ser colocado quando os alunos estão completando as tarefas, com o objetivo de lhes elicitar a reflexão sobre o processo e o progresso da realização delas, de onde podem surgir os seguintes questionamentos:

- O que é que compreenderam, ou não compreenderam, desde já, da tarefa concluída?
- Precisam de se questionar mais?
- Encontram-se no bom caminho para a sua resolução?
- Seguiram a sequencialização certa dos vários procedimentos planificados, ou seria mais conveniente adotar outros? Quais?

Por último sublinhamos as sugestões do mesmo autor.

O terceiro grupo de questões a formular pode colocar-se exatamente quando os alunos estão avaliando o que fizeram. Neste particular aspecto, as perguntas colocadas podem ser as seguintes:

- Como é que fizeram a tarefa? – Expliquem os seus passos de forma clara.
- De que métodos lançaram mão, e por quê?
- A planificação resultou, ou teve que ser alterada, onde e por que razão?
- Aprenderam algo a partir dos erros cometidos?
- Podem melhorar nas próximas situações-problema? Como? etc.

Refletir sobre o processo cognitivo utilizado para atingir uma dada solução é uma medida básica para estimular a metacognição; logo, as múltiplas competências cognitivas postas em jogo em sua ativação.

O processo de consciencialização daí resultante vai obviamente reforçar várias funções cognitivas, como: a atenção; a percepção analítica; a capacidade de comparação; o processamento crítico e criativo da informação contida nas tarefas ou nos problemas a resolver; a planificação; a priorização e a antecipação dos vários procedimentos envolvidos etc.

Com base neste processo metacognitivo, o desempenho na aprendizagem tende a melhorar e a ampliar a motivação intrínseca para tarefas subsequentes.

Com a metacognição, a cognição influencia e é influenciada pela conação (PERRAUDEAU, 1996), porque a própria aprendizagem mobiliza funções mentais internalizadas, ativa a significação e a compreensão do conhecimento. Trata-se, portanto, de uma espécie de cogitação cognitiva e de um reexame autobiográfico que arrasta várias implicações positivas para a aprendizibilidade futura do indivíduo, não só no campo do pensamento, mas obviamente também no campo da ação, sugerindo processos cognitivos do ato ao pensamento, e o inverso, ou seja, do pensamento ao ato, reforçando aqui uma ideia genial de Wallon (1963, 1966) que extravasa em muito os meros contextos escolares, formativos ou os diversos conteúdos curriculares, pois tem aplicação para o sucesso na vida e na profissão, encarada em seu todo.

Podemos dizer, por isso, que a metacognição não se limita apenas aos questionamentos efetuados pelos professores; as suas consequências em termos de potencial de aprendizagem e de autorregulação são incomensuráveis porque os questionamentos também devem ser efetuados pelos próprios alunos (*self-reflective questions*).

Os alunos que adotam estratégias de metacognição são também mais autorregulados (FLAVEL, 1976; FLAVEL et al., 1993), desenham metas e objetivos a atingir, planificam-se com mais rigor, ativam e mobilizam mais adequadamente o conhecimento anterior, tornam-se mais conscientes dos seus próprios processos de pensamento, têm motivação intrínseca pelo estudo e tendem a ter hábitos de pensar no pensar. Selecionam estratégias cognitivas, fazem julgamentos e utilizam estratégias de pensar antes de agir, são mais autoconscientes, alocam mais tempo ao estudo, daí o seu rendimento escolar ser distinto dos alunos com dificuldades de aprendizagem, sejam elas gerais, sejam elas específicas (FONSECA, 2008).

De acordo com Brown (1977), em comparação com os seus colegas, os alunos denominados metacognitivos têm mais componentes sofisticados e refinados de conhecimento, possuem mais vocabulário e descodificam textos ou problemas com mais fluência linguística, são mais auto-organizados e autoplanificados para, além de manejar, focar e controlar dados mais sistematicamente e persistentemente. Numa palavra, dispõem mais facilmente e mais eficientemente dos seus recursos cognitivos, desenvolvem mais competências de ordem superior na leitura, na escrita, na matemática e no estudo das outras matérias, são mais proficientes na aprendizagem.

Como a cognição, a metacognição é também desenvolvimental. Os alunos, obviamente, melhoram as suas habilidades para processar informação ao longo da sua escolaridade à medida que vão aprendendo novas competências, novos conteúdos e novas atitudes, assim como melhoram, igualmente, as suas funções cognitivas vitais, como a sua atenção, a sua memória, o seu processamento informacional (simultâneo e sucessivo (DAS, 1980, 1986)), a sua planificação e as suas funções executivas. A metacognição, como outras competências cognitivas, revela uma transição estruturante a partir da situação do ser inexperiente e iniciado, até se transformar em ser experiente e especializado.

A metacognição muda durante a infância (1º ciclo) e durante a adolescência (2º e 3º ciclos de escolaridade).

Na infância muitos estudos focam-se particularmente nas capacidades da metamemória e no autoconhecimento como ela opera. Assim, por volta dos 5-6 anos de idade, as crianças percebem que aprendem melhor quando as tarefas são familiares do que quando não o são; que a memória armazena melhor uma pequena lista de palavras ou de itens de um problema do que uma longa lista, que reconhecer é mais acessível do que relembrar ou recuperar informação etc.

Embora muitas crianças evidenciem capacidades de metamemória consideráveis, esta não só é limitada, como aquelas não estabelecem, ainda, a relação entre os dados de um problema, o que dificulta a sua retenção, recuperação e rechamada. Elas também são capazes de se lembrar e captar melhor a ideia principal e a narrativa de um texto de leitura do que a sua recuperação literal, ideia por ideia ou palavra por palavra. Convém reforçar que todas essas características da metamemória aceleram e melhoram, consideravelmente, na adolescência.

Outro aspecto desenvolvimental agregado à metacognição, e que é pouco abordado na literatura específica, é a questão da Teoria da Mente (*theory of mind*), profundamente estudada na cognição social e, particularmente, no estudo do autismo.

A Teoria da Mente se refere essencialmente à tomada de consciência dos processos mentais inerentes ao próprio indivíduo e, ao mesmo tempo, dos processos mentais dos outros indivíduos. Por natureza, a mente humana, desde bebê até a velhice, é curiosa, pela sua e pela dos outros; quer pelo que se passa nela, o seu motivo, de onde emerge etc., quer no que se passa na mente dos outros com quem necessariamente interage. Como a metacognição, a Teoria da Mente também é desenvolvimental; vejamos alguns aspectos sumários, desde a infância até a adolescência.

Dos *dois para os três anos de idade* a Teoria da Mente enfoca-se essencialmente em três estados mentais, a saber: *as percepções* (as crianças compreendem que o que as outras pessoas veem é o que elas têm na frente dos seus próprios olhos), os desejos (as crianças percebem que, quando as pessoas querem qualquer coisa, elas tentam alcançá-las), e por fim, as emoções (as crianças começam por distinguir emoções positivas das negativas). Trata-se de uma compreensão da relação das mentes dos outros com os seus próprios comportamentos, com quem as crianças convivem e interagem. Porém tal competência ainda é restrita e mínima nesse período, pois ainda estão longe de perceber como é que as crenças dos outros podem influenciar as suas próprias condutas.

Dos *quatro para os cinco anos*, a Teoria da Mente atinge outro patamar mais complexo – nesse período as crianças já compreendem que a mente pode representar objetos e eventos com certa acuidade, e já entendem opiniões falsas (*"false believes"*).

Dos *seis anos até à pré-adolescência*, as crianças e os jovens já apreciam o que é a mente em si próprios, e não apenas compreendem os seus diversos estados mentais, mas também já conseguem vê-la como uma componente construtiva do conhecimento ou como um centro ativo de processamento de informação. Já inferem que o mesmo acontecimento ou evento pode apresentar múltiplas interpretações e não apenas a sua.

Durante a *adolescência* a Teoria da Mente passa por outras metamorfoses. Por norma, os adolescentes possuem uma maior capacidade para monitorizar e manejar os seus recursos cognitivos, para efetivamente enfrentarem as exigências das tarefas de aprendizagem e de interação social, também referida como *cognição social*.

É óbvio que esta capacidade interfere com um funcionamento cognitivo mais eficiente, exatamente porque já alocam muito mais atenção face à resolução de problemas e de conflitos ou à concentração no estudo. Também é conhecido, por várias pesquisas, que os adolescentes aumentam em sua velocidade de processamento de informação e em sua capacidade de automaticidade, pois possuem maior metacompreensão das estratégias e quando as devem usar para desempenhar uma dada tarefa ou resolver um dado problema. Não esquecer, porém, que na adolescência se pode verificar uma considerável diferença individual na metacognição, uns são mais eficazes em usá-la, outros menos.

No parâmetro da metacognição, convém distinguir dois tipos:

- a metacognição cognitiva;
- a metacognição práxica.

Na primeira, estão envolvidas funções de monitorização e reflexão do conhecimento corrente ou recente, incluindo o conhecimento factual e o conhecimento dos problemas a concluir, nos seus objetivos, nas suas estratégias, sabendo quando e como utilizar procedimentos específicos e sofisticados para os resolver e concluir eficazmente.

Na segunda, ela ocorre quando os estudantes ou os mediatizados adaptam e manejam conscientemente as suas estratégias cognitivas durante a solução e concretização de um problema e durante a elaboração de um pensamento intencional que antecipa, conjectura e extrapola qualquer ação voluntária resultante de aprendizagem complexa.

Ambos os tipos são fundamentais para as várias aprendizagens escolares, especialmente as da matemática, pois nesta disciplina é preciso dotar os alunos da significação de todas as palavras do enunciado dos problemas, da integração de toda a informação necessária à realização do mesmo, da capacidade de subdividir ou fasear o problema em passos específicos, ou, inclusivamente, do domínio de uma dada computação que não está ainda fluente.

Muitos alunos com dificuldades específicas na matemática, considerados hoje *dismatemáticos* (também descritos na literatura especializada de *discalcúlicos*), acusam muitas vulnerabilidades nessas competências metacognitivas; por isso, o seu treino individualizado intensivo não pode ser negligenciado, caso contrário o seu desempenho e as suas atitutes face à disciplina serão difíceis de superar.

Os professores devem ser exemplos de seres metacognitivos por excelência, pois desse modo podem suportar, alimentar e encorajar os alunos a estabelecer reflexões efetivas e relações verticais e horizontais com as suas aprendizagens anterioes, bem como com a sua própria experiência de vida diária, dotando-os de maiores poderes de elucidação dos processos construtivos de generalização de conhecimentos, de transferência de estratégias e dos seus próprios processos cognitivos e subjacentes consequências, que tendem, claramente, a reforçar todos os processos futuros de aprendizagem que venham a enfrentar no futuro.

Em uma mediatização dinâmica a aplicação e a elicitação da metacognição podem envolver formas de interação entre os próprios alunos, ou seja, entre os pares, formas ou modalidades interativas e projetos grupais que favorecem: a colaboração entre os colegas; a troca de ideias e de estratégias; a criação de uma memória coletiva mais abrangente e identificadora; o desenvolvimento e a exploração de conversações úteis e motivantes; a avaliação e monitorização dos seus progressos cognitivos etc.

Explorar a compreensão e pensar independentemente têm um palco privilegiado de treino, que é o diálogo. Por isso, a metacognição, para ser mediatizada convenientemente e para que o pensamento seja aprofundado, deve emergir em um contexto interativo inteligente, confiante, respeitador e multifacetado, porque obviamente desse modo tem-se mais acesso a uma maior variedade e diversidade de estratégias e de soluções de problemas.

A metacognição geradora de processos de conversação e de colaboração espelha a visão do construtivismo social introduzido por Vygotsky, como já vimos em capítulos anteriores.

Os diálogos dinâmicos e a colaboração entre os colegas – quer em estudos, quer em projetos – implica necessariamente processos de representação mental dos próprios intervenientes e mantêm o respeito pelo espaço intersubjetivo de cada interveniente, para além de planos de consciencialização mais concisos, de processos de retroação (*feedback*) de troca intelectual e de expectativas mais abertas, que podem se tornar, por si sós, hábitos cognitivos reflexivos e modificabilizadores.

Situações colaborativas encorajam o desenvolvimento das habilidades metacognitivas como a planificação, para além de outras funções executivas (FONSECA, 2011), nomeadamente: a antecipação; a autocrítica; o autocontrole; a autoavaliação; a supervisão das situações e dos problemas a resolver; a organização; a gestão do tempo; a hierarquização das tarefas e das subtarefas; a verificação; a flexibilização; a autorregulação etc.

A possibilidade de discutir aberta e exploratoriamente com os pares, de questionar os procedimentos implícitos das situações em estudo e de formular decisões bem conjecturadas e debatidas facilita, obviamente, a metacognição, e esta, por sua vez, contribui mais eficazmente para o encontro de soluções e para o melhor domínio dos processos que permitiram a sua finalização. Nesta perspectiva de coconstrutivismo cognitivo observa-se um suporte mútuo entre todos os intervenientes no processo de transmissão e apropriação de conhecimento e no processo de aprendizagem.

Trata-se de colocar questionamentos reflexivos gerais, mas que podem fornecer suportes (*scaffoldings*) para ajudar os alunos a evitar abordagens pouco produtivas e pouco criativas aos problemas e aos desafios que a sua educação ou formação sempre lhes irão criar.

A metacognição é uma componente crítica da intervenção cognitiva na escola e na vida, uma vez que tem impacto imediato e positivo nos processos de aprendizagem. Ajudar, encorajar, e principalmente dotar os alunos de estratégias de autorregulação e de autorreflexão para perceberem e compreenderem o *que* e *como* aprenderam, e saber transferir e generalizar tais competências para outros contextos, para outras disciplinas ou para outras situações--problema, é uma mais-valia cognitiva que a metacognição introduz no potencial de aprendizagem dos alunos ou dos formandos.

A metacognição promove o pensamento e a apropriação do conhecimento, pois ao monitorizá-la, regulá-la e ao selecionar as estratégias cognitivas mais adequadas ela facilita a aprendizagem na medida em que:

- Articula as várias funções cognitivas, desde a atenção à memória, à planificação, à execução etc.
- Favorece a consciencialização das estratégias que devem ser mobilizadas para a realização das tarefas, ganhando tempo e eficácia.
- Cria pontes e conexões entre os processos de pensamento e as suas consequências em termos de aprendizagem e em termos de resultados atingidos.
- Sugere igualmente a relação com processos do pensamento crítico e criativo, que podem mais facilmente induzir a adoção de funções executivas e de formas mais úteis, conativas e pragmáticas de aplicabilidade bem-sucedida a qualquer tipo de situações-problema que se possam encontrar prospectivamente, quer do foro tecnológico e científico, quer também do foro social.

Por ser uma componente da educabilidade cognitiva – logo, de um novo modo de transferir conhecimentos, de uma nova teoria da educação e de um novo modo de ensinar –, a metacognição tem dificuldade de encontrar o seu espaço num sistema de ensino carregado de unidades curriculares em que os alunos são mais receptores passivos do que pensadores críticos e criativos, uma vez que a metacognição privilegia a interação professor-aluno e refoca e reforça a pedagogia cognitiva – não na memorização e na reprodução pura de fatos, mas, pelo contrário, na promoção, interação e na modificabilidade das funções cognitivas e metacognitivas dos alunos.

Com currículos hiperextensos e supercheios não há lugar para os alunos pensarem e refletirem sobre a sua própria aprendizagem. Neste parâmetro da educabilidade cognitiva não interessa que os alunos tenham uma "cabeça cheia de conhecimentos obsoletos e ultrapassados"; interessa, sim, que eles tenham uma "cabeça bem-estruturada e flexível" e se tornem pensadores autônomos, críticos, criativos e metacognitivos, o que é algo substancialmente diferente da prática pedagógica tradicional.

A metacognição tem também como enfoque o desenvolvimento da generalização. Quer o professor quer os alunos devem aproveitar a aprendizagem para refletirem em diálogo inteligente. O professor deve comprometer-se intencionalmente em alargar os horizontes e a conectividade do conhecimento que está a transmitir e a mediatizar, e os alunos, para se beneficiarem dos suportes cognitivos do professor e dos seus colegas, devem investir em se situarem para além da simples recepção acrítica e passiva da informação.

Refletir sobre as experiências de aprendizagem pessoal oferece oportunidades para ganhar internalização e perspectivação cognitiva do que está sendo aprendido, pois o ser aprendente deve ser considerado como um agente reflexivo. É preciso que o professor disponha de mais tempo, de mais disponibilidade pedagógica, de mais rotinas e condições práticas para estimular e enriquecer o poder metacognitivo dos alunos. Generalizar sobre a experiência de aprendizagem amplia o poder de reflexão e elicita a modificabilidade, a aplicabilidade e a flexibilidade cognitiva do indivíduo.

Para Dewey (1933, 1944, 1971), a ativação e o enriquecimento da capacidade de reflexão permitem evoluir de uma "ação de rotina" (nós integramos aqui, no pensamento desse autor, a *ação de estudar*), que gera a memorização mecanicista, para uma "ação reflexiva", que obviamente intervém no todo do funcionamento cognitivo do indivíduo.

No fundo é ir para além da "ação habitual", normalmente vazia de processos conativos e cognitivos, que acabam por esvaziar e empobrecer cognitivamente o sujeito, como foi evidenciado pelas teorias do *fordismo* e do *taylorismo*. Com a generalização, está igualmente em causa a inteligência prática preconizada por Sternberg (1986), que considera ser uma das três facetas básicas da sua Teoria Triárquica da Inteligência, ao lado da inteligência analítica e da inteligência criativa.

A metacognição, visando o treino da generalização, encoraja, segundo Claxton (1999), o indivíduo aprendente a fazer uma melhor gestão da sua mente, tornando-a mais produtiva e mais eficaz, mobilizando com mais interação sistêmica os seus próprios recursos cognitivos.

A questão de desenvolver a metacognição nos alunos é, mais ou menos, transformá-los de *simples passageiros* da sua própria aprendizagem (encarada aqui como uma viagem), nos seus *verdadeiros pilotos*.

No pensamento vygotskyano trata-se de elevar o nível de compreensão e de aplicação dos alunos, desde os seus conceitos mais simples, espontâneos e quotianos até a mais ampla conceitualização e abstração. Nesse sentido, a generalização reforçada com a metacognição abre a mente dos alunos, em primeiro lugar, à assimilação superior de conceitos científicos e, em segundo lugar, ao desenvolvimento de funções executivas de maior capacidade de concretização e materialização dos processos cognitivos por eles autoengendrados (KOZULIN, 1986, 1998).

O recurso a novas palavras que permitam aos alunos expressarem a sua compreensão da tarefa, ou do problema a resolver, é muito importante que seja bem cuidado e ampliado com transcendência e significação, assim como a exploração de palavras precisas que possam ser aplicadas a exemplos específicos em estudo, pois está em causa fazer ascender os alunos a outros planos de pensamento abstrato e a outros sistemas de relações, bem como aprofundar a compreensão dos fenômenos que são exatamente representados por palavras mais complexas.

Pensar em determinado fenômeno implica que os alunos possam alcançar outros patamares do conhecimento, possam evoluir de exemplos específicos a processos de abstração e de generalização. O professor deve, por todas essas razões, encorajar a metacognição nos alunos, para ajudá-los, com um novo vocabulário, a estabelecer múltiplas conexões do conhecimento que estão estudando, a fim de permitir a construção gradual de uma generalização mais aplicável às situações-problema a enfrentar, quer na escola quer na vida concreta e real.

Para além do desenvolvimento da generalização, a metacognição agrega necessariamente o desenvolvimento da transferência de aprendizagem (noção inglesa de *transfer*), que no fundo sugere um efeito positivo de uma competência ou atividade para outras posteriores, ou diferentes, ou de um conhecimento para outro novo e de outra esfera conteudística.

No seio da escola, por exemplo, o desenvolvimento da transferência pode sugerir o apelo a uma forma de pensamento decorrente dos conteúdos disciplinares, mas que ao mesmo tempo se possa relacionar com outros conteúdos, e, inclusivamente, com aspectos da vida real propriamente dita.

Nesse sentido, McGregor (2007) sugere dois tipos de transferência: a proximal e a distal. Por exemplo, as competências requeridas para guiar um carro podem perfeitamente ser transferidas para guiar outro carro de outra marca, mas com o mesmo, ou similar, tipo de condução. Neste caso falamos de *transfer proximal*.

O *transfer distal* é descrito quando as mesmas competências, atividades, conhecimentos etc. têm de se adaptar a outros contextos consideravelmente diferentes, envolvendo procedimentos e processos cognitivos distintos. Por exemplo, as competências para pilotar um helicóptero são efetivamente distintas das que estão envolvidas na condução de um carro. Obviamente que o mesmo tipo de exemplos se podem dar quando estamos a abordar conteúdos disciplinares claramente diferenciados em termos de funções e pré--requisitos cognitivos, como entre a aprendizagam da leitura, da escrita e da matemática.

Em qualquer dos casos, os alunos devem ser questionados e estimulados a criar as suas próprias pontes (*bridging*), entre os vários conteúdos, para assegurar que eles são efetivamente capazes de fazer conexões entre as várias matérias ou atividades e, desse modo, revelar a sua compreensão conceitual, e ao mesmo tempo a sua adaptabilidade processual.

Os processos escolares que adotam estratégias de revisão das matérias ou de conteúdos permitem certificar se os alunos operam conexões bem pensadas e integradas em diferentes e relevantes contextos e se estão habilitados a estabelecer transferências compreensíveis, ou até mesmo se têm a perspicácia, a argúcia e a sagacidade de estabelecer também relações com as suas próprias vidas concretas e diárias.

Dewey (1933, 1944, 1971) sugere que a transferência, como processo de pensamento intencional, deve envolver uma reflexão ativa, persistente, esforçada, talentosa e cuidadosa, e não uma mera reflexão passiva. A transferência, por isso mesmo, exige concentração e focagem atencional investindo algum tempo antes da compreensão, da implementação ou da aplicação do conhecimento ou das competências em causa.

Para Adey e Shayer (2002) e Ashman e Conway (1997), a ligação das situações que ocorrem nos processos de aprendizagem na escola ou na adaptação às situações quotidianas do dia a dia deverão ser de natureza cognitiva, de forma a não dar à reflexão interna delas emergente um caráter fixo e restrito ou um atributo apenas inerente com uma única tarefa ou conteúdo disciplinar.

O conhecimento é plástico, flexível e conectivo, por isso uno. Daí a urgência em dar à aprendizagem uma dimensão cognitiva integradora, interativa, conativa e sobretudo transferível, aplicável, executável em seus componentes e em sua adequabilidade aos vários contextos onde os mediatizados estão inseridos e em contínua aprendizagem.

Por este conjunto de disposições e virtualidades da transferência como processo de pensamento, as suas consequências tornam-se mais relevantes e aeitáveis para os alunos quando se escolhem contextos da vida real, e o seu conhecimento prévio é claramente respeitado e considerado.

A capacidade de transferir processos de pensamento pode ser considerada uma transcendência (FEUERSTEIN, 1975, 1984,

1987), no sentido de que qualquer situação de aprendizagem possa ir muito além das suas exigências imediatas e proximais. Só dessa forma os alunos podem alcançar competências cognitivas e estratégias abstrativas que venham a enriquecer e a flexibilizar o seu pensamento, preparando-o e treinando-o para situações inesperadas e inéditas.

Desse modo, os mediatizados ou os alunos podem partir das suas experiências, ideias e conhecimentos anteriores já integrados em seu patrimônio cognitivo e pensar, planificar, conjecturar e antecipar novas experiências, ideias e conhecimentos posteriores para enfrentar novas situações no futuro; aí reside, então, a capacidade de transferência, de generalização, de seleção e de monitorização de funções cognitivas internalizadas e prontas para serem aplicadas e exteriorizadas em outros contextos, dimensões ideacionais e âmbitos de conhecimento.

A habilidade metacognitiva revela-se, assim, em toda a sua plenitude, ilustrando a interdependência que ela assume com a generalização e a transferência.

A exploração da metacognição, portanto, promove a criação de conexões previamente independentes ou sem nexo entre si, em novas associações justapostas e novos modelos mentais de transferência, mais críticas, mais simulativas e mais criativas, permitindo compreender uma ideia em outro contexto, materializando, desta forma, um ato verdadeiramente cognoscitivo (*thoughtful act*).

Os processos metacognitivos acima apresentados têm implicações positivas óbvias na *performance* e no desempenho da aprendizagem dos alunos ou dos mediatizados; eles podem ser muito mais potentes na modelação e na modificabilidade do seu próprio pensamento.

Partir de simples reflexões como: "O que é que eu aprendi agora?, a reflexões mais sofisticadas como: "Como é que eu atingi este ou aquele conhecimento?", "Como é que, o que eu fiz, influenciou o que aprendi?", ou "Como é que eu posso fazer e solucionar melhor esses tipos de problema no futuro?" etc. Questionamentos internalizados podem, efetivamente, assumir o estatuto de estratégias cognitivas que permitem chegar a soluções plausíveis, aceitáveis e razoáveis mais rápida e eficazmente.

Em síntese, e seguindo a linha que colocamos no *pensamento crítico* e no *pensamento criativo*, a metacognição como componente-chave da educação, para ajudar os estudantes ou os mediatizados a terem um repertório de estratégias cognitivas mais rico, mais eficiente e mais fluentemente, abarca igualmente várias competências cognitivas, das quais queremos destacar as seguintes:

- Reconhecer que as estratégias são um aspecto muito importante para resolver problemas, para monitorizar o conhecimento dos mediatizados, e para consciencializá-los do uso proativo das estratégias aprendidas, produz, efetivamente, resultados mais eficientes. Muitos estudantes acabam por revelar mais dificuldades de aprendizagem (sejam gerais ou específicas) porque não usam boas estratégias e não são conscientes de que tais processos cognitivos os podem ajudar nas situações de aprendizagem presentes e futuras.

- Modelar estratégias básicas eficientes e pragmáticas para os estudantes, reforçando predições, conjecturas, conexões etc., sobre a informação a ser estudada, dando atenção aos pormenores textuais, ao título e às imagens construídas (*mental imagery*) que a acompanham, fornecendo lembretes e advertências (*scaffoldings*), revalorizando e reativando sempre o seu conhecimento anterior e ampliando intencionalmente os seus níveis de compreensibilidade.

- Criar muitas oportunidades de prática estratégica, fornecendo suportes, orientações adequadas aos problemas em resolução e *feedbacks*, especialmente *quando* e *onde* são mais úteis, não esquecendo os questionamentos e as concomitantes respostas à medida que os alunos captam informação, até que o uso das estratégias se torne mais fluente, independente e internalizado.

• Explicar as estratégias com clareza e conação aos estudantes, no sentido de estes absorverem a significação (*get meaning*) do processo de aprendizagem em causa, dado que a significação emerge de um processo cognitivo mais ativo e consciente. Para tal urge utilizar estratégias metacognitivas em combinação com o seu *conhecimento prévio*, que pode assim ser relacionado com as novas ideias que a nova aprendizagem sugere. Os professores terão de se empenhar para se certificarem se os alunos reconhecem as palavras complexas do texto, se as compreendem em sua plenitude, se sabem utilizá-las quando escrevem, se sabem se organizar em seu estudo etc.

• Encorajar os estudantes a monitorizar, controlar e verificar a eficácia de novas estratégias em comparação com as antigas, proporcionando suportes para que eles tenham controle do seu próprio pensamento e capacidade de o clarificar, bem como de o resumir e sintetizar. Monitorizar é, em certa medida, buscar significação, significação continuada do que se está lendo, escrevendo ou resolvendo, e ao mesmo tempo compreender as variáveis da situação-problema ou dos textos, tomar notas da informação factual relevante e formular um plano (*plan of attack*). Assumir o controle das variáveis em estudo ou da tarefa a finalizar, e certificar-se se o progresso da realização do problema ao longo do tempo investido está, de fato, a ocorrer, ou se pelo contrário não está, é deveras relevante para além de ter condições de produzir as mudanças desejadas para melhorar a situação.

Evitar que a leitura seja vaga, esporádica e inconsequente, pois todo o ato de leitura importante tem de originar ou provocar processos de significação e de compreensão, aprofundando, conceito a conceito, palavra a palavra, frase a frase, parágrafo a parágrafo, regra gramatical a regra gramatical etc., para além de todo o contexto do conteúdo que está sendo lido (história, artigo, ensaio, notícia etc.). Uma leitura que não gera processos cognitivos, conativos e ideacionais, de descodificação, de atenção, de retenção, de automaticidade, de transcendência, de controle etc., é pobre em sua natureza metacognitiva.

A *captação do conhecimento* que a leitura permite deve ser reflexiva, monitorizada e controlada (deve permitir responder a autoquestões como: *O quê? Onde? Quem? Como? Quando? Por quê?* etc.), caso contrário é perda de tempo, e pode gerar desmotivação e dispersão cognitiva.

Por definição, a leitura deve gerar metacognição, desde que devidamente mediatizada (primeiro com textos simples e depois com textos mais complexos), algo que não é muito praticado nas salas de aula ou nos momentos dedicados ao estudo de muitos estudantes.

De forma geral, todo o currículo deve reforçar a metacognição (as tais espirais de compreensão estratégica, inspiradas em Bruner (1963, 1970, 1973), mas na leitura ela é crucial ser treinada e controlada até se tornar internalizada e flexibilizada, por ser um potente instrumento cognitivo com que podemos aprender mais e melhor.

Aprendemos a ler, para depois ler para aprender, mas tal tem de usufruir das estratégias metacognitivas que estamos apresentando. O sucesso da aprendizagem e da capacidade de resolver problemas tem muito a ver com a metacognição, daí a nossa chamada de atenção para as estratégias de monitorização e de controle que se enquadram perfeitamente em *variáveis pessoais* como as atitudes, as atribuições, a motivação, a volição, a conação, a memória de trabalho, a antecipação, a inibição, a autorregulação etc.

O *estilo cognitivo* pode, por um lado, resultar numa dimensão adaptada, ou, pelo contrário, numa dimensão inadaptada. Satisfazer as expectativas dos professores e das professoras, e também dos próprios pais, nem sempre é fácil. Estudantes ou mediatizados, com *fraca autoimagem*, com fracas competências metacognitivas ou com perfis de impulsividade, de passividade, de desmotivação, de desinvestimento, de desatenção e desplanificação, ou que desistam das tarefas compostas e complexas facilmente, sem persistência, sem resiliência, inflexíveis e normalmente desorganizados, têm obviamente mais dificuldades de aprendizagem que outros alunos cujo estilo cognitivo pessoal é o oposto.

As *atitudes e as atribuições*, por outro lado, também são relevantes como estratégias metacognitivas e têm claro reflexo no desempenho escolar ou mesmo profissional. Em ambas as características pessoais podem estar ilustradas as atitudes e atribuições dos próprios pais que não acompanham de perto a vida escolar dos filhos, como é mais predominante nos *alunos provenientes de classes socias desfavorecidas, iletradas* ou *alheias da cultura simbólica*, sem hábitos de escuta, de diálogo e de compreensão auditiva, de leitura, de escrita, de raciocínio lógico ou de computação básica etc.

Para esses alunos, a intervenção cognitiva e metacognitiva deve ser individualizada e o *apoio pedagógico* deve ser respeitador da sua *neurodiversidade*, utilizando processos de mediatização como os que já abordamos em outros capítulos, oferecendo processos de retroação (*feedback*) satisfatórios e imediatos, controlando os afetos, integrando tais estudantes em pequenos grupos de *ensino clínico*, e não em uma "turma normal", promovendo discussões de grupo, com alunos do mesmo nível cognitivo, proporcionando exemplos adequados com os alunos que trabalham mais arduamente e com mais rendimento. Em síntese, enriquecer razões palpáveis e acessíveis que permitam aumentar o *interesse e a motivação* de alunos normalmente desinvestidos dos processos de aprendizagem tradicionais etc.

As *motivações, as volições e as conações* devem ser tidas em consideração, pois são os processos básicos, energéticos e emocionais que se encontram por detrás dos comportamentos de aprendizagem e da persistência para alcançar metas e objetivos. Na motivação, podemos encontrar: *desejos, interesses, necessidades e fins a atingir*. Nenhum aluno deixa de os ter interiorizados, pois medeiam as sanções e as intenções da vontade de entrar em ação com autorregulação e com esforço, pois sem tais ingredientes metacognitivos o sucesso na aprendizagem é mais difícil e penosa.

Apontar e desenhar objetivos realistas na aprendizagem é algo muito difícil para muitos estudantes, pois não evocam *funções executivas proativas e eficientes*, como por exemplo: iniciar e não procrastinar tarefas; manter atenção e concentração sustentadas; planificar e antecipar tarefas e subtarefas; mobilizar a memória de trabalho; organizar e monitorizar os meios necessários; gerir o tempo, priorizando e hierarquizando as tarefas; inibir e verificar certos procedimentos; flexibilizar comportamento e aprender com os erros, improvisando novas abordagens; tomar decisões que evitem atrasos ou custos desnecessários etc.

Dada a vulnerabilidade de *disfunções executivas fundamentais*, os professores devem esforçar-se para ensinar explicitamente e suportar (fornecer os tais *scaffoldings*) os alunos mais carenciados com estratégias metacognitivas apropriadas.

Quando devidamente mediatizados, os alunos com mais dificuldades de aprendizagem, sendo intencionalmente ensinados a *decompor as grandes tarefas ou os grandes problemas* em pequenos passos ou subtarefas (*step-by-step*), por meio dos quais possam verificar a satisfação de objetivos a atingir e a busca de soluções, tendem mais frequentemente, por essa via, a monitorizar a sua motivação, e desse modo simples descobrem que eles podem controlar melhor a sua conação e a sua volição e obter melhores desempenhos.

É importante atender algumas estratégias metacognitivas no contexto da aprendizagem, como por exemplo:

- Induzir os estudantes a compreender que a aprendizagem das estratégias metacognitivas não é rápida, nem imediata, daí a urgência do suporte contínuo dos professores e da permanente reutilização das estratégias aprendidas até se atingir a automaticidade necessária, se possível parando a leitura frequentemente para fazer resumos e sínteses, para dar dicas e táticas de leitura, de reler cuidadosamente os textos não compreendidos.
- Fazer perceber aos estudantes que eles têm que estar motivados para usar estratégias metacognitivas, e que o seu uso

sistemático tende a atingir sucesso e consequências positivas nas suas aprendizagens, na medida em que permitem apontar objetivos e ter procedimentos para os satisfazer.

• Encorajar os estudantes a usar não só uma estratégia, mas múltiplas, de modo a encontrar formas metacognitivas que operam bem, recorrendo, por exemplo, a processos de leitura silenciosa primeiro, e as discussões abertas depois, para que os estudantes se habituem a reportar o seu pensamento ativo e a desfrutar as suas estratégias.

• Estimular a aprendizagem permanente de novas estratégias metacognitivas (mnemônicas, acrônimos, mapas conceituais, planos, listas de tarefas urgentes e importantes etc.).

• Fazer perguntas que guiem o pensamento dos estudantes, em vários tipos de conteúdo e em várias disciplinas.

• Explicar como o cérebro funciona, fornecendo informação básica como o órgão da aprendizagem opera e que eles permanentemente experienciam em seu dia a dia escolar, pode ajudar a que os estudantes alcancem mais autopercepção e autocontrole e pode ajudar a maximizar a sua aprendizagem.

Dotar os estudantes ou mediatizados de bons processos de pensamento, de processos de construção de conhecimento bem dominados e mais profundamente processados e não passivamente compreendidos, envolve que eles tenham controle de algo transformador que está ocorrrendo em seu próprio organismo, pois, monitorizando o seu pensamento e controlando as suas funções cognitivas mais implicadas na aprendizagem, eles terão melhores condições de atingir mais autoeficácia (*self-efficacy*), o que é uma característica estruturante da metacognição.

Desse modo os estudantes avaliam-se e controlam-se melhor, envolvem-se mais e praticam conceitualizações e estratégias mais intencionalmente, compreendem e utilizam mais estratégias metacognitivas e dão mais importância aos objetivos a atingir, quando e como; por isso, aprendem com mais motivação, são mais persistentes e esforçam-se mais para os alcançar; em síntese, acabam por materializar maior responsabilidade pela sua própria aprendizagem.

Sensibilizar os alunos que o seu cérebro, como órgão por excelência da aprendizagem, e também da evolução, aprende melhor quando o conhecimento é organizado, tendo que, para tal, envolver funções cognitivas autoengendradas, desde a atenção, do processamento, da memória até à planificação e à autorregulação. Todas estas competências cognitivas funcionam, por passos sequenciais ou em paralelo, tornando possível que os estudantes rechamem a informação com mais eficácia e precisão do que a mobilizar de forma randomizada, desplanificada, episódica e assistemática, exatamente porque a memória humana de curto termo é limitada em sua capacidade de integração, de alocação e de recuperação de informação.

Como o coração da metacognição é compreender a natureza do ato de conhecer e de aprender, ela não pode se afastar daquilo a que podemos denominar por princípios de aprendizagem. Primeiro, perceber que o que os indivíduos podem aprender com mais consistência é sempre baseado naquilo que já conhecem. Segundo, que a aprendizagem subsequente será sempre mais facilitada se forem considerados os processos de conhecimento já assimilados anteriormente (*background knowledge*), seja em qualquer novo tópico ou tema, seja em qualquer habilidade práxica.

Para otimizar a metacognição e agilizar a recuperação de dados de informação é fundamental que os indivíduos aprendentes sejam treinados cognitivamente a:

1º) Modelar a linguagem interior (*self talking*) dos estudantes, uma vez que falar consigo próprio, de forma silenciosa, ou audível, é uma competência metacognitiva que pode ajudar os estudantes a ficarem mais envolvidos nas tarefas de aprendizagem e melhor automonitorizados. Ao mesmo tempo em que utilizam a linguagem interior (*inner speech* vygotskyano), os estudantes estão a implementar estratégias metacognitivas, a elaborar e a construir explicações sobre o que estão executando ou aprendendo. Trata-se de uma espécie de *autorreforço*, para lhes fornecer indicações se o que estão fazendo está correto e está sendo bem-conduzido em termos dos objetivos traçados. Formular perguntas internas sobre o que se está fazendo ou está tendo sentido, porque se está pensando no que se está fazendo ou processando informação do que se está lendo (tomando notas pessoais sobre detalhes, p. ex.), descodificando-a e compreendendo-a melhor, favorece o ato de conhecimento e o seu autocontrole, pode mesmo diminuir a impulsividade e pode ajudar, consequentemente, o ato reflexivo em situação.

2°) Orquestrar a autoavaliação tem por base a avaliação efetuada pelos próprios estudantes das suas áreas fortes e fracas, tendo como finalidade o controle das suas atividades e a adaptação necessária para determinadas situações, assim como a percepção do progresso das competências cognitivas, que é necessário acompanhar temporalmente, sendo, portanto, equivalente à demonstração de uma *função de controle executivo*, pondo em prática estratégias de revisão para tornar as tarefas mais precisas e perfeitas, por exemplo, com vocabulário mais rico ou com soluções mais pragmáticas e interessantes.

A autoavaliação elicita igualmente funções de preparação e planificação de tarefas, podendo mesmo sugerir aos estudantes ou mediatizados a utilização de escalas de valor (1 a 3 ou 1 a 5, de muito fraco a excelente etc.) que forneçam dados de racionalidade que permitem chegar à conclusão do que aprenderam sobre eles próprios. Utilizada como estratégia metacognitiva, a autoavaliação acaba por dar aos estudantes mais oportunidades de serem bem-sucedidos nas suas aprendizagens, pois fornecem mais atenção, mais envolvimento ativo (*active thinkers*), mais reflexão, mais persistência, mais adaptabilidade e mais capacidade de organização, e, desse modo, maior autopercepção do que precisam desenvolver, mais e melhor, para superar, por exemplo, os seus défices ou dificuldades autopercebidas. As crianças com mais sucesso na aprendizagem são, por esta característica metacognitiva, mais propensas a procurar ajuda ou assistência, quer do mediatizador ou do professor, quer dos colegas, quer mesmo de outras fontes de informação etc. Desse modo transformam-se em indivíduos mais aprendentes, mais críticos e criativos.

Com a aplicação expedita e apropriada desta estratégia metacognitiva, permite-nos entender por que os bons pensadores as aplicam com mais rotina e com processos de planificação mais eficientes, para além de conseguirem verbalizar, com mais clareza e discernimento, todos os passos que compõem as suas tarefas de aprendizagem e a construção de soluções aos seus novos problemas.

Os bons pensadores reutilizam a sua imaginação mental mais insistentemente, e têm tendência a estar mais abertos a orientações e a suportes (*scaffoldings*) dos seus mediatizadores. Efetivamente, com a aplicação frequente da autoavaliação, os estudantes têm a percepção exata de que o uso de tais estratégias os beneficiam nas suas novas aprendizagens, não só porque fazem uso mais consciente das suas capacidades de transferência para novas situações, como tentam assumir mais riscos, mais desafios e mais hábitos de reflexão.

Pelo uso fluente da estratégia de autoavaliação, os estudantes tornam-se naturalmente mais ávidos por aprender a aprender, tornam-se mais automodificáveis. Monitorizar o pensamento representa, em certa medida, utilizar as funções executivas (MELTZER, 2007), como, por exemplo, marcar objetivos, aplicar estratégias e iniciar e finalizar comportamentos etc.

A metacognição e as funções executivas influenciam-se mutuamente, e porque ativam e aperfeiçoam as funções cognitivas dos alunos, devem ser explicitamente ensinadas pelos professores em plena sala de aula, especialmente aos que apresentam mais dificuldades, pois estes tendem a não utilizá-las, e mesmo a ignorá-las.

3º) Conhecer como o pensamento funciona torna mais fácil a aprendizagem, porque conhecendo como se podem aplicar as funções executivas os estudantes regulam melhor o seu ato de conhecimento. Os professores terão de dar mais atenção à metacognição e às funções executivas, à sua compreensão ou, no mínimo, a sua sensibilização, nessas matérias. Isso é imprescíndivel para o seu progresso profissional e para serem atores de uma escola mais inteligente.

Por outro lado, a metacognição também favorece a flexibilidade e a plasticidade cognitivas, uma vez que ambas facilitam a seleção de estratégias e interpretações alternativas que se adequam melhor a determinadas situações, mobilizando a implementação e a orquestração do maior número de estratégias conhecidas e assimiladas.

Os estudantes ou os mediatizados treinados em estratégias metacognitivas ficam na posse de novos instrumentos cognitivos, de novas capacidades reflexivas (*rethink situations*), de mais persistência, de melhor planificação, organização, priorização, verificação, intencionalidade etc., que em seu conjunto apresentam uma elevada correlação com um melhor desempenho escolar.

Os alunos, dispondo de competências metacognitivas, conhecem-se melhor como seres aprendentes e iniciam ações e respostas adaptativas baseadas em seu conhecimento, dando mostras de uma motivação mais robusta, percepcionando que o seu sucesso escolar advém do seu esforço, e que o confronto com dificuldades é apenas um motivo para tentar com mais persistência. Tais alunos revelam um perfil metacognitivo que permite atingir o sucesso mais frequentemente em sua escolaridade futura e futuramente em sua vida profissional.

Em síntese, os mediatizados, os formandos ou os alunos que atingem competências metacognitivas básicas e essenciais, normalmente:

• Conhecem estratégias metacognitivas, inclusivamente quando as devem utilizar e por que as devem aplicar, na medida em que reconhecem a sua utilidade, por isso mais facilmente iniciam e terminam, mais depressa e sem hesitações, as suas atividades e tarefas, são mais persistentes e eficientes como aprendentes, seja a: escrever textos; estudar para os testes; captar e responder a dados de informação depois de pensarem cuidadosamente; fazer revisões; refletir sobre os procedimentos; conduzir experiências e projetos; organizar o tempo; preparar apresentações; avaliar e corrigir os seus trabalhos; questionar, imaginar, clarificar e sumarizar os seus apontamentos etc.

• Demonstram mais esforço inteligente no estudo e no trabalho; por essa atitude têm tendência a obter mais sucesso, e mais fequentemente dão provas positivas do seu conhecimento, quer nos testes, quer na participação em aulas ou em grupos de trabalho, revelando mais ativação intelectual e mais poder de reflexão em todas as tarefas em que estejam envolvidos.

• Sabem monitorizar o conhecimento (*self-monitor their learning*) e utilizar estratégias mais flexíveis face a problemas e tomar mais iniciativas. Também raramente desistem de desafios; pelo contrário, mostram-se mais abertos a abordá-los, assim como se auto-organizam, autodirigem, autorregulam e se autoplanificam mais independentemente quando confrontados com atividades escolares ou outras, recorrendo com mais frequência à sua linguagem interior ou ao seu pensamento em voz alta.

• Dominam ideias importantes e relacionadas entre si, com os conteúdos de estudo e utilizam tal conhecimento para gerar e rechamar outras ideias importantes, desenvolvendo desse modo uma estrutura mais sistêmica do seu conhecimento. Quer na Matemática, quer nas Ciências, e mesmo nos Estudos Sociais, o seu conhecimento conceitual e aplicacional dos assuntos ou matérias de estudo surgem mais inter-relacionados, conectados e coerentes. Não são caracterizados por uma acumulação isolada ou fragmentada de fatos memorizados e sem nexo.

Dado que a metacognição tem facetas de monitorização das tarefas, é mais acessível ter consciencialização das exigências das mesmas, que podem sugerir, por exemplo, releitura, enfoque ou estudo com mais concentração em seções particulares dos dados de informação, a fim de podê-los compreender melhor e mais profundamente.

Pelo contrário, os estudantes com *dificuldades de aprendizagem* revelam vacuidade das suas funções de monitorização das tarefas e dos problemas a resolver. Não conseguem detectar o seu pensamento disfuncional nem a sua impulsividade, não demonstram investimento conativo nas tarefas ou no estudo nem recorrem à planificação, a sua distratibilidade amplia-se e não é inibida, respondem sem pensar, precisam de mais tempo para concluírem os seus testes, o descontrole emocional tende a aumentar com o desenrolar do processamento da informação etc. Tendem a pensar que se encontram devidamente preparados para avaliações ou exames, quando, efetivamente, não o estão, porque não se prepararam e se organizaram em tempo útil.

A metacognição está, desse modo, também associada e interligada com a memória de longo termo, pois só com uma prática continuada, aprofundada e essencialmente motivada pode levar à construção e ao uso de estratégias cognitivas que permitam uma completa comprensão dos problemas de aprendizagem a enfrentar. As estratégias devem operar ou serem ativadas intencionalmente quando podem ser adaptadas a diferentes situações-problema e quando proporcionam benefícios palpáveis para dotar os estudantes de flexibilidade e plasticidade cognitiva no estudo (*self study-skills*) de novos problemas e descobrirem como elas funcionam mais eficazmente.

Para estudar, para resolver problemas matemáticos ou outros, para escrever, para organizar dados e concluir tarefas e projetos etc., requer-se que os alunos ajustem as suas estratégias e as alarguem a muitos e variados contextos, mas, como é óbvio, tal hábito cognitivo demora a impregnar os seus funcionamentos mentais.

É claro que a educação tem uma grande responsabilidade no desenvolvimento da metacognição e na autorregulação dos estudantes, reestruturando os PEAs, ou melhor, os processos de transmissão cultural, fornecendo-lhes mais oportunidades para eles se tornarem mais competentes como seres aprendentes.

Portanto, desenvolver estratégias metacognitivas não só amplia as funções cognitivas superiores (atenção, percepção, processamento, retenção, planificação, decisão, execução etc.), como enriquece as funções executivas (persistência intencional, antecipação e extrapolação, rechamada da memória de trabalho, organização, monitorização, inibição, flexibilização, autorregulação, verificação etc.).

O sucesso na aprendizagem escolar ou outra qualquer – a capacidade de solucionar problemas e a capacidade de pensar – tem obviamente muito a ver com ambas as funções mentais, assim como com as suas interações complexas (MELTZER, 2007).

A metacognição inclui, assim, em termos de síntese final, cinco categorias de informação:

1) estratégias;

2) motivação e volição;

3) compreensão de conteúdos;

4) variáveis pessoais, situacionais e contextuais; e por último

5) noção dos princípios do funcionamento do cérebro face ao desenvolvimento do processo de modificabilidade inerente a qualquer forma de aprendizagem.

Nesse contexto, a abordagem da mediatização recomendada terá de necessariamente preencher os seguintes requisitos:

• explicar claramente as estratégias;

• discutir as bases como o cérebro processa informação com eficácia;

• modelar a linguagem interior e a construção conceitual;

• orquestrar a autoavaliação;

• encorajar a monitorização na execução e realização das tarefas; e por fim,

- elicitar o autocontrole das variáveis pessoais, situacionais e informacionais em presença.

Cabe aos mediatizadores, e fundamentalmente aos professores, explicar claramente cada aspecto do seu estilo de ensino, e ao mesmo tempo proporcionar, em termos práticos e concretos, os suportes (*scaffoldings*) a utilizar.

A crença na metacognição pode, desse modo, alterar radicalmente o PEA, que abordamos em capítulo anterior.

Sem tais estratégias metacognitivas, os alunos com dificuldades de aprendizagem que se convencem, e por vezes aprendem mesmo, que não aprendem (*learned helplessness*), tendem a não confiar que podem aprender; por esse fato, desistem e não acreditam que podem ser melhores alunos. As investigações neste campo comprovam que esses alunos com hábitos metacognitivos internalizados conseguem efetivamente superar as suas dificuldades intrínsecas de aprendizagem.

De estudantes passivos, passam a estudantes ativos e motivados, por isso é tão importante ensinar estratégias metacognitivas na medida em que os próprios professores passam a refletir com eles a sua própria aprendizagem.

É preciso convencer os alunos e os mediatizados que as competências metacognitivas que estão aprendendo, e as estratégias com que constroem o seu conhecimento, são um poder a que eles podem ter acesso e ampliar. Claro que não basta ensinar estratégias metacognitivas episodicamente ou num só ano letivo. Pelo contrário, tais estratégias tendem a complexificar-se gradualmente ao longo da escolaridade.

O resultado de uma educação que promove a metacognição torna os estudantes mais conscientes da sua própria aprendizagem e do seu próprio conhecimento; as vantagens futuras para se confrontarem com situações novas e inéditas serão certamente incomensuráveis.

5.2 Pensamento criativo

Depois de explorarmos algumas facetas do pensamento crítico, iremos agora abordar alguns aspectos do pensamento criativo, e em seguida a metacognição, as três áreas ou habilidades da educabilidade cognitiva com que temos analisado a importância na promoção ou aperfeiçoamento da cognição e na relevância da educação da inteligência, na medida em que todos os indivíduos podem investir nesta tríade sistêmica, e ao mesmo tempo libertar o seu gênio interior para terem mais sucesso na escola e na vida.

Existiram e existem muitas crianças e adolescentes difíceis, impulsivos, argumentativos e com dificuldades de aprendizagem na escola, que podem transformar-se, por via da tríade cognitiva, em adultos geniais – o caso de Albert Einstein é paradigmático, como sabemos.

Apesar de a escola ser a instituição social mais privilegiada para se comprometer com o desenvolvimento cognitivo dos seres aprendentes e dos mediatizados, a sua orientação tradicional tem dado mais atenção à memorização, à reprodução de fatos e à intervenção em limitadas bases da inteligência analítica do que investir, efetivamente, no pensamento crítico e criativo e na metacognição, que são aspectos vitais para viver uma escolaridade e uma vida profissional com sucesso (STERNBERG & GRIGORENKO, 2000; McGREGOR, 2007).

O desenvolvimento e a interação das três componentes da educabilidade cognitiva, que temos abordado, são, portanto, cruciais a uma cognição com sucesso na escola e na vida; vejamos então, depois de tratarmos do pensamento crítico, alguns aspectos mais relevantes do pensamento criativo.

O pensamento criativo não é uma faceta da mente humana que seja apenas característica de alguns seres humanos iluminados, como Galileu, Leonardo da Vinci, Darwin, Mozart, Newton, Einstein, Picasso, Rodan, Fernando Pessoa, Wallon, Piaget, Vygotsky, e tantos outros.

O pensamento criativo é uma disposição mental que qualquer ser humano possui, ou seja, é uma condição que qualquer aluno tem em sua essência pessoal e que se pode manifestar de muitas formas diferentes. A criatividade é, de certa forma, uma decisão, uma decisão próxima de um investimento, no qual o investidor decide "comprar barato e vender caro" no mundo genuíno e autêntico das ideias, dos conceitos, dos conhecimentos e dos pensamentos, e não dos objetos materiais ou no mundo do dinheiro.

De fato, a história humana está cheia de episódios, nos quais as ideias criativas, num dado momento histórico, são consideradas bizarras, inúteis, ofensivas ou mesmo loucas, pois são muitas vezes vistas como suspeitosas, ambiciosas etc., e frequentemente são apreciadas com desdém, sobranceria, arrogância, negligência, ignorância, escárnio, irrisão e menosprezo, por isso são muitas vezes rejeitadas, quando não expurgadas.

Enquanto o charlatão convence e atinge um aplauso universal imediato e espontâneo por suas ideias ocas e imediatistas, uma boa ideia pode levar anos para ser considerada e respeitada, muitas vezes com o sacrifício do seu criador ou autor. Não devemos esquecer que mesmo os pensadores criativos brilhantes podem gerar ideias que não são corretas. Também dá para refletir a seguinte questão: Quantos críticos, opinadores e comentadores, não rejeitaram ao longo da história da arte, da ciência e da literatura, tantos e variados autores criativos?

A criatividade, todavia, é não só inovadora e inventiva, como é muito válida. Ela desafia os interesses instalados (*establishment*) e os poderes intocáveis (*status quo*), embora por vezes não seja facilmente "vendável", fazível ou reconhecida, ela, de fato, transforma, dá uma nova perspectiva ou visão das coisas: renova, altera, transfigura, intui, regenera, simplifica ou melhora-as; mais tarde produz a emergência de soluções dos problemas, que de momento podem ser considerados irresolúveis, insolúveis ou bloqueados.

Portanto, criar e propor novas ideias representa uma forma superior de pensamento. É uma atitude perante a vida, mas também é uma questão de habilidade e de genialidade.

A criatividade, em resumo, reúne um conjunto de funções cognitivas que geram, em certa medida, um método que funciona, que não perde tempo útil, que faz emergir ideias novas, originais e pouco consentâneas com as regras normais, promove discussões acesas, aprende com os erros, e tenta evitar aberrações.

A criatividade joga com energias alternativas sem distorcer a realidade, aborda atipicamente os problemas, não recusando as suas soluções. Investe, desse modo, num pensamento divergente, diverso e múltiplo, mas concentrado em seu controle e regulação. Aqui reside o seu carisma, o seu dom especial e a sua originalidade própria, daí consubstanciar, por isso mesmo, um pensamento provável, presumível e prospectivo.

Em princípio, a criatividade exige uma enormidade de esforços para convencer os outros do seu valor, porque em certa medida vivemos em uma sociedade que valoriza e encoraja a conformidade intelectual.

Sendo a criança, por natureza, um ser criativo em desenvolvimento, a sociedade e a escola acabam por roubar também ao adolescente e ao adulto os seus poderes potenciais de criatividade com empregos pouco entusiasmantes. Em muitos casos, o poder tradicional dos professores sobre os alunos é tal, que acabam por desencorajar a sua criatividade natural e os seus padrões cognitivos que estão por detrás das suas ideias interessantes e inéditas.

Uma escola que não estimula e valoriza a criatividade dos alunos ajuda-os, quando se tornarem adultos, a falharem em relação à criatividade e à produtividade de sua empresa, como também da nação, levando-os a inúmeros riscos de insucesso econômico, social e cultural.

A criatividade, ao gerar a emergência de novas e interessantes ideias, revela em si excelência na combinação de ingredientes cognitivos, e em sua síntese cognitiva, estabelecendo novas e diferentes conexões entre dados de informação, conhecimentos, eventos, fatos etc., que outras pessoas não reconhecem ou respeitam.

É óbvio que o pensamento criativo deve estabelecer uma interação sistêmica e um equilíbrio dinâmico com os outros dois componentes da educabilidade cognitiva, ou seja, com o pensamento crítico, que já atendemos, e com a metacognição, que iremos abranger mais à frente. Portanto, entre os três aspectos não há isolamento ou independência das funções cognitivas utilizadas, pois são interdependentes e coíbem-se neurofuncionalmente nos seus atributos.

Definir o pensamento criativo cabe, segundo Swartz e Parks (1994), no pressuposto de gerar possibilidades com o uso ativo da imaginação criadora tendo em atenção as experiências anteriores e o escrutínio das suas informações subjacentes, pois ela não emana do nada.

A criatividade, simplesmente, recombina, de forma original, as funções cognitivas peculiares (*input*: integração/planificação; *output*: reaferência) do indivíduo.

A criatividade é, de certo modo, similar à originalidade, o que pode ocorrrer em diferentes níveis e em diferentes contextos; ela não é só confinada à pintura, à música, à literatura, à dança, à ciência, às tecnologias, à economia etc., ela emerge como dom de uma comunidade de aprendizagem adjacente ao contexto cultural como um todo, e deveria ser uma prioridade da educação e da formação.

Ter uma visão diferente de determinado problema, desenvolvê-la em sua especificidade e intrinsecalidade, detectar os seus componentes integrados, imaginar as suas transcendências distintas, diligenciar e persistir nos seus dados, generalizar maieuticamente as suas potencialidades, ampliar as suas novas percepções, aprofundar a sua análise (no sentido dos *insights*), refrescar e redescobrir novas perspectivas, romper com o que é considerado normal ou aceitável conceitualmente, e produzir de fato algo novo, inédito e inesperado, mas todavia apropriado e com propósito contextual e utilidade temporal, é um ato mental exuberante de grande abrangência cognitiva e de enorme complexidade.

A validade das consequências resultantes do pensamento criativo são efetivamente incomensuráveis, em termos de exploração de novas possibilidades e de novas oportunidades. Buscar, explorar, sequencializar, classificar, julgar, predizer, experimentar, reexperimentar, planificar, refletir, adaptar, levantar relações e conexões, reconhecer a dimensão holística dos meios e dos fins e a sistêmica entre as partes e o todo de um dado problema, ilustra a noção de originalidade e de inventividade, cuja virtualidade cognitiva e imaginativa é deveras visionária em muitas das suas facetas.

A inovação de novos produtos, a inovação das estratégias, a inovação na preparação de eventos e a inovação na planificação de situações-problema etc., que hoje parece uma epidemia de tantos agentes econômicos e atores sociais, está na ordem do dia.

Só a podemos aprofundar quanto mais entendermos o que é o pensamento criativo e como ele pode ser promovido e enriquecido em termos de educação e de formação. A inovação precisa de tempo para atingir graus de utilidade e de eficácia, ela tem uma embriologia e uma nutrição próprias, para que a sua cogitação aconteça.

Levantar novas questões e novos problemas, adotar revisões críticas, avaliar viabilidades exequíveis, refinar hipóteses, modificar e melhorar sugestões, revisualizar e redesenhar problemas antigos a partir de novos ângulos etc., implica efetivamente um pensamento crítico-criativo (FISHER, 1990, 2001), e constitui um claro avanço na busca e na construção de soluções mais adequadas.

O pensamento criativo é idêntico ao pensamento imaginativo (*brainstorming*), ao pensamento que se foca em novas possibilidades; no fundo, trata-se também de um pensamento produtivo. Elicitar e alimentar novas, laterais e diversas construções cognitivas internas nos mediatizados e nos alunos, e estimulá-los para aplicá-las em termos práticos e apropriados, é uma missão fundamental dos mediatizadores e dos professores, no contexto do desenvolvimento do pensamento criativo; é mesmo um dever e uma obrigação sociocultural (um *must*) e um imperativo da educação e da formação.

O pensamento criativo é, em si, um corte com o pensamento padronizado e tradicional, porque exatamente procura descobrir novas percepções, novas conexões inabituais e combinações inesperadas entre os dados do problema, remodificar a rotina mental convencional, porque procura detectar analogias entre ideias outrora inassimiláveis ou inatendíveis. Ou seja, pretende criar possibilidades e oportunidades de inovação e mudança que tenham por finalidade a produção definitiva de uma solução útil e eficaz (ROBINSON, 2001).

Trazer ideias de diferentes áreas que não estão habitualmente relacionadas é uma plataforma de trabalho do pensamento criativo, como preconizam De Bono (1973, 1991) e Buzan (1993, 2003). Em ambos os autores, a criatividade é sentida como algo que melhora a qualidade de vida das pessoas e das organizações. É o oxigênio da adaptação à mudança e da resolução de problemas. É a chave para aperfeiçoar os sistemas de produtividade e de rendibilidade em qualquer contexto da ação e da cognição humanas.

Treinar o pensamento criativo é enriquecer e modificar talentos que todos os indivíduos, por natureza, dispõem e que frequentemente negligenciam. Contudo, não é por processos de memorização, de repetição, de rotina retrógrada e sistemática, que o podemos potenciar, libertar e disponibilizar. Para tal, devemos recorrer a novas ferramentas cognitivas, a novas tecnologias, ao uso de alternativas perceptivas sobre situações habituais, a novas abordagens, a perspectivas mais frescas, a novos *insights*, a novas intuições, inovações e invenções; numa palavra, gerar algo novo.

Nada é mais exigente sobre o ponto de vista da educabilidade cognitiva do que o pensamento criativo, pois é com ele que podemos e devemos transformar a escola, e por empatia a sociedade.

A criatividade deve cada vez mais merecer o seu reconhecimento na escola e na sociedade, e deve ser mais celebrada e reforçada. Ontologicamente e epistemologicamente, o pensamento crítico é mais objetivo em sua natureza e nas suas consequências, enquanto o pensamento criativo é mais subjetivo em seu caráter, nos seus processos íntimos e nos seus produtos finais.

No sentido lato, a criatividade é multifacetada, pois joga com a dialética entre o pensamento novo, prospectivo e ideal e o pensamento passado, corrente e atual. Nesse sentido, o pensamento criativo está próximo do contributo original de Gardner (1985, 1987), que desafiou o tradicional Quociente Intelectual (QI), com a sua Teoria das Inteligências Múltiplas, não só quanto aos modos de estimulação, captação, elaboração e comunicação dos dados do problema, mas igualmente quanto à produção de produtos, instrumentos ou soluções.

O pensamento criativo consubstancia simultaneamente um processo construtivo, como caminho a desenvolver até obter um produto final inovador, ou seja, não dispensa os processos cognitivos de escrutínio, de análise, de crítica, de construção e de reflexão criativa.

Em uma perspectiva mais construtivista, reconhece-se mais a objetividade do pensamento criativo, mas numa perspectiva socioconstrutivista o enfoque desloca-se mais para uma perspectiva pluralista que respeita, e reconhece, a totalidade das várias subjetividades dos seres aprendentes e mediatizados e a relevância do seu trabalho de grupo, quando confrontados com novas situações-problema.

Em outro parâmetro do pensamento criativo, a resolução de problemas reais e concretos evoca avanços e recuos na elaboração ideacional, na reflexão crítica sobre as várias sugestões oferecidas, e o seu subsequente refinamento, modificabilidade e regeneração inovadora, até que a solução ideal do problema seja finalmente decidida e executada. Nesse aspecto particular do pensamento criativo entra, necessariamente, a metacognição, ou seja, a reflexão do próprio processo de pensamento e as suas consequências concomitantes, tornando os seus componentes cognitivos intrínsecos mais explícitos.

Embora muito agregada à arte, a criatividade, do ponto de vista cognitivo, abarca todas as atividades humanas e envolve o recurso a talentos inabituais e pouco frequentemente trabalhados ou induzidos. Em todos esses talentos originais estão efetivamente embutidas todas as funções cognitivas humanas de que já falamos.

Não se trata de uma concepção elitista do pensamento criativo, a sua emergência depende, em muito, do seu encorajamento e mediatização, por meio de processos de interação que claramente orquestrem as funções cognitivas, exaltem atitudes, valores, paixões e hábitos mentais de identificação e investigação de problemas, de sondagens de assunções, de busca de razões e reflexões diversas etc.

Apreciar uma mente aberta, reconhecer situações a partir de mais de uma perspectiva, sentir-se inclinado e atraído em investir energia para superar barreiras e impedimentos foram o legado de um grande pioneiro do pensamento criativo: Torrance (1974).

Para esse autor, o pensamento criativo é um processo que mostra sensibilidade por problemas, por dificuldades, por falhas de conhecimento, por falta de atributos dos mesmos etc. Para o mesmo autor, o simples fato de identificar dificuldades, de formular hipóteses, de investigar sobre soluções viáveis, de estabelecer conjecturas, indícios, suposições e previsões, de testá-las e retestá-las e tentar adequá-las a vários contextos, e por último, de comunicar os resultados de todas estas múltiplas operações cognitivas, é uma espécie de embriologia do pensamento criativo.

Nenhuma escola, instituição ou empresa, pode negligenciar o pensamento criativo, pois o seu sucesso organizacional depende da sua prática sistemática. Em tais organizações é básico criar inúmeras oportunidades para que todos os seus membros sejam mais competentes a resolver problemas; é disso que se trata, quando falamos dos novos desafios do futuro.

Programas de ativação (*activating thinking*), aceleração (*cognitive aceleration*), e de enriquecimento cognitivo (*cognitive enrichement*), são programas de apoio pedagógico diversificado e personalizado, de primeira urgência para serem implementados nas escolas e nos centros profissionais, principalmente para seres aprendentes com dificuldades cognitivas de várias índoles. Mais horas de apoio individualizado em disciplinas fundamentais, como no Português ou na Matemática, são medidas positivas de combate ao baixo rendimento escolar e às dificuldades de aprendizagem (sejam globais ou mais específicas, como as dislexias, as disortografias e as dismatemáticas), mas são, manifestamente, insuficientes (FONSECA, 1994b, 2001, 2008). É urgente que as reformas curriculares integrem uma disciplina de educação cognitiva.

Os programas de enfoque cognitivo ensinam a pensar e a discutir em grupo (*thinking together*) e a aprender a aprender, concebidos e desenhados para melhorar funções particulares de processamento cognitivo, que desenvolvem o pensamento crítico, criativo e a metacognição.

As três modalidades de educabilidade cognitiva são oferecidas pelas escolas dos países mais desenvolvidos, quer como pilares da inovação pedagógica integrando novas oportunidades de mediatização, novas estratégias de interação dinâmica, novos instrumentos e táticas de intervenção psicoeducacional, quer proporcionando novos métodos de estudo, novos modelos de construção de organizadores gráficos, novas grelhas de planificação de conteúdos e novas formas de preparação de avaliações.

Desenvolver o potencial de aprendizagem dos alunos pouco ou mal mediatizados cognitivamente é a sua finalidade principal, por isso devem ser, efetivamente, uma peça da organização da resposta oficial dos sistemas de ensino para tais casos. A educabilidade cognitiva não pode continuar a ser negligenciada pelos responsáveis da educação e da formação profissional.

A possibilidade de mediatizar o pensamento criativo dos aprendentes inexperientes, suscitando predições, possibilidades ou hipóteses do que pode acontecer a seguir a uma dada situação do dia a dia, ou a uma situação-problema inédita ou imprevisível, convidando-os a falar, a explorar, a projetar, a antecipar ou a inventar, facilitando-lhes a criação de pontes, de conexões, de generalizações, de transferências e de relações alternativas em contextos e cenários diferentes e reais, são também outras das estratégias de infusão criativa.

Para além destas estratégias de mediatização cognitiva devemos igualmente compartilhar com os alunos a reanálise e a incubação dos seus processos de pensamento e de raciocínio, visando o apuramento das diversas soluções encontradas e elicitando-lhes formas originais de os narrar, comunicar e apresentar, não só por meio de uma expressão verbal mais correta e fluente, mas também, por meio de uma expressão não verbal com acesso a imagens, organizadores gráficos, resumos temáticos, mapas cognitivos, apresentações, fotografias, vídeos etc., estratégias que podem igualmente estimular e potenciar o pensamento e a produtividade criativa.

Desenvolver novas ideias a partir de ideias antigas, mas úteis e plausíveis, usar cores e formas gráficas originais e expressar conexões, possibilidades, reversibilidades, provocações e alternativas com energia emocional e lateral entre os vários componentes do problema, são outras táticas para encorajar a criatividade segundo De Bono (1973, 1991) e Buzan (1993, 2003).

Claxton (1999), outro autor dedicado às questões do pensamento criativo, sugere que, como processo cognitivo, ele envolve necessariamente quatro estágios: preparação, incubação, iluminação e verificação.

Na *preparação*, a questão encerra a introdução ao problema e às suas tarefas e subtarefas concomitantes, jogando com os desafios e as oportunidades e com o que é esperado resolver.

Na *incubação*, a necessidade do tempo coloca-se, exatamente, para pensar nas possibilidades e na embriogênese ideacional inerente. A *iluminação*, ou os *insights*, joga com a busca de explicações, fundamentações e de elaborações que sustentem as ideias criativas.

Finalmente, a *verificação* serve para confrontar e compartilhar proposições justapostas, encorajando a variedade e a diversidade das suas soluções.

De forma simples, o pensamento criativo coloca as seguintes questões:

- O que se pode fazer mais e melhor?
- O que pode acontecer se...?
- O que vai acontecer em seguida?
- Como podemos descrever os diferentes modos e alternativas com que podemos jogar?
- Haverá outras abordagens em que podemos pensar? Quais?
- Etc.

O problema está em fazer com que os professores suportem, alimentem, estimulem e desenvolvam o pensamento criativo dos alunos, eis uma missão de alto significado pedagógico.

Sem imaginação e criatividade, o ensino não promove aprendizagens abertas e funções cognitivas que podem ser utilizadas na resolução de problemas, que serão o futuro da educação e da vida.

Para atingir tal intento, os professores devem questionar mais os alunos e estimular mais a variedade das soluções, e não apenas apresentar as soluções únicas. Dar mais tempo para incubar e pensar em novas ideias é algo também fundamental para os alunos terem mais sucesso na escola e na vida futura. Encorajar o pensamento criativo não é uma perda de tempo na educação e na formação.

Em síntese, e seguindo a linha que colocamos no pensamento crítico, o pensamento criativo, quando se trata de resolver problemas e criar soluções, abarca também várias competências cognitivas (STERNBERG & GRIGORENKO, 2000), das quais destacamos, pelo menos, as seguintes:

- redefinir problemas (refrasear, refazer, reformular, reenquadrar, reestruturar, mudar de visão, rever etc.);
- questionar e analisar assunções (assumir, questionar, duvidar, o que pode ocorrer se... (*if thinking*) etc.);

- advogar ideias criativas (persuadir, convencer, argumentar, advogar etc.);
- gerar ideias (criar, originar, produzir, pensar, arquitetar, imaginar, inventar etc.);
- reconhecer as duas faces do conhecimento (flexibilizar, manter a mente aberta, prevenir bloqueios, entrincheiramentos, encaixamentos, afunilamentos ou condicionamentos etc.);
- identificar e superar obstáculos (perseverar, tentar continuamente, persistir, não desistir, sobrepujar, transpor, encimar, superar, mudar, transcender etc.);
- enfrentar riscos razoáveis (lidar com riscos sensatos, tentar novas abordagens, mergulhar no desconhecido, confrontar desafios, ser cônscio e ajuizado, arriscar, examinar possibilidades etc.);
- tolerar a ambiguidade (consentir, permitir, conceder, admitir, aturar, aprovar, suportar, aguentar, opinar, disputar etc.);
- construir autoeficácia (acreditar nas capacidades disponíveis, acreditar no sucesso, ter autoconfiança, concluir tarefas, não procrastinar, trabalhar com eficácia e precisão, atingir e materializar objetivos e metas etc.);
- buscar interesses verdadeiros (autoconhecimento, descoberta de paixões e do que se gosta de fazer, saber que interesses motivam mais, procurar fontes de motivação intrínseca, saber o que fazer, saber onde ir buscar suportes (*scaffoldings*));
- atrasar as gratificações (saber esperar, saber adiar, procrastinar, atrasar, demorar, retardar, diferir, protelar, impedir, dissuadir, postergar, transferir etc.);
- modelar a criatividade (exemplificar, demonstrar, desenvolver, promover, encorajar, fertilizar, formular, inventar, imaginar, descobrir, criar etc.).

Nesse contexto, o pensamento criativo é um pensamento independente e um pensamento flexível, uma aglomeração de funções cognitivas que deve ser estimulada na escola, na vida e no emprego, não só com intencionalidade e transcendência, mas também com tenacidade e abnegação, eis o seu segredo.

Não é por acaso que a criatividade é sinônimo de inteligência (FISHER, 1990, 2000; ROBINSON, 2001), em certa medida porque o cérebro humano adora desafios e situações-problema, pois só assim ele pode construir e fortalecer novas conexões neuronais. Há substanciais evidências que provam que a repetição é má para o cérebro; pelo contrário, a criatividade é boa, exatamente porque estimula funções cognitivas superiores, pois não devemos esquecer que a criatividade é uma das mais elusivas faculdades humanas.

Libertar o gênio que está dentro de qualquer indivíduo, desbloqueá-lo e torná-lo melhor pessoa, pintor, compositor, escritor, cientista ou estudante, é uma condição potencialmente possível com a educabilidade cognitiva. Alternar processos cognitivos conscientes com inconscientes, facilitar o pensamento criativo, diminuir o estresse, produzir associações mentais insólitas etc., tem muito a ver como o artista ou o poeta utilizam a criatividade. O estudante ou o mediatizado, para ser criativo, precisa de ser mediatizado nesse sentido.

Para muitos neurocientistas, a escola preocupa-se demais em fortalecer as conexões do hemisfério esquerdo com os conteúdos escolares (ex.: linguagem, matemática, história, ciências etc.), mas a criatividade tem mais a ver com o reforço dos circuitos neuronais do hemisfério direito, que obviamente também precisa ser educado (FONSECA, 2001, 2007b, 2008, 2012).

O hemisfério direito é mais focado para apreender conceitos globais e holísticos, como o que vê melhor o todo do que as partes. Tal disposição mental permite exatamente conectar os dados num dado esquema, em vez de apreender os dados de forma desconexa e isolada, como tem sido a tradição do ensino.

A criatividade está mais centrada nestas características do ato mental. Ela parece dar-se melhor com um pensamento desfocado, sugerindo conexões entre ideias e eventos, imagens e formas, esquemas e sistemas etc., do que resolver problemas de forma rígida.

As pessoas criativas parecem demonstrar, por um lado, uma maior variabilidade de respostas aos estímulos exteriores – provam muitas pesquisas com estudos do ritmo cardíaco, de resposta galvânica da pele e de vigilância cortical –, pois parecem ser mais sensíveis ao mundo que experienciam. Em contrapartida, parecem ser também mais introvertidas, o que explica por que alguns artistas, escultores, poetas e romancistas tendem a isolar-se, a mergulhar mais profundamente em seu "mundo interior", pois preferem a solidão, o silêncio e a reflexão para a produção das suas obras criadoras.

Provavelmente o pensamento criativo tende a variar, mais rápida, alternativa e imprevisivelmente entre os dois modos particulares e preferenciais de funcionamento e interação mental dos dois hemisférios. Ser criativo, independentemente de qual seja o hemisfério "dominante" da pessoa, parece ter um preço, isto é, suprimir os componentes mentais em que habitualmente se acredita e se opera cognitivamente, e mergulhar profundamente e exploratoriamente no hemisfério oposto. Mudar do hemisfério analítico e saltar para o hemisfério holístico e produzir analogias originais parece ser um dos dons dos seres humanos mais criativos.

Em muitas pessoas este processo criativo parece ser natural, como por exemplo em Mozart, Beethoven ou Haydn e tantos outros, apesar de todos eles utilizarem estratégias e rotinas cognitivas distintas e diferenciadas, umas mais informais e outras mais formais, umas mais assistemáticas e outras mais sistemáticas, mas em outras pessoas o pensamento criativo tem de ser elicitado, estimulado, mediatizado etc., com base na minimização das funções analíticas e rotineiras mais características do hemisfério esquerdo.

Outros casos de seres humanos criativos, na busca de inspiração, de uma nova visão e de uma nova compreensão das tarefas que têm de concluir, adotam processos de privação, de exaustão (alguns levam a períodos de sono e de sonho atípicos), de frustração etc., e até de consumo do álcool, de drogas e nutrientes especiais.

Interessante sublinhar que estudos com autistas sábios (*autist savants*) demonstram que os seus cérebros revelam uma alteração estrutural no lobo temporal anterior do hemisfério esquerdo, o que lhes permite um acesso superior aos recursos criativos extraordinários do hemisfério direito (GOLDBERG, 2002).

O pensamento criativo será cada vez mais desvendado pelas neurociências, e a escola simplesmente deve estar mais aberta a tais evidências se tem como propósito a formação de seres humanos cada vez mais criativos.

Para sermos pessoas criativas teremos de adotar uma prática regular das funções cognitivas que lhe subjazem, como adotar técnicas de visualização, jogar com a habilidade de conhecer sem conhecer, explorar o inédito, robustecer a intuição, jogar com a percepção extrassensorial, desinibir pressentimentos e libertar os sentidos pré-cognitivos, digamos assim.

O exemplo da intuição é paradigmático na criatividade, não é nada de paranormal, nem é um "sexto sentido". É simplesmente uma modalidade de aprendizagem supereficiente que avalia a informação captada pelos sentidos que possuímos como espécie, um extrassentido (proximal e distal) esquecido e quase dormente, mas ainda muito ativo nos nossos antepassados e em outras espécies.

Vislumbrar, visualizar rapidamente, entrever, antever, aclarar, descobrir, antecipar, pressentir, prever, captar inconscientemente dados inverosímeis etc., podem ser atributos peculiares dos poderes do nosso cérebro, e certamente que têm a ver com a intuição, e obviamente com o pensamento criativo.

A intuição, como sabemos, pode ocorrer não só em atividades expressivas, mas mesmo em atividades profissionais, inquisitivas, investigativas etc.; não é certamente apanágio de mentes céticas, mas pelo contrário caracteriza as mentes criativas.

Alguns pesquisadores evocam que a intuição pode ter a ver com uma "certa química do cérebro". Por exemplo, níveis de dopamina e de endorfina mais reduzidos foram encontrados mais em pessoas céticas do que em pessoas com sistemas de crenças positivas (BRUER, 2000).

Certamente que o nosso cérebro absorve informações até ao ponto de nos surpreender a nós próprios; muitos indivíduos criativos, quando questionados sobre as suas obras, falam em estados originais de alerta, de êxtase e de transcendência em sua vivência criadora contínua.

A intuição, por exemplo, é uma habilidade que dirige o nosso comportamento de acordo com indícios ou pistas inconscientes, algo que caracteriza muitos empregos ou muitas equipes de trabalho, desde as urgências nos hospitais para obter um diagnóstico preciso (salvar vidas pode ter a ver também com a intuição dos médicos e dos enfermeiros, porque por vezes não há tempo para fazer análises ou testes demorados...) à descoberta de crimes, às estratégias de bombeiros para combater os fogos etc.

Em muitos casos, todos os indivíduos envolvidos nesse tipo de atividade não conhecem inteiramente o que conhecem; eles apenas atuam, baseiam as suas decisões num conhecimento que adquiriram experiencialmente por eles próprios, não dos livros, e o aplicam quase sem conhecerem o que estão fazendo; daí a relevância da intuição. Muitos "milagres" ocorrem devido a esta habilidade cognitiva; por isso devemos ter o propósito de aprofundá-la.

Saltar para segundas decisões e expandir expectativas antecipadas no decurso da busca de solução para um problema, pensar lateralmente e em parâmetros instintivos, encontrar associações inesperadas, decidir novos códigos de ação etc., são outros indícios da criatividade no dia a dia das pessoas.

Em síntese, quando falamos de criatividade, estamos essencialmente falando de um subconjunto muito raro de habilidades humanas extraordinárias, que pode tornar famoso um determinado indivíduo, aluno ou mediatizado.

Desde o desportista que faz proezas gestuais e corporais espantosas ao bombeiro que evita o colapso de um prédio, ao cirurgião que salva a vida de um paciente, ao artista que comunica pela sua pintura ou pela sua música, ao cientista que resolve um problema complexo, todos são seres humanos notáveis, extraordinários e singulares, porque são exatamente dotados de habilidades cognitivas criativas.

5.3 Pensamento crítico

O pensamento crítico procura dar uma nova visão à noção tradicional de ensino, na qual o professor ou o instrutor mantém em sua mão e em seu poder todas as soluções e respostas corretas e precisas dos problemas (PESSOA, 2010; PAUL, 1987, 2001).

Pelo contrário, o pensamento crítico tem como finalidade desenvolver pensadores independentes que também possam debater, discernir, conceitualizar e mesmo configurar de forma crítica soluções e respostas adequadas e prospectivas às diversas situações imprevisíveis e inovadoras que se deparam num processo continuado de aprender a aprender (McGREGOR, 2007). Para esse efeito, a resposta a novos desafios é um indutor de novas competências e estratégias cognitivas, incluindo necessariamente o pensamento crítico.

Definir o pensamento crítico não é matéria fácil, dadas as visões contrastantes que vários autores consagrados já produziram, desde Dewey (1915, 1933, 1944, 1971) e Glaser (1982), passando por Fisher (1990, 2001), Fisher e Scriven (1997) e McGregor (2007).

Para vários pensadores, o pensamento denota e ilustra uma crença, um julgamento, um acreditar, um admitir, um credenciamento, um considerar possível, ou uma confiança inquebrantável sobre um determinado assunto, tema, conteúdo ou tópico pressupondo, desde logo, que se acreditamos também pensamos.

Neste pressuposto, acreditar é pensar, porque baseamos as nossas crenças, e seus concomitantes sistemas conceituais, em evidências que avaliamos, implícita e explicitamente, e as consideramos com convicção e de forma indubitável. Em Dewey (1933), pensar no melhor sentido é considerar as bases e as consequências das nossas crenças, certezas e convicções.

Outros autores exploram o pensamento crítico na dimensão da avaliação da informação, das ideias ou das proposições a elas inerentes, tendo por base a dimensão das consequências das ações e dos pensamentos, antes de julgar se elas são plausíveis ou úteis.

A ideia pode ser considerada aqui como o núcleo, ou, se quisermos, o centro do pensamento, das suas competências críticas, consubstanciando-o em vários traços distintivos ou caracterísiticas associadas, sendo necessário identificar nela atributos como: análise, inferência, explanação, avaliação, autorregulação, interpretação etc.

Divagando de modo acessível por cada atributo ideacional, a análise, por exemplo, deve ser considerada quando efetivamente identifica as relações intencionais e inferenciais atuais entre dados, como sejam, afirmações, questões, conceitos, descrições, evidências, experiências, informações ou opiniões.

A inferência, por outro lado, significa a identificação, segura e consistente, de elementos necessários para desenhar hipóteses com razoabilidade, que requeiram a consideração de informações relevantes e que permitam deduzir consequências emergentes de afirmações, princípios, conceitos, descrições ou julgamentos.

Seguindo com a explanação, ela visa sublinhar, essencialmente, resultados com base em raciocínios fundamentados em fatos, evidências, metodologias, princípios, critérios e considerações contextuais, de modo a chegar a uma apresentação efetivamente sustentada em uma argumentação coerente.

No que diz respeito à avaliação, ela traduz a estimação da credibilidade das afirmações ou de outras representações descritas pela percepção, experiência, situação, julgamento ou opinião de outras pessoas.

A autorregulação significa a automonitorização consciente das atividades cognitivas da pessoa, de modo a obter uma dedução de resultados, aplicando tais competências na análise e na avaliação do seu pensamento, para tornar os seus próprios julgamentos mais flexíveis, questionáveis, confirmativos, validados, ou eventualmente mais suscetíveis de serem corrigidos face aos objetivos e aos fins a atingir e que vão decorrendo da própria fluência cognitiva do indivíduo.

Por fim, a interpretação conjuga como competência cognitiva a capacidade de analisar, avaliar, inferir a partir da informação ou dos dados disponíveis e, em seguida, explicar como chegaram a determinadas conclusões.

O pensamento crítico é, assim, apropriado e concernente, desde que as pessoas tenham propósitos em sua esfera cognitiva dinâmica, o que permite sustentar uma decisão, acompanhar a evolução dos acontecimentos, considerar o que está adaptável ou não, e o que deve ser aceito ou rejeitado (PESSOA, 2010; PAUL, 1987, 2001).

O pensamento crítico resulta da dinâmica sistêmica de todas as componentes que apresentamos. Nesse sentido, ele é uma ferramenta cognitiva essencial, porque envolve uma interpretação e uma avaliação ativa e antecipada das situações-problema, permitindo observá-las e comunicá-las de forma clara, óbvia, límpida e argumentada.

Deste modo, o pensamento crítico é fundamental para:
• identificar os dados de um problema em jogo de forma razoável, especialmente as suas razões explicativas e as suas respectivas conclusões;
• identificar e avaliar assunções;
• clarificar e interpretar expressões ou ideias;
• julgar a aceitabilidade, a exequibilidade e a credibilidade das reclamações, reivindicações, pretensões, exigências, afirmações em situação etc.;
• avaliar os argumentos nas suas diferentes formas;
• analisar e avaliar as situações e os problemas e só posteriormente tomar decisões;
• desenhar e perspectivar inferências; e, por último,

- produzir argumentos, raciocínios, questionamentos, alegações, teses, provas, conjecturas, resumos etc., sobre as situações-problema etc.

Em definitivo, o pensamento crítico contrasta claramente com o pensamento irrefletido, esporádico, desplanificado, impulsivo, inconsequente, egoísta, que não apresenta evidências, informações, dados, lógica, claridade, relevância, adequabilidade e coerência. Por isso, ele reclama interpretação e avaliação das observações, das afirmações e das comunicações estabelecidas e colocadas sobre um dado problema ou nascidas em dado debate.

A sua relevância é crucial antes de se tomar uma decisão, pois esta só deve ser assumida depois de gerar pensamento reflexivo, sensato, oportuno, conveniente, ponderado, justo, apropriado, adequado e razoável. Só selecionando funções cognitivas apropriadas tais como atenção, processamento, planificação, previsão, autorregulação e razoabilidade antecipativa dos seus efeitos é que o pensamento crítico se distingue do pensamento difuso, vago e incompreensível. No fundo, trata-se de conceber e selecionar, ou melhor, visualizar um modelo reflexivo.

O pensamento crítico, segundo Fisher (1990, 2001), pode ser enriquecido e promovido com a colocação de questões e problemas que obedeçam a uma sequência apropriada (o que sugere, já, o recurso a *scaffoldings*, anteriormente abordados). Por exemplo, formular perguntas do tipo: "Qual é a conclusão deste ou daquele argumento?", "O que é que o argumento 'x' pretende persuadir, contradizer ou aprofundar, face ao argumento 'y'"?; "Quais as razões que o indivíduo 'A', ou 'B' etc., dá para sustentar os seus argumentos ou conclusões, neste ou naquele problema?"; "O indivíduo fornece alguma assunção implícita?"; "O indivíduo assume alguma posição, mesmo que a não explicite claramente?"; "O argumento em apreciação é bom ou mau?"

Desenvolver o pensamento crítico em um mediatizado ou aluno é algo extremamente complexo e prolongado. Ennis (2001), por exemplo, refere que o indivíduo bom pensador crítico deve evocar disposições ou inclinações cognitivas, que permitam objetivamente empatizar com as opiniões dos outros, ter em consideração as suas convicções pessoais, e mesmo considerar os seus aspectos conativos ou emocionais. A partir daqui, no processo de interação subsequente, o bom pensador crítico evoca o mesmo autor, deve buscar claridade e credibilidade nas suas afirmações (o que deve envolver o que já apresentamos, ou seja, propriedades de identificação, definição e análise dos problemas em discussão), após o qual deve, então, avançar com inferências, deduções, julgamentos e explanações consistentes e fundamentadas.

Integrando todos estes ingredientes cognitivos, o pensador crítico visa, no final, defender as decisões a tomar.

De certa forma, todo este processo aproxima-se da maiêutica (método socrático que consiste em tomar consciência daquilo que se sabe, estimulando a sua expressão, mas também o seu julgamento), já bem definida e aprofundada por Lipman et al., 1980.

A questão de ensinar a pensar, como temos explanado, e a questão de ensinar fatos, seguindo rigorosamente os programas aprovados oficialmente, são dois processos de ensino distintos.

Para ensinar as crianças e os jovens a serem pensadores críticos os métodos tradicionais não satisfazem, porque a simples apresentação dos conteúdos, sem os analisar, comparar, inferir, explanar, avaliar, interpretar etc., não produz nos mediatizados ou nos formandos as funções cognitivas básicas ou superiores, com que o ato de pensar se organiza, planifica, autorregula e executa, como já vimos.

Ensinar a pensar de forma crítica exige uma mente aberta por parte do mediatizador ou do professor, uma mente mais centrada na exploração e promoção de diálogos e debates, de discussões construtivas, de interações e de "conflitos" cognitivos, do que a exposição pura e frontal de fatos, de certezas ou de eventos a memorizar.

Para pôr o pensamento crítico a operar é crucial coconstruir organizadores gráficos, mapas cognitivos, fluxos conceituais, organogramas conceituais etc., explanando detalhes, relações de relações, contradições, diferentes posições, diferentes autores, convergências e divergências ideacionais, enfim, gerar um pensamento complexo, repensando a informação em estudo e desenvolvendo inferências a partir das evidências apresentadas. Neste tipo de ensino os mediatizados ou os estudantes devem ser elicitados a predizer, a antecipar, a recorrer ao pensamento hipotético e a investigar situações, problemas, tarefas e projetos, não perdendo em nada o verdadeiro valor do pensamento crítico na formação de seres aprendentes inexperientes. Torná-los receptores passivos e acríticos não tem nada a ver com o desenvolvimento de pensadores críticos.

Swartz, Fischer e Parks (1998) e também Swartz e Parks (1994) situam o pensamento crítico nos seguintes atributos:

1º) avaliar a informação básica a estudar e a aprender, com precisão em sua observação e leitura críticas, tendo em atenção a fidelidade das fontes;

2º) estabelecer inferências com recurso a evidências e a explanações causais, explorando em paralelo predições e produzindo, se possível, generalizações;

3º) estimular o raciocínio por analogia e o raciocínio condicional, visando atingir deduções válidas.

Estimular o enfoque da informação em estudo deve requerer o escrutínio da informação já conhecida e publicada, a natureza das fontes ou referências, o contexto cultural, histórico e social dos autores, e obviamente, a sua reputação. Fazendo uso de perguntas e questões guiadas, o mediatizador deve tentar levar os mediatizados a responder às questões causais dos eventos ou dos fatos em pesquisa, procurando indagar o que conta e o que é mais relevante para os fins a atingir com o ato do conhecimento.

Após todos estes procedimentos, criticamente estruturados e enquadrados, torna-se igualmente relevante visualizar as generalizações que são sugeridas e buscar informação adicional que a expanda e suporte. Das várias fontes consultadas, e dos vários resumos críticos produzidos, tentar evoluir para a detecção de semelhanças e dessemelhanças ideacionais e peneirar e questionar os diferentes graus de significação encontrados e sublinhados.

Finalmente, identificar componentes conteudísticos principais e suas fronteiras conceituais, a fim de começar a desenhar razões e conclusões válidas, especulando, predizendo e raciocinando sobre os vários níveis de informação em jogo e sobre a sua importância integrativa e sistêmica.

Lipman (2003) se refere ao pensador crítico, quando o mesmo evoca disposições cognitivas de análise acutilante, de precisão escrupulosa e de clareza de pensamento avançado. Nesse pressuposto, o pensamento crítico é mais eficiente e mais fiável (*reliable*); é também mais imparcial, preciso, cuidado, verdadeiro, abstrato, coerente e prático.

Sternberg (2003), outro autor de referência sobre a inteligência e a cognição, estabelece uma conexão entre o pensamento crítico e o pensamento prático, chamando a atenção que deve ser adaptável e reajustado à realidade e às situações-problema em causa, pois só dessa forma, segundo o autor, a solução do mesmo é mais facilmente desenvolvida e mais sabiamente atingida.

A educabilidade cognitiva, através dos variados procedimentos para a desenvolver – sejam programas cognitivos baseados na neuropsicologia, sejam programas baseados no currículo, sejam em concepções originais de autores consagrados –, pretende sempre indagar como a atividade mental pode, primeiro, ser percebida, e depois ser promovida.

Sugerir aos alunos ou mediatizados para ampliarem as suas funções cognitivas de atenção, de análise (do todo e das partes), de comparação, de contraste, de analogia, de sequencialização sucessiva e simultânea, de seriação narrativa, de inferência, de dedução, de síntese, de raciocínio hipotético, de suposição, de conjectura, de antecipação etc., com a explanação de estratégias de resolução de problema, é uma metodologia metacognitiva de grande virtuosidade e que deve ser mais vezes explorada nos processos de aprendizagem, principalmente os que encerram matérias ou conteúdos de maior complexidade.

Compreender variáveis do problema em estudo e a sua rede multicomponencial, estimar a sua proporcionalidade e os seus indícios classificativos e correlativos, assim como identificar o ponto de equilíbrio conceitual e sistêmico que lhe confere significação e predição, é crucial para atingir uma síntese crítica e reflexiva do mesmo.

Quer a embriologia da inovação quer da capacidade crítica, decorrem deste conjunto dinâmico de fatores cognitivos postos em interação e em relação recíproca.

Para inovar é vital o controle ou a exclusão de variáveis; descobrir as suas vantagens e desvantagens (no sentido dos seis chapéus e dos seis sapatos de exploração propostos por De Bono (1973, 1976, 1991, 1993)); identificar e comparar as suas semelhanças, diferenças e reversibilidades; explorar e explicar as suas causas e os seus efeitos; conectar, sugestionar, avaliar e criticar evidências; captar a observância crítica da informação relevante para o problema que resulta de inúmeras fontes e referências etc.

Também não podemos esquecer o papel do raciocínio lógico (fazer predições e formular hipóteses etc.), mas sempre em situação prospectiva, assim como dar atenção à elaboração de esquemas organizacionais e coerentes (ex.: gráficos, diagramas, mapas cognitivos, redes de imagens e padrões de representações simbólicas significativas etc.) de toda a informação recolhida, pois não podemos esquecer a operacionalidade e a otimização das funções da memória, porque no pensamento crítico tudo está interligado e é inclusivo.

Nessa base, o pensamento e a reflexão crítica, aplicados à educação, têm caminho para andar. O seu limite depende das circunstâncias condicionadoras e do tempo útil do seu processamento e do seu produto final. Distinguir fatos de opiniões, informação de conhecimento, e, principalmente, perspectivar decisões e desenhar conclusões não saltando para elas precipitadamente ou impulsivamente, é inequivocamente um dos seus processos construtivos mais importantes.

Efetivamente, pensar implica enfocar em inúmeras funções cognitivas como: seriar, classificar, sequencializar, conectar componentes, detectar causalidades, descobrir e instituir regras de jogo etc. A promoção do pensamento crítico está inevitavelmente ligada ao desenvolvimento de funções cognitivas críticas, tais como: agrupar, sequencializar, ordenar, comparar, contrastar, extrapolar, inferir, deduzir, analisar, sintetizar, resumir, racionalizar, conectar, enfantizar, empatizar, mudar de perspectiva, fazer assunções, generalizar, predizer, conjecturar, antecipar etc.

Fazer constantes pontes recíprocas entre "O quê?", "O por quê?", "O onde?", "O quando?" e "O como?" são ferramentas cognitivas dos mediatizadores, pois eles próprios precisam ser pensadores críticos para induzirem tal atitude e competência nos seus mediatizados.

Como afirmava Dewey (1944, 1971),

> qualquer assunto, desde estudar filosofia grega a cozinhar, desde desenhar a solucionar problemas de matemática, todas são atividades intelectuais, não em sua estrutura fixa interna, mas em sua função, pois tais atividades têm o poder de gerar questionamentos e reflexões. O que a geometria evoca, o que a manipulação de dados em laboratório possibilita, o que a mestria de uma composição musical sugere, ou o que a condução e monitorização de um negócio equaciona, é que todas são atividades humanas em seu conjunto, são atos mentais.

Como é óbvio, todos os atos mentais implicam funções cognitivas (FONSECA, 2001, 2007b).

O pensamento crítico mobilizado em plena sala de aula, ou em outro contexto de formação, pode constituir uma abordagem ao processo de aceleração cognitiva, pois sugere o recurso a inúmeros padrões de escrutínio, de exame, de raciocínio, de julgamento crítico ou cético e de múltiplas imaginações interligadas, esquematizações metacognitivas e resumos ou sumários sensatos sobre os problemas ou sobre a informação em estudo. Para além de potenciar a busca de razões justificativas, de alternativas, de funções de transferência e de funções de ponte (*bridging*) com o mundo real e concreto.

Em sua essência, o pensamento crítico pode ajudar os alunos a aprenderem mais rapidamente, por serem induzidos a utilizar o seu pensamento lógico, analítico e crítico, porque para se chegar à solução de qualquer problema exige-se sempre o recurso, o treino e a mobilização ativa, aplicativa e sistêmica, de processos e de funções cognitivas. É disso que se trata quando pretendemos acelerar a cognição e a criatividade dos alunos, encorajando o seu pensamento crítico independente, pondo em prática a educabilidade cognitiva tal e qual a concebemos, na qual os mediatizadores não se evidenciam por ter sempre resposta para todos os problemas, mas por elicitar o maior número de funções cognitivas e metacognitivas.

Desenvolver hábitos mentais, disposições para pensar criticamente, enfocar a flexibilidade e a plasticidade cognitiva, reforçar a atitude de questionar e de concretizar tarefas, examinar os dados a favor ou contra um determinado argumento, e evitar saltar para conclusões ou generalizações impulsivas, individualistas e egocêntricas, é outro objetivo da ativação do pensamento crítico, não deixando de se preocupar, como é básico, com a promoção contínua e abnegada da precisão e da perfectibilidade cognitivas.

O pensamento crítico é, portanto, a infusão de um ato mental que visa rever, avaliar e estimar dados de informação, sejam imagens, textos, obras, evidências, teses, opiniões, comentários etc., no sentido de proceder à elaboração racional e razoável de julgamentos, inferências, significações sobre determinado tema, assunto ou problema. Centra-se, consequentemente, em atributos de objetividade, em oposição a pensamentos subjetivos, vagos, discutíveis, duvidosos, simplistas e opinativos, pois pretende refinar, modificar e enriquecer ideias e pensamentos.

Nesse sentido, descrever um bom pensador crítico, nas palavras de McGregor (2007), é evocar que o indivíduo é capaz de interpretar, analisar, avaliar e inferir, a partir das informações ou das evidências postas à disposição, e em seguida explicar e fundamentar por que o pensa e como chega a tais conclusões.

Para outro autor como Glaser (1982, 1988), o importante é caracterizar o pensamento crítico como um "pensamento de métodos de questionamento e de raciocínio lógico". Nesse autor, o pensamento crítico não deveria persistir no exame das crenças e certezas, mas deveria ser aplicado à luz de evidências que as suportam, e ao mesmo tempo analisar as suas futuras conclusões para as quais elas tendem, envolvendo uma disposição para as pensar significativamente e claramente enquadradas no âmago e no cerne da experimentação intrínseca do indivíduo.

Em síntese, o pensamento crítico é uma ferramenta da educabilidade cognitiva para desenvolver competências cognitivas analíticas e para dominar e aplicar os passos e os procedimentos que permitem a resolução de problemas (STERNBERG & GRIGORENKO, 2000; BARON & STERNBERG, 1987).

Trata-se, em resumo, de direcionar conscientemente o processo mental que está em jogo para encontrar a solução de qualquer problema. O objetivo é partir do problema para chegar à solução, e tal envolve o pensamento crítico para superar os obstáculos que se vão encontrar e que vão emergir entre os dois processos.

Entre o problema e a sua solução surgem processos cognitivos: de alteração e de ordem dos procedimentos; de decisão a partir de várias opções; de escolhas possíveis e da avaliação das oportunidades que a solução oferece e potencia. O pensamento crítico reclama, por si próprio, flexibilidade cognitiva, transcendência criativa e significação metacognitiva para descobrir a solução presente de um problema, porque qualquer problema sempre será um problema do futuro. Essa é a sua dinâmica intrínseca.

O pensamento crítico, quando se trata de resolver problemas, estende-se por várias competências (STERNBERG & GRIGOREN-KO, 2000), das quais se destacam, de forma sumária, as seguintes:

- identificação do problema (nomear, reconhecer, definir, detectar, compreender etc.);
- alocação diversificada de recursos (localizar, apreender, atribuir, dividir, repartir, distribuir, adjudicar, setorizar, compartilhar, explorar, operacionalizar, aplicar, executar etc.);
- organização e representação gráfica da informação (ordenar, sequencializar, representar, denotar, descrever, retratar, desenhar, mapear etc.);
- formulação, sequencialização e interação de estratégias (planificar, expor, apresentar, dispor, arranjar, traçar, construir, enredar, inventar, idear, compor, redigir, alinhar, classificar, selecionar, agrupar etc.);
- monitorização e alteração dos procedimentos entre o problema e a solução (verificar, rever, supervisionar, refletir, repensar, inspecionar, fiscalizar, auditorizar, certificar etc.);
- avaliação crítica das soluções encontradas (avaliar, computar, calcular, discernir, testar, julgar, rever, verificar, editar etc.).

Referências

BANDURA, A. & WALTERS, R. (1963). *Social Learning and Personality Deevelopment*. Nova York: Holt, Rinehart & Winston.

BARON, J.B. & STERNBERG, R. (eds.) (1993). *Teaching Thinking Skills*: Theory and practice. Nova York: W.H. Freeman.

BARON-COHEN, S. (1995). *Mindblindness*: an ensay on autism and the theory of mind. Cambridge, MA: MIT.

BOLWBY, J. (1971). *Maternal Care and Mental Health*. Genebra: World Health Organization.

BOYD, R. & RICHERSON, P. (1985). *Culture and the Evolutionary Process*. Chicago: University of Chicago Press.

BRADSHAW, J. (2003). *Évolution humaine*: une perspective neuropsychologique. Paris: De Boeck.

BRODOVA, E. & LEONG, D. (2007). *Tools of the Mind*. Nova Jersey: Pearson/Merrill Prentice Hall.

BRUER, J. (2000). *Schools for Thought*. Cambridge: MIT.

BRUNER, J. (1973). *Beyond the Information Given*. Nova York: W.W. Norton.

_____ (1971). *The Relevance of Education*. Nova York: W.W. Norton.

_____ (1970). The Growth and Structure of Skill. In: CONNOLLY, K. *Mechanisms of Motor Skill Development*. Londres: Academic Press.

_____ (1963). *Toward a Theory of Instruction*. Londres: Harvard University Press.

_____ (1956). *A Study of Thinking*. Nova York: John Wiley & Sons.

BRYAN, P. (1974). *Perception and Understanding in Young Children*. Londres: Methuen.

CASE, R. (1985). *Intellectual Development*. Londres: Methuen.

CHOMSKY, N. (1975). *Reflections on Language*. Nova York: Phantheon.

COULET, J.-C. (1999). *Éduquer l'intelligence*. Paris: Dunod.

DAMÁSIO, A. (2003). *Looking for Spinoza*: joy, sorrow and the feeling brain. Londres: William Heinemann.

_____ (1999). *The Feeling of What Happens*: body and emotion in the making of consciousness. Nova York: Harcourt Brace.

_____ (1979). The Frontal Lobes. In: KEILMAN & VALENSTEIN. *Clinic Neuropsychologie*. Nova York: Oxford University Press.

DANIELS, H. (2008). *Vygotsky and Research*. Nova York: Routledge.

DAS, J.P. (1998). *The Working Mind*: an introduction to psychology. Nova Deli: Sage.

_____ (1996). *Cognitive Planning*: the psychological basis of intelligent behaviour. Nova Deli: Sage.

_____ (1995). Some Thoughts on Two Aspects of Vygotsky's Work. In: *Educational Psychologist*, 30 (2), p. 93-97.

_____ (1986). *Simultaneous and Successive Cognitive Process*. Londres: Academic Press.

_____ (1983). *Information Processing Studies*. Edmonton: Departamento de Psicologia Educacional/Universidade de Alberta [Manuscrito inédito].

_____ (1980). *Human Information Processing*. Edmonton: Departamento de Psicologia Educacional/Universidade de Alberta [Manuscrito inédito].

_____ (1973a). Cultural Deprivation and Cognitive Competence. In: *International Review of Research in Mental Retardation*, vol. VI. Nova York: Academic Press.

_____ (1973b). Structure of Cognitive Abilities: Evidence of Simultaneous and Successive Processing. In: *Journal of Educational Psychology*, n. 65.

_____ (1972). Patterns of Cognitive Ability in Nonretarded and Retarded Children. In: *American Journal of Mental Deficiency*, n. 77.

DAS, J.P. et al. (1979). *Simultaneous and Successive Cognitive Processes*. Londres: Academic Press.

DEWEY, J. (1971). *Experience and Education*. Nova York: Collier.

_____ (1944). *Democracy and Education*. Nova York: Macmillan.

_____ (1933). *How we Think*. Boston: Health.

_____ (1915). *The School and Society*. Chicago: University of Chicago.

DONALDSON, M. (1978). *Children's Minds*. Glasgow: Fontana.

DURHAM, W. (1991). *Coevolution*: genes, culture, and human diversity. Palo Alto, Cal.: Standford University Press.

ERIKSON, E. (1950). *Childhood and Society*. Nova York: Norton.

FEUERSTEIN, R. (1985). *Learning Potential Assessment Device (Lpad)* – Experimental Version. Jerusalém: Hadasah-Wiso/Canada Research Institute.

_____ (1984). Ontogeny of Learning in Man. In: *Brain Mechanisms in Memory and Learning*. Nova York: Raven Press.

_____ (1980). *Instrumental Enrichment*. Baltimore: University Park Press.

_____ (1979). *The Dynamic Assessment of Retarded Performers*. Baltimore: University Park Press.

_____ (1975). *Mediated Learning Experience* – An Outline of the Proximal Etiology for Differential Development of Cognitive Functions. Nova York: ICP.

FODOR, J. (1983). *The modularity of mind*. Cambridge: MIT.

FONSECA, V. (2014a). *Aprender a aprender* – A educabilidade cognitiva. 3. ed. Lisboa: Âncora.

_____ (2014b). Papel das funções cognitivas, conativas e executivas. In: *Revista da Associação Brasileira de Psicopedagogia*, vol. 31, n. 96.

_____ (2012). *Psicomotricidade e neuropsicologia*: abordagem evolucionista. Lisboa: Âncora.

_____ (2011). *Funções executivas e aprendizagem* [Conferência apresentada no Congresso Internacional da Associação Brasileira de Psicopedagogia, São Paulo].

_____ (2010a). *Psicomotricidade e neuropsicologia*: abordagem evolucionista. Rio de Janeiro: Wak.

_____ (2010b). *Neurônios espelho, somatognosia e consciência do corpo e do Eu* [Conferência apresentada no Congresso Mundial de Psicomotricidade, Verona].

_____ (2009). *Psicomotricidade*: filogênese, ontogênese e retrogênese. Rio de Janeiro: Wak.

_____ (2008a). *Dificuldades de aprendizagem* – Abordagem neuropsicológica e psicopedagógica ao insucesso escolar. 4. ed. Lisboa: Âncora.

_____ (2008b). Prefácio. In: CORREIA, L.M. (2008). *Dificuldades de aprendizagem específicas*. Porto: Porto Ed.

_____ (2007a). *Aprender a aprender* – A educabilidade cognitiva. 2. ed. Lisboa: Âncora.

_____ (2007b). *Cognição, neuropsicologia e aprendizagem*. 5. ed. Petrópolis: Vozes.

_____ (2005). *Desenvolvimento psicomotor e aprendizagem*. Lisboa: Âncora.

_____ (2004). Psychomotricity: an multidisciplinar approach. In: *Portuguese Review of Psychomotricity*, n. 3, p. 18-29.

_____ (2001). *Cognição e aprendizagem*. Lisboa: Âncora.

_____ (1999a). *Perturbações do desenvolvimento e da aprendizagem*: tendências filogenéticas e ontogenéticas. Cruz Quebrada: FMH.

_____ (1999b). *Insucesso escolar*: abordagem psicopedagógica das dificuldades de aprendizagem. Lisboa: Âncora.

_____ (1996a). É possível sermos mais inteligentes. In: *Revista do Correio da Manhã*, n. 4, fev.

_____ (1996b). La modificabilidad cognitiva en el contexto de la reforma educativa. In: MOLINA, S. & IGADO, M. *Educación Cognitiva II*. Saragoça: Mira.

_____ (1996c). Assessment and Treatment of Learning Disabilities in Portugal. In: *Journal of Learning Disabilities*, vol. XXIX, n. 2.

_____ (1995a). A modificabilidade cognitiva no contexto da reforma educativa. In: *A inovação em Educação Especial*. Sociedade Portuguesa de Ciências da Educação.

_____ (1995b). Dificuldades de aprendizagem: ponto da situação em Portugal. In: *Rumos,* n. 4, mai.-jun.

_____ (1995c). Sviluppo cognitivo. In: *Rinnovare la Scuola*, n. 1, jan.-mar.

_____ (1994a). Programa de Enriquecimento Instrumental (PEI) de Feuerstein: revisão da literatura. In: *Inovação*, vol. VII, n. 1.

_____ (1994b). Aprender a pensar: a modificabilidade cognitiva no contexto da formação profissional. In: *Formar*, n. 11, mai.-jun.

_____ (1994c). Learning Disabilities in Europe: Assessment and Treatment. In: *Ease Information*, vol. II. • *Revista de Educação Especial e Reabilitação*, vol. I, n. 3-4.

_____ (1993a). Dificuldades de aprendizagem: análise contextual e novos desafios. In: *Jornal de Psicologia*, n. 11.

_____ (1993b). Problemática da definição da criança com dificuldades de aprendizagem. In: *Correio Pedagógico*, n. 76.

_____ (1993c). Modelos teóricos das dificuldades de aprendizagem. In: *Correio Pedagógico*, n. 77.

_____ (1992a). *Manual de observação psicomotora* – Significação psiconeurológica dos factores psicomotores. Lisboa: Editorial Notícias.

_____ (1992b). De algumas concepções da inteligência à perspectiva da modificabilidade cognitiva estrutural de R. Feuerstein: algumas implicações para o combate ao insucesso escolar. In: *Revista de Educação Especial e Reabilitação*, vol. I, n. 5-6.

_____ (1991a). Avaliação do potencial em adultos com o Mapa (adaptação do Lpad). In: *Revista de Educação Especial e Reabilitação*, vol. I, n. 5-6.

_____ (1991b). *Modelo de Avaliação do Potencial de Aprendizagem (Mapa) (adaptação do Lpad)*. Lisboa: Pensar.

_____ (1990a). Introdução ao Programa de Enriquecimento Instrumental (PEI) de R. Feuerstein. In: *Revista de Educação Especial e Reabilitação*, vol. I, n. 4.

_____ (1990b). PEI: uma amostragem tipo dos instrumentos. In: *Revista de Educação Especial e Reabilitação*, vol. I, n. 4.

_____ (1990c). *Adaptação da Escala de Graffar*. Lisboa: Laboratório EER da Faculdade de Motricidade Humana.

_____ (1989a). *Educação Especial*: programa de estimulação precoce. Lisboa: Editorial Notícias.

_____ (1989b). *Desenvolvimento humano*: da filogénese à ontogénese da motricidade. Lisboa: Editorial Notícias.

_____ (1988). Introdução à Filosofia da Modificabilidade Cognitiva Estrutural (MCE) e ao conceito de Experiência de Aprendizagem Mediatizada (EAM). In: *Revista de Educação Especial e Reabilitação*, vol. I, n. 0.

_____ (1987a). "A Modificabilidade Cognitiva na Educação Especial e na Reabilitação". In: *Revista de Reabilitação Humana*, vol. VII, n. 2, abr.-jun.

_____ (1987b) Abordagem activa à problemática da deficiência mental e das dificuldades de aprendizagem. In: *Revista de Reabilitação Humana*, vol. VII, n. 3-4.

_____ (1987c). *Enriquecimento instrumental*: uma amostra tipo dos instrumentos. Lisboa: CIC da Miniclínica.

_____ (1987d). *Da filogênese à ontogênese da motricidade*. Porto Alegre: Artes Médicas.

_____ (1987e). *Educação especial*. Porto Alegre: Artes Médicas.

_____ (1986a). Alguns aspectos do desenvolvimento da adolescência. In: *Ludens*, vol. XI, n. 1, out.-dez.

_____ (1986b). Relatório de participação na I Conferência Internacional sobre a Experiência de Aprendizagem Mediatizada (EAM) e sobre o *Workshop International* em Modificabilidade Cognitiva Estrutural (MCE). In: *Ludens*, vol. XI, n. 1.

_____ (1985). *Construção de um modelo neuropsicológico de reabilitação psicomotora*. Lisboa: Faculdade de Motricidade Humana [Tese de doutorado].

_____ (1984a). Dificuldades de aprendizagem, insucesso escolar e delinquência. In: *O Professor*, set.

_____ (1984b). *Uma introdução às dificuldades da aprendizagem*. Lisboa: Editorial Notícias.

_____ (1984c). *Filogénese de la motricidad*. Madri: Citap [Ed. G. Nunez].

_____ (1983a). De uma perspectiva do desenvolvimento da criança a uma estratégia de intervenção terapêutica. In: *Ludens*, vol. VII, n. 4, jul.-set.

_____ (1983b). Learning and Developmental Disabilities. In: *4º Congresso Internacional da European Association for Special Education (Ease)*. Tel Aviv, jun.

_____ (1983c). Learning and Development Disabilities. In: FREUND, E.C. *Special Education and Social Handicap*. Londres: Publishing House.

_____ (1982). *Filogénese da motricidade*: abordagem bioantropológica do desenvolvimento humano. Lisboa: Ed. 70.

_____ (1981). A integração como filosofia educacional. In: *Aprendizagem e Desenvolvimento*, vol. I, n. 4.

_____ (1980). *Aprendizagem e deficiência mental*. Lisboa: Iaacf [textos Ciee].

_____ (1979a). *Reflexões sobre educação especial em Portugal*. Lisboa: Moraes.

_____ (1979b). Visão integrada da aprendizagem. In: *Actas do II Encontro Nacional de Educação Especial*. Lisboa: SPECDM, mar.

_____ (1977). *Contributo para o estudo da génese da psicomotricidade*. Lisboa: Ed. Notícias.

FONSECA, V. & MENDES, N. (1982). *Escola, escola, quem és tu?* – Perspectivas psicomotoras de desenvolvimento humano. Lisboa: Editorial Notícias.

FONSECA, V. & SANTOS, F. (1995a). Avaliação dos efeitos do PEI em jovens com dificuldades de aprendizagem. In: *Revista de Educação Especial e Reabilitação*, vol. I, n. 3-4.

_____ (1995b). Avaliação dos efeitos do PEI em jovens pescadores em formação de alternância. In: *A investigação em formação*. Sociedade Portuguesa de Ciências da Educação.

_____ (1995c). *Programa de Enriquecimento Instrumental de Feuerstein:* um método para ensinar a pensar. Lisboa: Faculdade de Motricidade Humana.

_____ (1992a). *Avaliação dos efeitos do PEI em jovens pescadores e marinheiros-pescadores em formação de alternância* – Relatório de investigação/Forpescas. Lisboa.

_____ (1992b). *Avaliação dos efeitos do PEI na formação de jovens pescadores em formação profissional de alternância* – Relatório pensar/*Forpescas*. Lisboa.

_____ (1992c). *Avaliação dos efeitos do PEI no potencial cognitivo de adolescentes com insucesso escolar*. Lisboa: Relatório do Instituto de Investigação Educacional.

_____ (1992d). *Avaliação dos efeitos do PEI em jovens pescadores* – Relatório pensar/Forpescas. Lisboa.

_____ (1991). *Avaliação dos efeitos do PEI no potencial cognitivo de adolescentes em formação de alternância de pescadores* – Relatório Forpescas. Lisboa.

_____ (1990). *Avaliação dos efeitos do PEI no potencial cognitivo de adolescentes com insucesso escolar* – Relatório do Instituto de Inovação Educacional. Lisboa.

FONSECA, V.; SANTOS, F. & CRUZ, V. (1994a). *Avaliação dos efeitos do PEI em jovens e adultos com baixo rendimento cognitivo* – Relatório Pensar/Cercimor.

_____ (1994b). *Avaliação dos efeitos do PEI em jovens e adultos educáveis e treináveis com baixo rendimento cognitivo em formação pré-profissional* – Relatório de investigação do Centro de Reabilitação Profissional da Cercimor. Montemor.

FRITH, U. (1989). *Autism*: explaining the enigma. Oxford: Basil Blackwell.

GARDNER, H. (1987). *The Mind's New Science*: A History of the Cognitive Revolution. Nova York: Basic Books.

_____ (1985). *Frames of Mind*: The Theory of Multiple Intelligences. Nova York: Basic Books.

GOLDBERG, E. (2002). *The Executive Brain-Frontal lobes and the Civilized Mind*. Nova York: Elkhonon Goldberg.

GOULD, S.J. (2004). *A falsa medida do homem*. Vila Nova de Famalicão: Quasi.

_____ (1989). *The Panda's Thumb*. Cambridge, Mass.: Belknap.

_____ (1977). *Ontogeny and Phylogeny*. Londres: Belknap.

HAYWOOD, H.C. (2000). *Cognitive-Developmental Therapy*: overview. In: KOZULIN, A. & RAND, Y. (eds.). *Experience of Mediated Learning*: an impact of Feuerstein's theory in education and Psychology. Amsterdã: Pergamon.

_____ (1995). *Cognitive Early Education*. Boston: Charlsbridge.

_____ (1992). The Strange and Wonderful Symbiosis of Motivation and Cognition. In: *Internt* – Journal of Cognitive Education and Mediated Learning, 2 (3), p. 186-197. • *Cognitive Early Education*. Boston: Charlsbridge.

_____ (1987a). A mediational Teaching Style. In: *The Thinking Teacher*, 4 (1), p. 1-6.

_____ (1986, 1987b, 1988). *Cognitive Developmental Therapy with Mildly Retarded Adolescent Delinquents* – Annual Report. Tennessee Department of mental Health and Mental Retardation.

_____ (1985). Teachers as mediators. In: *The Thinking Teacher*, 2 (5), p. 7-8 [Cognitive Education Project].

HAYWOOD, H.C.; BROOKS, P. & BURNS, S. (1992). *Bright Start*: Cognitive Curriculum for Young Children. Boston: Charlsbridge.

HAYWOOD, H.C. & TZURIEL, D. (eds.) (1992). *Interactive Assessment*. Nova York: Springer.

ITARD, J.M. (1932). *The Wild Boy of Aveyron*. Nova York: Appleton-Century-Crofts.

KARPOV, Y. (2005). *The Neo-vygotskyan Aprroach to Chil Development*. Nova York: Cambridge University Press.

KUZULIN, A. (1998). *Psychological Tools*. Harvard: Cambridge.

_____ (1986). *Thought and Language*. Cambridge: MIT.

LEONTIEV, A. (1975). Essai sur le développement du psychism. Paris: PUF.

LIDZ, C. (1987). *Dynamic Assessment*. Nova York: Guilford.

LURIA, A.R. (1980). *Higher Cortical Function in Man*. 2. ed. Nova York: Basic Books.

_____ (1973). *The Working Brain*: An Introduction to Neuropsychology. Londres: Penguin Books.

_____ (1970). "The Functional Organization of the Brain". In: *Scientific America*, n. 222 (3).

_____ (1966a). *Higher Cortical Functions in Man*. Nova York: Basic Books.

_____ (1966b). L.S. Vygotsky and the Problem of Functional Localization. In: *Voprossy Psikhologi*, n. 12.

LURIA, A.R. & VYGOTSKY, L.S. (1992). *Ape, Primitive Man and Child*: essays in the history of Behavior. Nova York: Harvestyer & Wheatsheaf.

MATURANA, H. & VARELA, F. (1998). *The Tree of Knowledge*: the biological roots of human understanding. Boston: Shambhala.

McLEAN, P.D. (1978). A Mind of Three Minds: Educating the Triune Brain. In: CHALL, J. & MIRSKY, A. *Education and the Brain*. Chicago: University of Chicago Press.

_____ (1973). A Triune Concept of the Brain and Behavior. In: *Hinckx Memorial Lectures*. Toronto.

MELTZER, L. (2007). *Executive Function in Education*: from theory to practice. Nova York: Guilford.

MONTAGNER, H. (1988). *L'attachement, les débuts de la tendresse*. Paris: Odile.

_____ (1978). *L'Enfant et la communication*. Paris: Stock/Pernoud.

PASCUAL-LEONE, J. (1976). Metasubjective problems of constructive cognition. In: *Canadian Psychological Review*, vol. 17, p. 110-125.

PEEL, E. (1971). *The Nature of Adolescent Judgement*. Londres: Staples.

PIAGET, J. (1976). *Le comportement, moteur de l'évolution*. Paris: Gallimard.

_____ (1973). *Biologia e conhecimento*. Petrópolis: Vozes.

_____ (1965a). *La naissance de l'intelligence chez l'enfant*. Paris: Delachaux et Niestlé.

_____ (1965b). *Le langage et la pensee chez l'enfant*. Paris: Delachaux et Niestlé.

_____ (1954). *The construction of realility in the child*. Nova York: Ballantine.

ROGOFF, B. (1990). *Apprenticeship in Thinking*: cognitive development in social context. Nova York: Oxford University Press.

SPITZ, H. (1986). *The Raising of Intelligence*. Hillsdale: LEA.

SPITZ, R. (1972). *De la naissance a la parole*. Paris: PUF.

_____ (1963). *La premiere annee de la vie de l'enfant*. Paris: PUF.

SUTHERLAND, P. (1996). *O desenvolvimento cognitivo actual*. Lisboa: I. Piaget.

TOMASELLO, M. (1999). *The Cultural Origins of Human Cognition*. Cambridge: Harvard University Press.

VYGOTSKY, L.S. (1993). *The Collected Works*. Vol. II. Londres: Plenun [Org. de J. Knox e C. Stevens].

_____ (1987). *El desarrollo de los processos psicologicos superiores*. Barcelona: Crítica.

_____ (1979). *Instrumento y símbolo en el desarrollo del niño*. Barcelona: Crítica.

_____ (1978). *Mind and Society* – The Development of Higher Psychological Processes. Cambridge: Harvard University Press.

_____ (1963). Learning and Mental Development at School Age. In: SIMON, B. *Educational Psychology in the USSR*. Londres: Routledge and Kegan Paul.

_____ (1962). *Thought and Language*. Cambridge: Massachusetts Institute of Technology Press.

_____ (1956). *Selected Psychological Works*. Moscou: Academy of Pedagogical Sciences.

_____ (1930). *Interacción entre aprendizaje y desarrollo*. Barcelona: Crítica.

VYGOTSKY, L.S. & LURIA, A.R. (1992). *Ape, Primitive Man and Child*. Nova York: Harvester & Wheatsheaf.

WALLON, H. (1970). *Les origines du caractere chez l'enfant*. Paris: PUF.

_____ (1968). *L'Évolution psychologique de l'enfant*. Paris: Armand Colin.

_____ (1966). *Do acto ao pensamento*. Lisboa: Portugália.

_____ (1963). *Les origines de la pensee chez l'enfant*. Paris: PUF.

WINNICOTT, D.W. (1996). *Thinking about Children*. Londres: Addison Wesley.

_____ (1960). The Theory of Parent-Infant Relationship. In: *International Journal of Psycho-Analysis*, n. 41.

WORKMAN, L. & READER, W. (2008). *Evolutionary Psychology*: an introduction. Cambridge: Cambridge University Press.

ZAPOROZHETS, A.V. (1967). *Perception and Action*. Moscou: Prosveshcheme.

ZAPOROZHETS, A.V. & ELKONIN, D.B. (1971). *The Psychology of Preschool Children*. Boston: Massachusetts Institut of Technology.

Índice

Sumário, 5

Introdução, 7

1 Processo de Ensino-Aprendizagem (PEA) como Processo de Transmissão Cultural Intergeracional (PTCI), 11

   1.1 Mediatização e intersubjetividade, 12

   1.2 Cenário filogenético e sociogenético da transmissão cultural, 19

   1.3 Transmissão cultural: palco histórico-cultural do PEA, 22

   1.4 Evolução cognitiva humana: três dimensões temporais, 28

   1.5 Aprendizagem social: coconstrução do ser prospectivo, 36

   1.6 Uma ontogênese cognitiva única, 45

   1.7 A cognição humana: do interpsicológico ao intrapsicológico, 55

2 Teorias da aprendizagem e desenvolvimento cognitivo, 62

   2.1 Algumas reflexões conceituais sobre a cognição humana, 62

   2.2 Piaget e Vygotsky: o construtivismo e o coconstrutivismo, 67

   2.3 Bruner e a sua concepção de aprendizagem como um processo de socialização, 83

   2.4 O papel da mediatização pedagógica como um ato sociocultural: abordagem vygotskyana, 85

   2.5 Quatro indagações pedagógicas vygotskyanas, 105

3 Abordagem à Zona de Desenvolvimento Proximal (ZDP) de Vygotsky, 112

   3.1 Introdução às funções cognitivas superiores, 112

   3.2 As três zonas de desenvolvimento cognitivo no sujeito aprendente, 117

   3.3 A natureza dinâmica da ZDP, 119

   3.4 Implicações psicopedagógicas da ZDP, 124

   3.5 A importância dos apoios na aprendizagem, 136

4 Instrução, ensino ou mediatização?, 154

5 Novos paradigmas da educabilidade cognitiva: a metacognição, o pensamento criativo e o pensamento crítico, 187

   5.1 Metacognição, 187

   5.2 Pensamento criativo, 222

   5.3 Pensamento crítico, 238

Referências, 251

A educação pode mudar a sociedade?

Michael W. Apple

Apesar das grandes diferenças políticas e ideológicas em relação ao papel da educação na produção da desigualdade, há um elemento comum partilhado tanto por professores quanto por liberais: A educação pode e deve fazer algo pela sociedade, restaurar o que está sendo perdido ou alterar radicalmente o que existe?

A questão foi colocada de forma mais sucinta pelo educador radical George Counts em 1932, quando perguntou: "A escola ousaria construir uma nova ordem social?", desafiando gerações inteiras de educadores a participar, ou, de fato, a liderar a reconstrução da sociedade.

Mais de 70 anos depois, o celebrado educador, autor e ativista Michael Apple revisita os trabalhos icônicos de Counts, compara-os às vozes igualmente poderosas de pessoas minorizadas, e, mais uma vez, faz a pergunta aparentemente simples: se a educação realmente tem o poder de mudar a sociedade.

Michael W. Apple é Professor *John Bascom* de Currículo e Instrução e Estudos de Política Educacional na University of Wisconsin, Madison, EUA.

Dinâmicas e jogos para aulas de língua portuguesa

Solimar Silva e Sara Costa

Este livro foi elaborado como recurso para a preparação de atividades criativas de revisão e fixação de conteúdo, de forma que os alunos possam absorver melhor as lições ensinadas nas aulas de Língua Portuguesa. As atividades propostas ao longo do livro abrangem jogos de quadro, de tabuleiro, de cartas e jogos de desafios variados para serem realizados em sala de aula sem precisar de recursos dispendiosos.

Solimar Silva é doutora em Linguística Aplicada pela UFRJ, mestra em Letras pela PUC-Rio, professora do Curso de Letras da Universidade do Grande Rio e no Ensino Fundamental pela SME/Duque de Caxias. É professora de Português e Inglês na Educação Básica por mais de vinte anos. Autora dos livros: *Dinâmicas e jogos para aulas de idiomas*; *Oficina de escrita criativa – escrevendo em sala de aula e publicando na web*; *50 atitudes do professor de sucesso*; *Histórias para encantar e desenvolver valores* (todos pela Editora Vozes). Escreveu também os infantis, *Mamãe foi trabalhar* (Escrita Fina) e *O hino nacional é legal!* (Autografia), sendo este último fruto de financiamento coletivo, tendo a primeira tiragem feita para distribuição gratuita a escolas públicas e particulares.

Sara Costa é técnica em informática e apaixonada pela língua portuguesa desde os seus primeiros anos na escola. Por isso, optou pela carreira de professora. Atualmente faz o curso de licenciatura em Letras Português-Inglês, tendo em vista especializar-se em Língua Portuguesa.

CULTURAL

Administração
Antropologia
Biografias
Comunicação
Dinâmicas e Jogos
Ecologia e Meio Ambiente
Educação e Pedagogia
Filosofia
História
Letras e Literatura
Obras de referência
Política
Psicologia
Saúde e Nutrição
Serviço Social e Trabalho
Sociologia

CATEQUÉTICO PASTORAL

Catequese
Geral
Crisma
Primeira Eucaristia

Pastoral
Geral
Sacramental
Familiar
Social
Ensino Religioso Escolar

TEOLÓGICO ESPIRITUAL

Biografias
Devocionários
Espiritualidade e Mística
Espiritualidade Mariana
Franciscanismo
Autoconhecimento
Liturgia
Obras de referência
Sagrada Escritura e Livros Apócrifos

Teologia
Bíblica
Histórica
Prática
Sistemática

VOZES NOBILIS

Uma linha editorial especial, com importantes autores, alto valor agregado e qualidade superior.

REVISTAS

Concilium
Estudos Bíblicos
Grande Sinal
REB (Revista Eclesiástica Brasileira)

VOZES DE BOLSO

Obras clássicas de Ciências Humanas em formato de bolso.

PRODUTOS SAZONAIS

Folhinha do Sagrado Coração de Jesus
Calendário de mesa do Sagrado Coração de Jesus
Agenda do Sagrado Coração de Jesus
Almanaque Santo Antônio
Agendinha
Diário Vozes
Meditações para o dia a dia
Encontro diário com Deus
Guia Litúrgico

CADASTRE-SE
www.vozes.com.br

EDITORA VOZES LTDA.
Rua Frei Luís, 100 – Centro – Cep 25689-900 – Petrópolis, RJ
Tel.: (24) 2233-9000 – Fax: (24) 2231-4676 – E-mail: vendas@vozes.com.br

UNIDADES NO BRASIL: Belo Horizonte, MG – Brasília, DF – Campinas, SP – Cuiabá, MT
Curitiba, PR – Fortaleza, CE – Goiânia, GO – Juiz de Fora, MG
Manaus, AM – Petrópolis, RJ – Porto Alegre, RS – Recife, PE – Rio de Janeiro, RJ
Salvador, BA – São Paulo, SP